北京市服务型社会
治理模式研究

—— 基于社会工作参与社会治理的经验

杨荣　著

中国社会出版社

国家一级出版社 · 全国百佳图书出版单位

图书在版编目 (CIP) 数据

北京市服务型社会治理模式研究：基于社会工作参
与社会治理的经验 / 杨荣著 . -- 北京：中国社会出版社，
2024.1

ISBN 978-7-5087-7028-4

Ⅰ . ①北 … Ⅱ . ①杨 … Ⅲ . ①社会管理 – 研究 – 北京
Ⅳ . ① D671

中国国家版本馆 CIP 数据核字（2024）第 030587 号

出 版 人：程　伟　　　　　　　　终 审 人：李新涛
责任编辑：陈　琛　　　　　　　　策划编辑：陈　琛
责任校对：卢光花　　　　　　　　封面设计：时　捷

出版发行：中国社会出版社　　　　地　　　址：北京市西城区二龙路甲 33 号
邮政编码：100032　　　　　　　　编 辑 部：(010)58124836
网　　址：shcbs.mca.gov.cn　　　发 行 部：(010)58124838
经　　销：新华书店

印刷装订：北京虎彩文化传播有限公司　开　　本：170 mm×240 mm　1/16
印　　张：18.75　　　　　　　　　字　　数：250 千字
版　　次：2024 年 1 月第 1 版　　　印　　次：2024 年 1 月第 1 次印刷
定　　价：75.00 元

中国社会出版社微信公众号

中国社会出版社天猫旗舰店

前　言

　　2013 年 11 月，党的十八届三中全会在京召开，会议审议通过的《中共中央关于全面深化改革若干重大问题的决定》，确立全面深化改革的总目标是"完善和发展中国特色社会主义制度，推进国家治理体系和治理能力现代化"，并提出"创新社会治理体制""提高社会治理水平"等要求，这是"社会治理"一词第一次出现在党的正式文件中，标志着中国共产党执政理念的重大变化。2015 年 10 月，党的十八届五中全会提出"构建全民共建共享的社会治理格局"。在党的十九大报告中又进一步提出"打造共建共治共享的社会治理格局。加强社会治理制度建设，完善党委领导、政府负责、社会协同、公众参与、法治保障的社会治理体制，提高社会治理社会化、法治化、智能化、专业化水平"，从而将社会治理纳入新时代中国特色社会主义建设的总体要求。2019 年 10 月，党的十九届四中全会审议通过了《中共中央关于坚持和完善中国特色社会主义制度 推进国家治理体系和治理能力现代化若干重大问题的决定》，对推进国家治理体系和治理能力现代化作出全面部署。这次会议要求坚持和完善共建共治共享的社会治理制度，将社会治理置于国家治理体系框架内，实现了由"社会治理体制"向"社会治理体系"的转变；会议还提出了建设"社会治理共同体"的新概念，同时高度重视基层社会治理，要求构建基层社会治理新格局。至此，中国特色社会治理理论进入一个新境界、新高度，实现了质的飞跃。[①]2021 年 4 月，中共中央、国务院印发《关于加强基层治理体系和治理

---

　　① 午言 . 中国特色社会治理的发展之路 ［J］. 实践（党的教育版），2020（3）.

能力现代化建设的意见》，部署统筹推进乡镇（街道）和城乡社区治理，夯实国家治理根基。

从管理到治理，再到服务型治理，彰显了我国基层社会治理的历史性变革。自改革开放以来，我国传统的社会管理模式遇到挑战。一是政府的管控适度放开，个人的自由空间越来越大。二是市场经济的制度安排和规则意识强化了"依法治国"理念，政府权力运行模式开始向扁平化方向发展。三是经济组织放弃了计划经济下承担的社会功能，相应扩大了政府的公共服务和公共管理职能。四是社会空间的扩大催生了社会组织的发展，在经济活动、信息交流、社会服务、社区参与等多个领域，越来越多的社会组织产生、发展并在社会生活中发挥着越来越重要的作用。面对全新、多样、复杂的制度环境，"治理"的概念应运而生。治理的原义是控制、引导或操纵，后被用来解释现代企业管理中通过利益相关者的共同参与形成一种新的制约机制和激励机制，以促使外生的约束转化为内在的制度安排，被称为公司治理。1989 年，世界银行在《撒哈拉以南非洲问题的报告》中用"治理危机"（crisis in governance）一词形容当时非洲的发展情形，并指出治理就是"为了发展而在一个国家的经济与社会资源的管理中运用权力的方式"①，从而将治理的概念引入政府管理领域。1992 年世界银行以《治理与发展》为题发表的年度研究报告进一步阐释了治理在政府权力运行中的特殊含义，认为治理就是运用权力对国家经济和社会资源进行管理的一种方式。1996 年，经济合作与发展组织（OECD）以《转变中的治理》为题总结经合组织国家在政府治理变革方面的经验，认为治理就是"运用政治权威，管理和控制国家资源，以求经济和社会发展"，而发展则要体现法治、人权、公共责任以及与生产原则有关的多元主义。② 越来越多的专家学者和政府机构卷入以"治理"为核心的政府职能调整和

---

① 周言. 以西方为中心的"全球治理论"[N]. 光明日报，2001-02-27.
② 沈惠平. 全球化中的权力扩张 [J]. 现代国际关系，2002 (4)．

政府权力运行重构中，并围绕着如何更有效地提供公共服务探讨治理的内涵、外延和特征，由此引发了新公共管理、责任政府、有限政府、法治政府等政府革命。

"服务"是治理理论的核心要义。首先，治理是一种公共产品，具有非竞争性和非排他性。俞可平认为，"治理的目的是在各种不同的制度关系中运用权力去引导、控制和规范公众的各种活动，以最大限度地增进公共利益"。① 治理能否实现，治理是否高效，与每个人的利益都有关联，且不因某些人从中受益而影响其他人受益。其次，治理是"服务"而非"控制"。治理要求政府以"顾客"为导向，积极开展公共服务，满足公众的现实需求。政府的职能不只是制定规则，发展市场经济，更要解决"市场失灵"状态下的公共服务不足、服务提供低效等问题。再次，治理通过多部门参与的方式提供公共服务。在公共服务的生产和提供方面，虽然政府仍然占据主导地位，但社会组织和私营机构将与政府一起承担管理公共事务、提供公共服务的责任。最后，治理改变了政府权力的运行方式。治理中的权力主体是多元的，扁平化权力结构代替科层制权力结构，"协调"成为治理中政府的一项重要责任。戴维·奥斯本（David Osborne）和特德·盖布勒（Ted Gaebler）强调，"政府实现公共服务的方式将是掌舵，而不是划桨，权力中心将从一元走向多元"。② 亦即在公共服务的生产和提供过程中，政府的权力被分散化，多元竞争机制被引入。

服务型政府是服务型治理的重要载体。所谓服务型政府，是指在人民本位、社会本位、权利本位理念指导下，在整个社会民主秩序的框架下，通过法定程序，按照人民意志组建起来，以全心全意为人民服务为

① 俞可平. 全球治理引论 [J]. 马克思主义与现实，2002（1）.
② 戴维·奥斯本，特德·盖布勒. 改革政府：企业家精神如何改革着公共部门 [M]. 周敦仁，等译. 上海：上海译文出版社，2006：78.

宗旨，实现服务职能并承担服务责任的政府。[①] 服务型政府是在新公共管理理论，特别是治理理论指引下，对新时期政府职能的一次重构，具有公共性、服务性、有限性、有效性、法治性、责任性、公平性、透明性等特征。早在 2004 年，我国政府就提出"建设服务型政府"的理念，并将其作为贯彻落实科学发展观，切实履行政府经济调节、市场监管、社会管理和公共服务职能的重要举措。[②] 2006 年 10 月，党的十六届六中全会通过的《关于构建社会主义和谐社会若干重大问题的决定》，首次将"建设服务型政府，强化社会管理和公共服务职能"写进党的重要文件。2012 年 11 月，党的十八大报告提出"深入推进政企分开、政资分开、政事分开、政社分开，建设职能科学、结构优化、廉洁高效、人民满意的服务型政府"的要求。[③] 构建服务型政府已经成为党治国理政的重要方略，成为我国政府职能实施方式转型的既定目标。我国在构建服务型政府过程中重点关注的内容：一是坚持转变职能、权责一致、强化服务、改进管理、提高效能的原则，改革行政管理体制。二是把政府主要职能转变到经济调节、市场监管、社会管理和公共服务上来。三是强化公共服务和社会管理。四是改革公共财政体系，把更多财政资金投向公共服务领域，建立真正的公共财政。五是改进公共服务提供方式，支持社会组织参与公共服务和社会管理。六是扩大社会参与，让社会大众更广泛地参与公共事务管理。

"善治"是服务型治理的目标。关于善治的概念并不统一，尚未达成共识。较早研究治理理论的世界银行倾向于将善治纳入政府职能范畴，认为应将善治定义为"以开放的、透明的、负责任的、平等的并

---

① 刘熙瑞. 服务型政府——经济全球化背景下中国政府改革的目标选择 [J]. 中国行政管理，2002（7）.

② 温家宝. 提高认识，统一思想，牢固树立和认真落实科学发展观 [N]. 人民日报，2004-03-01（1）.

③ 胡锦涛. 坚定不移沿着中国特色社会主义道路前进 为全面建成小康社会而奋斗——在中国共产党第十八次全国代表大会上的报告 [N]. 人民日报，2012-11-08.

能满足民众需求的方式来成功管理国家的资源和事务"。① 联合国计划开发署认为，善治的特征是参与、透明、政府的责任、法治国家以及效率和公平。② 俞可平将善治归结为六个方面，即合法性（legitimacy）、透明性（transparency）、责任性（accountability）、法治（rule of law）、回应（responsiveness）、有效（effectiveness），③ 并将其作为分析政府治理的基本价值取向。还有一些学者强调善治就是以民众为中心的治理，也就是说，善治意味着对于民众的需求敏感并且能作出相应回应的行政方式，它通过构建和运用适当的法律和措施来有效地应对社会中出现的挑战，④ 并能够最终保护穷人和困难群体的利益。善治是服务型治理追求的最终目标，或者说是治理的最高标准。在现代社会，政府、个人和社会组织已经构成相互矛盾而又彼此融合的一个整体，有效的治理既离不开政府，又离不开人民。只有国家与社会或者说政府与人民之间存在良好的合作，才能谈得上善治。因为从本质看，善治实际上是国家的权力向社会的回归，善治的过程就是一个还政于民的过程。⑤ 多元协同治理结构是善治的基础。也就是说，善治的主体包括政府但不限于政府。为实现政府与社会其他参与主体之间积极而富有成效的合作，善治要求培育并发展壮大社会组织，与政府一起推动建立公共秩序。善治既是为了解决市场失灵、政府失灵问题，也是为了解决治理失效问题，因此，善治必须是有效的治理。当市场失灵时就要强化政府手段，当政府失灵时可以借助治理机制；在治理机制中也可以采取市场模式来配置资源，比如由政府提供的一些公共服务可以交由社会组织来实施，但选择社会

---

① 哈斯·曼德（Harsh Mander），穆罕默德·阿斯夫（Mohammed Asif）. 善治：以民众为中心的治理 [M]. 国际行动援助中国办公室，编译. 北京：知识产权出版社，2007：10.

② 吉尔伯特·艾蒂安（Gilbert Etienne）. 反潮流发展战略 [M]. 李书红，译. 北京：社会科学文献出版社，2010：117.

③ 俞可平. 治理与善治 [M]. 北京：社会科学文献出版社，2000：9-11.

④ 同①.

⑤ 同③.

组织的机制应当是市场化的。良好的协调是善治能否实现的关键。只有使国家、市场和社会组织处于良性状态，能够有效互动，才能谈得上善治。政府在协调方面发挥着至关重要的作用，这就要求政府必须具有透明性，并且能够及时、有效地回应各方关切。只有这样，才能使各治理主体目标一致，协调共进，避免内耗。善治强调制度的重要性。无论是培育发展社会组织、改变公共产品的提供方式，还是建立有效的责任机制、协调各个治理主体之间的关系，乃至建立有限、法治、透明、责任、回应性政府，都必须制定明确的制度规则。从这个意义上说，制度也可以视为一种公共产品，是治理走向善治的基础。善治还强调服务的重要性。服务是善治的首要价值取向，通过服务实现公共利益的最大化，才能称得上善治。

服务型政府的实质是服务型治理，它要求政府实现从管理到服务、从权力到责任、从一元管理到多元治理的转变。服务型政府强调人民本位、权利本位、社会本位的理念，以全心全意为人民和社会提供公共产品和公共服务作为政府的根本宗旨，并把人民的满意度作为自身能力绩效和合法性水平的考量指标。从发展目标、政府职能、组织形式以及行为方式等方面分析，可以发现服务型政府蕴含着丰富的善治理念。善治，其实就是服务型政府的目标追求。近年来，我国政府在构建服务型政府方面作出了不少努力，但仍然存在着不少突出问题，如社会组织发育不健全，治理主体较为单一；公共服务提供不及时、不到位，资源配置不均衡；政府治理的透明性和包容性较弱，协调能力和回应能力有待加强；政府与其他治理主体的责任边界不够清晰；等等。以善治为导向构建服务型政府，必须着眼于理念和制度两个层次，在理念制度化和制度理念化相互交融的过程中，从六个方面进行努力。一是建设法治政府，用法律的手段限制行政部门的权力、明确政府的权力边界和法律责任，同时完善政府权力的监督机制。二是强调公平正义，消除那些违背社会公平正义的制度和规则，确保弱者的利益得到保障。三是培育社会组织，从注册、监管、税收、资源等各个方面予以支持，给社会组织以充分的活动空间。四是增强包容性和参与性，使人民群众能够参与公共事务管理，确保参与渠道的畅通以及参与成本的低廉。五是增强透明性和回应性，完善政府信息公开制度和形式，使人民群众和社会组织能够及时、有效监督政府行为，同时政府能够接纳不同的批评声音，并且根据批评不断改进公共服务提供的方式。六是完善协调合作机制，通过制度化、程序化的安排，规范政府、人民群众与市场三者行为，综合运用协商、妥协、讨论等非强制手段，实现有效的社会合作，最大限度地整合社会资源。

社会服务（Social Service）是现代社会、工业社会的制度性产物，当社会经济（特别是市场经济）发展到一定阶段时，社会服务就会成为化解社会矛盾、维护社会稳定、促进社会公平的重要手段，成为现代化国家建设必不可少的重要内容。自 1951 年英国学者理查德·蒂特姆斯（Richard Titmuss）提出"社会服务"的概念以来，学术界对其定义的争辩就从来没有停止过。总的看，围绕社会服务的概念阐述主要集中在两个方面：一是针对困难群体的需求提供的干预和公共援助，包括收入保障、医疗和健康保障等；二是指普遍性的社会福利、公共服务或社会工作。① 我国学者对社会服务的内涵外延也进行了深入的探讨，其中郑杭生的观点比较有代表性。他认为，"所谓社会服务，是一种促进社会资源和社会机会合理配置的有效的制度化手段和途径。通过这样的手段和途径，维系社会秩序，规范社会行为，协调社会关系，维护社会治安，促进社会认同，推进社会和谐，落实公平正义，增加社会安全，增进社会团结，改善百姓民生"。② 通过社会服务，可以化解社会矛盾，解决社会问题，应对社会风险，减少社会内耗，控制社会冲突，弥合社会分歧，进而实现社会的良好治理，达到善治目标。

---

① 倪明胜. 社会服务概念辨识与路径优化［J］. 江西社会科学，2012（2）.
② 郑杭生. 社会服务与民政——从社会学视角看社会服务［J］. 中国民政，2011（5）.

一般来说，社会服务有三个提供主体：一是由政府机构使用公共权力与公共资源提供公共服务；二是由市场组织（包括私人部门或营利性私人企业）使用私人资源提供社会性的有偿私人服务；三是由社会组织或非营利组织使用相应的社会资源提供非营利性的社会公益性服务。从实践看，社会服务在具体实施中呈现出六个特点：第一，社会服务是一种特殊的公共服务。公共服务包括国防、卫生、教育、城市管理等，社会服务仅仅是所有公共服务中较为特殊的一个部分。第二，社会服务是一种社会福利性服务，不是商业服务。第三，社会服务的提供主体是多元的，既可以由政府提供，也可以采取市场化的机制提供，甚至采取跨部门合作的方式。第四，社会服务是一个领域。这个领域以困难群体的社会保护为重点，以促进社会资源和社会机会公平分配为基础，以混合型的服务提供为手段。第五，社会服务的对象可以是个人，也可以是组织。当然，为组织提供服务的目的最终也是为了更好地为个人提供服务。第六，社会服务是社会管理的最新形态。从社会管理模式的历史变迁看，很多国家包括我国都经历了"控制—管理—治理—服务"这样一个发展过程，在这个链条中，从控制型管理走向服务型治理，代表了一种趋势和发展方向。因此，社会服务本身就体现了多维度参与、多主体治理、多部门协调合作提供服务的善治理念。

要实现善治，必须根据新的社会发展形势和政治变革需要，重新定位政府职能，转变政府治理模式。改革开放以来，随着社会主义市场经济体制的不断完善，我国将政府职能定位在宏观调控、市场监管、社会管理和公共服务等方面，提出了构建服务型政府的理念，并据此不断深化行政管理体制改革。应当说这个定位从总体上反映了国家的生存基础和职能变迁的总体要求与发展方向，是符合时代变化特征和善治要求的。党的十八大以来，习近平总书记多次对基层治理作出重要指示批示，提出了一系列新理念新思想新要求，强调指出"基层强则国家强，基层安则天下安，必须抓好基层治理现代化这项基础性工作"①。《中共中央 国务院关于加强基层治理体系和治理能力现代化建设的意见》是以习近平同志为核心的党中央立足新发展阶段对基层治理体系和治理能力现代化建设的科学谋划和总体部署，为构建服务型社会治理框架、推进善治指明了发展方向、提供了根本遵循。

本书从社会工作参与社会服务的实践经验出发，以北京市部分基层社会治理案例为研究对象，深入分析了基层社会从管理到治理的发展变迁过程，探讨了参与服务型治理的多元主体之间的联动机制，讨论了新兴的社会工作机构参与社会服务过程中与政府从依附关系到合作关系的转变，同时聚焦社区服务管理的新经验和新途径，关注了社会工作者与社区工作者身份和角色的共同点及其差异，并提出推动北京市服务型社会治理的具体建议和策略。本书共分八章，第一章主要介绍北京市基层社会治理转型的背景情况，重点分析了北京服务型社会治理研究现状及本书的研究方法。第二章主要阐述了北京市基层管理体制的历史变迁，重点分析了北京市为应对新的社会需求，解决社会问题，不断调整基层社会治理方式，推动实现从管理到治理的转型的过程。第三章从"三社联动"个案出发，重点分析了服务型社会治理中的多元主体参与问题，提出促进多元主体双向运行、加强社区治理专业引领等观点。第四章分析了北京市社会工作机构参与社会服务的现状，并对社工机构参与社会服务的策略和方法进行了实证分析。第五章主要讨论社区在服务型社会治理中的作用，分析了北京市社区服务的现状和成效，结合案例研究了社会工作在社区服务中的应用，并提出将社会治理融入社区服务的意见建议。第六章以某社工机构为个案研究对象，深入分析了社会组织与政府信任关系的依附、契约、平等合作三个变迁过程及其策略。第七章聚焦"社工"在服务型社会治理中的作用，分析了北京市社区工作

---

① 2021年2月4日，习近平总书记在贵州省贵阳市观山湖区金元社区考察调研时指出。

者队伍建设现状，结合案例讨论了社区工作者的身份建构与行动逻辑，提出推进社区工作者向社会工作者转型的具体建议。第八章是对全书研究的一个总结，就加快推进北京市服务型社会治理提出五方面建议和策略。为保持研究的完整性和深度，作者将村改居社区的空间重构与整合、社区参与式互助体系社会资本建构的两个案例研究成果以及近期与服务型治理相关的重要政策文件作为附录。

社会工作参与面向社区的各类服务，进而促进服务型社会治理建设是社区研究的新领域，也是社会工作实务发展的重要方向，比如"三社联动"向"五社联动"的发展，城乡社会工作站点的建设等相关研究还需要进一步深化与完善。本书难免存在不足之处，恳请读者批评指正。笔者将在今后的研究中继续努力！

目　录

第一章　基层社会治理问题研究

改革开放四十多年来，我国经济社会发生了全面而深刻的变化，并由此带来社会管理中的新问题和新挑战，对政府传统管理模式和社会治理方式提出了新要求。党的十九大报告指出，中国特色社会主义进入新时代，我国社会主要矛盾已经转化为人民日益增长的美好生活需要和不平衡不充分的发展之间的矛盾。这是对中国特色社会主义进入新时代作出的实事求是的重大判断，具有极其重要的历史意义。深刻认识我国当前所处的历史方位，准确把握社会主要矛盾，必须不断推进社会治理体系和治理能力现代化。党的十九届四中全会通过的《关于坚持和完善中国特色社会主义制度 推进国家治理体系和治理能力现代化若干重大问题的决定》，对坚持和完善中国特色社会主义制度、推进国家治理体系和治理能力现代化作出了全面部署。北京作为政治地位极其特殊的现代化超大城市，在全面推进"五位一体"总体布局，协调推进"四个全面"战略布局，努力落实首都"四个中心"城市功能定位，切实提高"四个服务"水平，满足人民日益增长的美好生活需要的过程中，必须高度重视构建现代社会治理体系、不断提高现代社会治理能力。中国共产党领导和以人民为中心的发展理念、全心全意为人民服务是中国特色社会主义的本质特征，服务型治理则是现代社会治理体系和治理能力现代化的重要体现。近年来，北京市在推进社会建设和社会治理过程中，不断提升公共服务水平，健全公共服务体系，完善公共服务机制，孵化专业社会组织，培育社区建设和社会工作专业人才队伍，为特殊困难人群提供救助帮扶服务等，逐步探索形成了颇具特色的服务型社会治理模式，在全国具有引领和示范意义。

第一节　北京基层社会治理的转型

一、城市新战略定位

战略定位是城市发展的基础和指引。新中国成立初期，北京的战略定位是政治、经济、文化和科学艺术中心，大的工业城市。1983 年《北京城市建设总体规划方案》对北京的战略定位作了调整，首次提出"北京是中国的政治中心和文化中心"，首都功能开始得到重视。1993 年《北京城市总体规划》对北京的定位是，"北京是我们伟大社会主义祖国的首都，是全国的政治中心和文化中心，是世界著名的古都和现代国际城市"。2004 年北京完成新版城市总体规划，突出科学发展，将城市发展目标定位于国家首都、世界城市、文化名城和宜居城市四个方面。2014 年 2 月，习近平总书记视察北京，对事关首都长远发展的战略性、全局性问题作出重要指示，明确北京是全国政治中心、文化中心、国际交往中心、科技创新中心的城市战略定位，这在北京发展历史上具有里程碑意义。2017 年 9 月，《北京城市总体规划（2016 年—2035 年）》发布，北京推进落实"四个中心"新战略定位。这一战略定位对北京社会治理带来深远影响。2022 年，北京市人民政府印发《北京市"十四五"时期城市管理发展规划》，指出"深入推进超大城市治理体系和治理能力现代化建设，为首都经济社会高质量发展提供坚实保障"。特别突出了"坚持服务为先，坚持精细治理"的原则。"构建社会多元共治格局"，进一步"夯实社区治理基础"，"发挥社会共治作用"。

（一）北京城市管理和社会治理的方向发生根本性改变

《北京城市总体规划（2016 年—2035 年）》明确了北京政治中心、文化中心、国际交往中心、科技创新中心"四个中心"的城市战略定位，同时要求履行"为中央党政军领导机关服务、为国家国际交往服务、为科技和教育发展服务、为改善人民群众生活服务"的"四个服务"基本职责。近期目标（2020年）包括，"人民生活水平和质量普遍提高，公共服务体系更加健全，基本公共服务均等化水平稳步提升"；中期目标（2035年）包括，"成为生活更方便、更舒心、更美好的和谐宜居城市"；远期目标（2050年）包括，"成为富裕文明、安定和谐、充满活力的美丽家园……全面实现超大城市治理体系和治理能力现代化"。为落实城市新战略定位，规划提出，必须有所为有所不为，着力提升首都功能，有效疏解非首都功能，做到服务保障能力同城市战略定位相适应，人口资源环境同城市战略定位相协调，城市布局同城市战略定位相一致。实现新的战略定位，北京市必须进一步健全城市管理体制，创新城市治理方式。"越是超大城市，管理越要精细，越要在精治、共治、法治上下功夫"，从创新体制机制入手，构建权责明晰、服务为先、管理优化、执法规范、安全有序的城市管理体制，推动城市管理走向城市治理，围绕广大市民关心的就业、教育、医疗、养老、住房、环境、交通等热点难点问题，提出破解难题的综合方略，全面提高城市治理水平。

（二）促进传统街居管理体制的转变

基层治理是社会治理的重要方面，是落实服务型治理的基础。北京市注重城市管理和基层社会治理，近年来持续深化城市管理体制，2019年颁布并实施《北京市街道办事处条例》，明确指出"街道办事处应当按照党委领导、政府负责、民主协商、社会协同、公众参与、法治保障、科技支撑的社会治理体系要求，转变治理理念，创新治理模式，整合辖区资源，推动各类社会主体协商共治"。加强城市基层政权建设。推动城市管理重心下移、职能下沉、资源下放，做实街道、做强社区，充分发挥街道和社区在社区建设和基层社会治理中的作用，不断提高公共服务水平，着力构建新型街居管理体制。为了提升社区服务水平，2016年北京市政府建立完善社区公共服务事项准入制度，制定社区居委会开展工作的事项清单，取消了社区层面的评比考核项目等，为社区工作者减负。

同时，促使社区居委会的工作重心转向居民事务，强化社区服务站的公共服务功能，就近为居民解决和办理公共事务。在新战略定位指引下，北京市街居体制正在发生深刻的变化。

二、政府职能转变提出新要求

推进社会治理模式变革是全世界范围内都很关注的议题，变革的内容主要是政府治理理念的变化以及厘清政府承担职能的依据和边界。中国特色社会主义进入新时代，政府职能不可避免地也要进行相应的改革。党的十九大报告明确提出，要转变政府职能，深化简政放权，创新监管方式，增强政府公信力和执行力，建设人民满意的服务型政府。服务型政府建设是对新时代政府职能的新定位，也是社会治理模式发展的新方向，已经成为我国行政管理体制改革的重要遵循。

（一）服务型政府是政府职能转变的方向

早在 2006 年 10 月，党的十六届六中全会通过的《中共中央关于构建社会主义和谐社会若干重大问题的决定》就明确指出，"建设服务型政府，强化社会管理和公共服务职能"。2007 年 10 月，党的十七大报告再次强调，"加快行政管理体制改革，建设服务型政府"。2012 年 11 月，党的十八大进一步明确，"要按照建立中国特色社会主义行政体制目标，深入推进政企分开、政资分开、政事分开、政社分开，建设职能科学、结构优化、廉洁高效、人民满意的服务型政府"。建设服务型政府是近年来我国政府职能转变的内在追求，是中国共产党全心全意为人民服务宗旨的根本体现。

为城乡居民提供优质的公共服务，是现代政府的基本职能，也是建设服务型政府的重要任务。服务型政府强调以公共服务为价值理念，以社会公众为服务对象，以多元参与为服务形式，以合作协调为服务基础，不断满足人民群众日益增长的公共服务需求。建设服务型政府是我国进入统筹经济社会协调发展新阶段的内在要求。《中共中央关于全面深化改革若干重大问题的决定》提出，"使市场在资源配置中起决定作用和更好发挥政府作用"。在服务型政府理念指引下，政府职能就要由直接参与经济建设向创造良好的发展环境、提供优质的公共服务、维护社会公平正义转变，行政决策不再简单地以经济政策为主，而是要更加注重社会政策。

近年来，党和政府在推进政府职能转变方面有非常明显的创新和发展，以"放管服"改革为突破口，正在推动政府职能从原来的"经济调节、市场监管、社会管理、公共服务"向"宏观调控、公共服务、市场监管、社会管理、环境保护"转变。北京市也在大力推进政府职能转变，2009 年出台《北京市人民政府关于深化改革转变职能提高政府效率进一步建设服务型政府的意见》，要求"全面提高政府效能。优化政府机构设置和职能配置，深化机构改革，形成职责明确、依法行政的政府治理体系，增强政府公信力和执行力"。从转变政府职能、提高行政效率，注重决策落实、切实提高管理效能，坚持精益求精、切实提升服务效果等方面对服务型政府建设提出明确目标。

（二）建设服务型政府的关键在于确立服务理念

服务型政府的核心是"服务"。在建设服务型政府过程中，从更好地服务党和国家大局到提供优良的服务保障；从坚持以人民为中心的发展理念到紧紧围绕"七有"目标，努力把为人民造福的事情办好办实，不断增强群众的获得感、幸福感、安全感；从打造高水平的公共服务到救助帮扶老弱病残等特殊困难群体等，北京市各级政府普遍树立并不断强化服务理念。近年来，北京一直在调整政府职能，提高政府的工作效率，着力建设服务型政府，出台了一系列的政策措施，尤其是提出疏解北京的非首都功能，解决城市病的策略，实施为民办实事的"折子工程"等。以服务为导向的政府职能调整，有序推进政府部门的"瘦身"，实现职能归位、权责分清，逐步构建服务型政府。

政府职能转变是一场革命。为加快推进政府职能转变，北京市结合推进简政放权、放管结合、优化服务的"放管服"改革，提出并实施了一系列创新举措，其中部分举措已初见成效。这些"放管服"的改革措施在优化服务方面下了不少功夫。优化服务的核心在于以群众的需求为导向，让群众少费心、少跑路，少花时间，少提交证明资料，少填写申报材料。为此，北京市建设政务服务中心，将审评部门、审批事项等集中办理，大大提高了政务办事效率，体现出"一站式"服务的成效和优势。强调 24 小时全天候服务，服务环节之间无缝对接。在社区层面，"一站式"优化服务的内容更多与居民生活息息相关，居民的日常生活不出"一刻钟服务圈"，居民日常生活需求被纳入"代理代办、代收代发、代请代聘、代言代讲、代开证明、公益服务"的"百项代办"服务，一个电话就能咨询日常生活百项需求，并迅疾得到千项服务。政府各部门力量下沉充实基层，形成"网格化管理"的模式，线下有网格化管理员，线上有网络化信息系统，从而建立起全天候、全覆盖、全响应的服务机制。2022 年 6 月，北京市政务服务管理局等四部门联合印发《关于进一步加强社区（村）政务服务规范化建设的工作方案》，全面加强社区（村）政务服务规范化建设，着力构建"一刻钟政务服务圈"，提升群众办事便捷度和满意度。

三、社会组织发展的强力支撑

党的二十大报告明确要求，"完善社会治理体系。健全共建共治共享的社会治理制度，提升社会治理效能"。社会治理不再是简单的行政管理、社会控制，而是要建立完善党委领导、政府负责、社会协同、公众参与、法治保障的社会治理体制，通过加强社会治理制度建设，提高社会治理社会化、法治化、智能化、专业化水平。创新社会治理模式，必须引导社会力量参与社会治理，推动社会治理重心向基层下移，实现政府治理和社会调节、居民自治良性互动。在这一转型过程中，社会组织发挥着重要的支撑和平台作用。

（一）引导支持社会力量参与社会治理

北京市高度重视社会组织发展，通过制度设计、政策导引、资金扶持等办法积极促进社会组织发展。2016 年北京市社会组织数量超过 1 万家。社会团体态势平稳、基金会发展加速，民办非企业单位发展最为迅速，成为社会组织中占比最高的类型。截至 2021 年底，在北京市民政局注册登记的各类社会组织共计 12892 个，其中社会团体组织 4444 个，基金会组织 806 个，民办非企业单位 7642 个。①

社会组织力量的发展壮大为北京市转变政府职能、引导支持社会力量参与社会治理和社会服务提供了可能。北京市通过政府购买服务的方式将社会组织纳入社会治理平台，政府逐年加大向社会组织购买服务的力度。从 2009 年开始，北京市财政设立社会建设专项资金，用于购买社会组织服务，每年投入 1.5 亿元用于支持社会建设基础项目，1 亿元用于向社会组织购买服务。2022 年，北京市委社会工委市民政局印发《北京市政府购买社会工作服务预算管理实施细则》，明确了政府购买社会工作服务的适用范围、预算编制、预算执行、绩效评价与监督等多方面内容，为政府购买社会工作服务提供了指导和规范。通过政府购买服务，帮助社会组织得到政府的资金支持，同时社会组织也有了通畅的渠道参与社会治理和社会服务，逐渐建立起政府和社会组织之间合作与信任的关系，社会组织越来越成为基层社会治理不可或缺的重要力量。

（二）社会工作人才队伍的建设和扩大

在服务型社会治理中，社会工作发挥着独特的作用，它在疏导社会心理、调适社会关系、链接社会资源、帮扶特殊困难群体等方面的专业价值越来越得到体现和社会认同。在 2018 年党和国家机构改革中，民政部专门成立慈善事业促进和社会工作司，不少省级民政厅（局）都成立了社会工作处。2023 年的党和国家机构改革中，组建中央社会工作部，

---

① 数据来源：北京市民政局网站发布《二〇二一年北京市社会建设和民政事业发展统计公报》。

主要职责包括"统筹推进党建引领基层治理和基层政权建设、指导社会工作人才队伍建设"等内容。为推进社会工作发展，北京市先后制定出台了《首都中长期社会工作专业人才发展规划纲要（2011—2020 年）》《首都社会工作专业人才队伍建设行动计划（2023—2035 年）》，聚焦首都基层社会治理体系和治理能力现代化需求，切实提升社会工作人才队伍专业化和职业化水平。北京市推动专业社会工作机构建设，截至 2022 年 12 月，全市共有 960 家社会工作服务机构。持续推动基层社会工作服务体系建设，截至 2023 年 5 月底，全市建成区级社会工作指导中心 16 个，实现区级中心全覆盖；街道（乡镇）社会工作服务中心 225 个，街乡覆盖率达到 65.6%，设置社区（村）社会工作服务站 835 个，形成网络化基层社会工作服务阵地。经过持续系统的培训和继续教育，社区工作者队伍的专业化水平显著提高，社会工作人才队伍不断发展壮大。截至 2022 年底，全市社会工作专业人才总量达到 7.96 万人。取得社会工作者职业水平证书的达到 3.91 万人。社会工作人才队伍的扩大为推动社会服务更好更全面发展提供了人力资源的保障。

四、基层社会治理面临的新挑战

北京，是中华人民共和国的首都，是全国的政治中心、文化中心，是世界著名古都和现代化国际城市，是一个超大型城市。2022 年末全市常住人口 2184.3 万人，其中，城镇人口 1912.83 万人，常住外来人口 825.1 万人。企业、行政单位、社会组织众多。北京社区类型多样，在基层社会治理方面面临着不少困难和挑战。

（一）高龄化显著，养老问题严峻

人口老龄化是北京社会治理面临的严峻挑战。如果 60 岁及以上人口占到总人口的 10%，或者 65 岁及以上的老人占到总人口的 7% 以上，就可以判断这个社会进入老龄化社会。北京市是全国最早进入老龄化社会的城市之一，1995 年 1% 人口抽样调查显示，65 岁及以上常住人口的比例为 7.8%，正式进入老龄化社会。北京市老龄人口基数大、增长快，这一比例到 2000 年第五次全国人口普查时，就提升到 8.4%，到 2010 年第六次全国人口普查时，提升至 8.9%，到 2014 年这个比例上升到 9.9%，呈明显加速趋势。2015 年末，65 岁以上人口为 222.8 万，比例上升到 10.3%。2019 年末，65 岁以上人口 246 万，占比 11.4%；60 岁以上人口 371.3 万人，占比 17.2%。第七次全国人口普查数据显示，北京市常住人口中，60 岁及以上人口占比达到 19.6%，其中 65 岁及以上人口占比达到 13.3%。2023 年 6 月，北京市老龄协会发布"2022 年北京市老龄事业发展概况"，数据显示，2022 年，本市老年人口总量持续增加，占总人口的比重不断提升。在本市常住人口中，60 岁及以上人口 465.1 万人，占总人口的 21.3%，65 岁及以上人口 330.1 万人，占总人口的 15.1%。老龄化程度进一步加深，高龄化显著。2020 年，北京人均预期寿命已经达到 82.43 岁。根据预测，到 2030 年，全市老龄人口将超过 500 万，2050 年全市每 3 个人中就有一位老人。养老成为北京市迫切需要解决的大问题。

（二）家庭结构变化，保障功能弱化

基层治理面对的另一挑战是因家庭结构小型化而造成的家庭的保障与服务功能的削弱。据第六次全国人口普查统计，我国平均每个家庭户的人口为 3.1 人。在北京，2018 年 1 人户占 22.5%，2 人户占 31.4%，3 人户占 26.3%，4 人户占 10.5%，5 人及以上户占 9.3%。[①] 2 人户型或者 3 人户型是北京家庭户的主要类型，家庭结构呈现出"四二一或者四二二"的特征。一对夫妻赡养双方父母，有时还要照顾祖父母，抚养一个或者两个小孩，照顾的压力非常大，家庭传统的保障功能不断弱化。

家庭保障功能弱化时，必然要求强化政府的社会保障功能。养老需要健全的社会保障制度。截至 2015 年底，北京市共有户籍老年人 313.3

---

① 国家统计局. 中国统计年鉴 2019 ［M］. 北京：中国统计出版社，2019.

万人，占总人口比例的 23.4%。① 失能失智老人、空巢老人、高龄老人不断增多。老年人需要专业化、个性化的服务，但是养老服务供给不足，无法满足"社区养老"和"居家养老"的需求。政府在社会治理过程中，必须充分考虑家庭保障弱化的现实，大力发展社会保障和公共服务供给，形成积极的服务型政府理念和策略。

（三）流动人口数量大，管理和服务难度加剧

随着城市化和社会主义现代化建设的加速推进，我国人口流动频率越来越高、流动范围越来越广，2012 年以来，随着城镇化进程不断推进，我国人口流动日益活跃，为经济社会发展注入强大动力。国家统计局数据显示，2020 年，我国人户分离人口达到 49276 万人，占全国人口的 34.9%，其中，流动人口达到 37582 万人，占全国人口的 26.6%。与 2010 年相比，全国人户分离人口增加 23138 万人，增长 88.5%，流动人口增加 15439 万人，增长 69.7%。大规模的流动人口在促进我国经济、文化以及社会发展的同时，其自身的生活和发展问题也得到了不同程度的改善。但同时也要看到，流动人口仍然面临着诸如住房、就业、医疗、教育等方面的现实问题与困难。

根据第七次全国人口普查数据，北京市常住人口中，外省市来京人口为 841.8 万人，占总人口比例 38.5%，流动人口依然保持非常大的规模。流动人口既能够推进流入地经济社会的发展和进步，也给流入地的社会治理带来挑战。尤其是在当前开展服务型社会治理、建设服务型政府这一背景下，流动人口的服务与管理是北京在社会治理等方面尤为需要关注并解决的重要内容。

北京流动人口主要面临三方面突出问题，一是居住问题。这是流动人口进入流入地必须要解决的首要问题之一。《北京人口发展研究报告（2022）》指出，目前，农业转移人口在城镇的居住条件"比较差"。绝

---

① 北京市民政局网站：《关于加强养老服务人才队伍建设的意见》政策解读，2017 年 1 月 6 日。

大部分在城镇没有住房，只能租住民房或挤住在集体宿舍等。① 对于流动人口的就业、生活质量以及社会融入等方面具有不可忽视的重要影响。目前，在京流动人口主要集中于城市拓展区并呈"环状圈层"分布特征，其住房以租住私房为主，其中经济能力较差的农业户口、新生代更倾向于租住私房。在住房面积较小且基础设施较差的出租房，流动人口的居住状态被彻底隔离化。二是社会保障问题。流动人口虽然在促进流入地经济社会发展方面发挥着重要作用，但在我国长期实行的二元社会结构和户籍管理制度下，流动人口在就业、社会权益以及社会保障等方面依然处于相对弱势地位。企业为节省成本不给员工缴纳社保，员工自身也从短期利益出发，不愿缴纳，造成参保率较低的现象。② 目前在北京，流动人口"被歧视"现象依然存在。有学者通过对北京城中村流动人口的调查发现，在流动人口自身能力品质之外的歧视问题依然存在，具体来说主要体现在劳动获得、拖欠工资、签订劳动合同等方面。③ 此外，在医疗服务和保障方面，流动人口年龄和家庭的特殊结构、医疗保障制度的缺失等导致这一群体不敢轻易使用城市的医疗服务。三是社会融入问题。对于流动人口来说，面临着融入所在社区与城市的问题，特别是在京流动人口面临着经济融入、生活融入、制度融入以及文化融入等诸多融入困境。

（四）相对贫困问题仍然存在，特殊困难人群需要特殊保障和服务

贫困问题是社会治理必须面对的突出问题，也是服务型政府的首要职责和任务。虽然我们经过接续奋斗，历史性地解决了绝对贫困问题，但相对贫困依然存在。当前北京市贫困结构的变化对治理工作提出了新挑战。围绕首都定位和京津冀协同发展战略，北京采取疏解非首都功能

---

① 陈志光，朱赫．北京市常住外来人口服务管理研究［M］//北京人口发展研究报告（2022）．洪小良，尹德挺，等．北京：社会科学文献出版社，2022.

② 同①.

③ 李升，黄造玉．流动人口的"被歧视"问题研究——基于一项对北京城中村的调查［J］．北京社会科学，2017（3）.

手段，腾退不符合首都功能的企业；为创造良好人居环境，北京市整治占道经营、无证无照经营和"开墙打洞"等，在优化产业结构、营造良好人居环境的同时，也会带来低收入家庭收入减少、就业困难、生活水平下降等问题。

北京市在人均 GDP、城乡居民人均收入、人均政府财政收入与支出等各方面都明显优于全国其他省市，尤其是城乡居民家庭恩格尔系数远低于全国平均水平，已接近发达国家平均水平，"吃不饱""穿不暖"等无法满足最基本生活需求的困难人口逐年减少，但低收入群体收入增长速度低于平均速度，产生较强相对剥夺感。从类别上看，相对贫困问题向某些特殊人群集中，加大了治理难度，部分人群成为社会救助的长期依赖者。数据显示，2017 年北京市城乡低保对象中，15~59 岁年龄段人口比重呈缓慢下降趋势，但 60 岁及以上老年人所占比重呈现快速增长趋势。失业人员、残疾人、特困人员等是城乡相对困难群众的重要构成人员。北京市低保对象中，个人接受政府救助的平均时间为 37.95 个月，中位数 40 个月，约 99%的受助者享受待遇在 60 个月以内；家庭接受救助的时间（所有接受救助的成员享受待遇月份之和）平均为 78.84 个月，中位数为 60 个月，大约 10%的低收入家庭接受政府救助的时间超过了180 个月。

第二节　服务型社会治理研究现状

人类社会的治理模式经历了农业社会的统治型社会治理、工业社会的管理型社会治理，而后步入后工业社会，社会治理模式也需要有相应的创新和发展。中国共产党领导的中国特色社会主义国家坚持以人民为中心的发展思想，江山就是人民，人民就是江山。新的社会理念使传统的社会治理模式发生根本性变化，服务型社会治理成为当代中国社会治理的重要选择。

一、服务型社会治理的概念与内涵

张康之教授在其《公共管理伦理学》一书中提出"服务型社会治理"概念，认为公共管理就是一种服务型社会治理。在后工业文明社会，政府不再充当管理者的角色，而是一个服务者；相应地，社会治理模式是一种"信任—服务—合作"的模式。在这种模式下，政府与其他社会力量是一种"合作—伙伴—共担责任"的关系，这就是服务型社会治理的内涵。服务型社会治理需要正确理念的引导，只有在正确理念的指引下，才能更好地实现社会治理，进而创新社会治理。张利涛认为，社会治理要在国家、社会和个人三个维度展开，首先是政府高效、国家富强，其次是社会公平正义，最后是个人发展和人民幸福。[①] 张晓红等则基于服务型社会治理模式的公共价值取向，认为服务型社会治理要遵循以人为本与民主，法治与公正，变通、适应和灵活，互动、责任和高效，以及公开、公平和信任的价值取向。[②]

服务型政府是服务型社会治理理念的实现载体和重要形式。早在2005 年 3 月，十届全国人大第三次会议审议通过的《政府工作报告》就提出"努力建设服务型政府""创新政府管理方式，寓管理于服务之中，更好地为基层、企业和社会公众服务"的要求。2007 年 10 月，党的十七大报告要求"加快行政管理体制改革，建设服务型政府"。2012 年 11 月，党的十八大报告提出，"要按照建立中国特色社会主义行政体制目标，深入推进政企分开、政资分开、政事分开、政社分开，建设职能科学、结构优化、廉洁高效、人民满意的服务型政府"。2017 年 10 月，党的十九大报告再次强调，"转变政府职能，深化简政放权，创新监管方式，增强政府公信力和执行力，建设人民满意的服务型政府"。2019 年 10 月，党

---

① 张利涛. 论我国社会治理的价值取向 [J]. 社会建设，2016（6）.
② 张晓红，宁小花. 服务型社会治理模式下的公共决策价值取向 [J]. 中国行政管理，2011（2）.

中央部署全面推进国家治理体系和治理能力现代化，再次要求"必须坚持一切行政机关为人民服务、对人民负责、受人民监督，创新行政方式，提高行政效能，建设人民满意的服务型政府"。可以说，构建服务型政府，逐步推进国家治理体系和治理能力现代化是中国共产党不断满足人民群众的多种需求、顺应市场经济体制改革、顺应时代发展潮流的必然选择，也是近十多年来一以贯之努力推进的重大改革事项。

服务型治理、服务型政府和服务型社会是一个有机统一体，服务型治理的重要成果体现之一是建设服务型政府，进而推动服务型社会的实现。服务型政府通过践行服务型治理理念，既推动实现社会治理体制的创新，又持续强化服务型社会建设。服务型政府的构建和服务型社会治理的开展，都是推动实现服务型社会的必要路径。张康之认为，社会治理创新与服务型政府建设联系在一起，既要通过服务型政府建设创新社会治理，也要在社会治理创新中促进服务型政府建设。[1] 向中华等以重庆市渝中区"社工日"为例，认为服务型党组织建设与社会治理创新要融合发展，以促进两者的共同发展。[2] 卢珂分析了地方治理创新与塑造服务型政府之间的关系，认为服务型政府的内涵符合地方治理创新的要求，地方治理创新需要服务型政府，而塑造服务型政府又会推动地方治理创新。[3] 服务型社会治理的相关研究引起专家学者们的高度关注，可以说近年来结合服务型政府建设实践以及案例分析，相关成果越来越丰富，研究也越来越深入。

二、服务型社会治理的理论基础与参与主体

服务型社会治理关乎国家治理能力现代化，关乎我国社会主义现代

---

① 张康之. 论多元主体条件下的社会治理 [J]. 中国人民大学学报，2014（2）.
② 向中华，等. 重庆市渝中区"社区工作日"的价值意义与经验启示 [J]. 中共太原市委党校学报，2014（1）.
③ 卢珂. 地方治理创新与塑造服务型政府 [J]. 武汉科技大学学报（社会科学版），2010（4）.

化建设的进度和水平，是当前影响我国现代化进程最为重要的因素之一。近年来，不同学科领域的专家学者们对服务型社会治理进行了深入研究，取得了丰富的成果。

（一）服务型社会治理的理论基础

1. 地方治理视角。地方治理对于构建基层服务型政府，进而实现服务型社会治理具有重要意义，有学者对此进行了研究。马丽从地方治理视角论述了服务型政府建设的挑战与途径，分析了中央—地方、地方政府之间、政府与市场、社会的关系，她认为可以通过重塑中央—地方关系，建立地方政府间的合作机制，合理培育市场和社会等来构建服务型政府，进而推进服务型社会治理;① 也有学者从服务型政府理念出发探讨我国地方政府治理能力的提升，认为应当打破地方保护主义，开展跨区域合作治理，通过增加行政透明度、密切联系群众、鼓励人民群众参与等来提升地方政府的治理能力;② 黄毅、文军认为政府职能正在由"总体-支配型"向"技术-治理型"转变，地方政府在社会治理创新方面要遵循相应的逻辑。③

2. 公共选择理论。布坎南（James M. Buchanan）最早提出公共选择理论，该理论以经济学的基本假设——"所有人都追求自身利益的极大化为前提"，依据自由的市场交换能使交易双方都获利的经济学原理，进而分析政府决策行为、民众的公共选择行为及其相互关系。王兰芳在公共选择理论视角下探究了乡村服务型社区治理的现实困境与破解路径，认为以往的市民社会理论存在局限，不能适应社区发展的需要，而在公共选择理论下能更好地分析乡村服务型社区治理的现实困境并提出破解

---

① 马丽. 服务型政府建设的挑战与途径：基于地方治理视角 ［J］. 科学社会主义，2016（1）.

② 毛媛丽. 地方政府跨区域合作治理对策研究 ［J］. 东方智慧，2012（9）.

③ 黄毅，文军. 从"总体-支配型"到"技术-治理型"：地方政府社会治理创新的逻辑 ［J］. 新疆师范大学学报（哲学社会科学版），2014，35（2）.

之道。①

3. 网络治理理论。陈振明较早提出网络治理理论，他在《公共管理学》一书中指出，网络治理是为了实现与增进公共利益，是政府部门与非政府部门等众多公共行动主体彼此合作，在相互依存的环境中分享公共权力，共同管理公共事务的过程。近年来，网络的发展和普及使政府通过电子政务、网络问政等网络方式开展服务活动，这对于服务型治理的开展和服务型政府的构建具有重要意义。杨爱杰等人通过分析网络政治参与背景下的社会治理创新，认为需要充分完善网络监督体系，加快转变社会治理理念，加强落实法治原则，注重引导网民自我管理，全面增强社会心理疏导，同时要发挥社会组织的作用。② 范久红等基于互联网+政务的视角，认为地方政府可以通过微博政务、微信政务以及政务App 三种途径助推政府职能向服务型转变。③ 黄颖以上海浦东市民中心为例，从人才角度分析了服务型政府建设的相关问题，认为政府要以公众和社会为服务导向，构建多元主体协作网络，建设善治的公共服务型政府。④ 需要指出的是，当前关于网络治理的研究大多停留在理论研究层面，像黄颖这样的实证性研究不多，因而从网络治理视角分析服务型政府的建设可能存在一定的局限性。

4. 积极治理视角。王思斌在积极治理视角下对激发社会组织活力进行了制度分析，认为积极治理是一种共建共享，是社会力量的充分参与，既能解决眼前问题，又能顾及长远治理效果，激发社会组织活力是积极治理的重要部分；他认为创新举措首先在于政府对社会组织的承认和政

---

① 王兰芳 . 公共选择理论视角下乡村服务型社区治理的现实困境与破解路径［J］. 南京理工大学学报（社会科学版），2017（2）.
② 杨爱杰，门婷婷 . 网络政治参与背景下社会治理的创新分析［J］. 武汉理工大学学报（社会科学版），2017（4）.
③ 范久红，陈婉玲 . 互联网＋政务：助推地方政府向服务型转变［J］. 世界电信，2015（5）.
④ 黄颖 . 上海市引进海归人才政策调查与评价［J］. 人才开发，2019（12）.

策性支持，即构建新型政社关系，其次是要加强社会组织自身能力建设。①

5. 合作共治视角。张博指出，合作共治的服务型政府建设应当遵循社会治理的理念，目标是增强法理合法性，其表现是自我革新——超前规划，他认为中国应当走合作共治的服务型政府之路。② 徐翔认为，在全球治理的话语体系下，传统的"管理型"政府模式已经不能适应如今高度复杂性与不确定性的后工业社会的现实，需要改变以往的治理方式，重新进行角色定位，推进服务型政府建设，走出一条具有中国特色的治理之路。③ 周军等在合作行动条件的生成中辨识社会的治理变革，他们认为，合作行动条件是自己动手做的生活模式和个性化定制的社会治理模式，社会治理变革应当从以前的"内制外销"变为"外定内制"的服务方式。④

6. 多中心治理模式。研究中不少学者发现，让社会力量更多地参与社会治理，进而丰富治理主体和治理力量，有利于服务型治理的开展。合作共治理论强调政府与社会力量建立合作伙伴关系来开展治理，二元治理、多元治理或者说多中心治理、协同治理以及整体性治理等则注重发挥社会力量的作用，通过多种力量的共同参与实现共建共享。陶鹏认为，传统社会管理模式对待网络舆情的态度与"危机""风险"等相联系，而在多中心治理模式下，对待网络舆情的方式则与建构服务型政府密切相关。⑤ 袁方基于对北京市 B 村的调查，探讨了多中心治理下城市边缘社区治安管理模式，认为城市边缘社区治安管理的目标模式应当是政

---

① 王思斌. 发挥社会工作在建设社会治理共同体中的积极作用［J］. 中国社会工作，2019（33）.

② 张博. 合作共治视角下的现代服务型政府建设［J］. 行政论坛，2016（1）.

③ 徐翔. 论合作治理与当下政府角色定位［J］. 现代商贸工业，2015（18）.

④ 周军，黄藤. 合作治理体系中志愿者及其行动的组织与吸纳［J］. 江苏大学学报（社会科学版），2019（6）.

⑤ 陶鹏. 多中心治理模式下的网络舆情应对——基于服务型政府建构的逻辑［J］. 长沙大学学报，2015（4）.

府主导下的服务型社区的治安管理，是一种多元供给合作机制。① 曾凡军等人从整体性治理视角下探析服务型政府的治理逻辑，认为应当注重公众需求的整体回应，增强服务型政府的公共服务能力，加强治理层级、治理功能和公私部门之间的整合，并运用信息技术实行网络简化，建立电子化服务型政府。②

总的来说，国内学者从不同的治理视角探讨分析了政府、社会以及市场力量在服务型社会治理中的作用。构建服务型政府，一方面，政府必须转变理念和职能，承认、接受、尊重并保障社会力量参与社会治理；另一方面，各种社会力量也要增强参与社会治理的意识，提升自身参与社会治理的能力，最终在共建共享中实现服务型社会治理建设。

（二）服务型社会治理的多元主体

服务型社会治理是政府、社会工作、社会组织等多元主体共同参与的一种新型治理模式，不同主体在社会治理中扮演不同的角色，有着不同的功能定位。

1. 政府。政府作为社会治理的主体，起着主导性作用，需要转变职能，打造服务型政府。近年来，不少学者探讨了服务型社会治理模式下政府的行政理念、服务行政、行政伦理建设等服务型政府构建的相关问题。杜锦文认为，为了满足服务型社会治理模式对政府行政理念的要求，政府可以从服务理念、服务体制、服务决策方式以及道德责任机制四个方面转变行政理念。③ 张皓认为，后工业社会的服务行政涉及服务导向、公正导向、公民导向以及公民本位等基本价值方面。④ 刘祖云基于张康之对服务型社会治理模式的理解，认为服务行政范式包括观念范式、规则

① 袁方．多中心治理下城市边缘社区治安管理模式探析——基于北京市 B 村的调查 ［J］．中州学刊，2011（3）．
② 曾凡军，韦彬．整体性治理：服务型政府的治理逻辑 ［J］．广东行政学院学报，2010（1）．
③ 杜锦文．转变政府行政理念，构建服务型社会治理模式 ［J］．人民论坛，2014（20）．
④ 张皓．面向后工业社会的公共行政——基于与历史的比较 ［J］．天津行政学院学报，2009（1）．

范式和操作范式三个递进层次。① 杨骏以社区为着力点，分析了社区治理现代化中服务型政府的理念选择，认为要推动社区治理，政府应当树立新的理念，推动社区自治管理，提高公众参与的积极性，强化合作与服务的理念。② 谢治菊、苏平富则认为，服务型社会治理离不开行政伦理制度的建设，而且应当主要从行政道德立法、行政伦理宣传、建立行政信用制度和伦理监督制度机构等方面开展行政伦理建设。③ 从政府的角色出发，学者们主要探讨了服务型社会治理模式下政府的基本价值取向、行政理念以及政策和制度完善等问题，但总体来看，这些研究主要是在服务型社会治理的理论框架下探讨服务型政府的构建，而未能结合当前政府和社会发展的实际状况提出一套可行的建构模式。

2. 社会工作。服务型社会治理是社会工作参与社会治理的重要路径，社会工作作为社会治理的多元主体之一，发挥着不可替代的作用。王思斌认为，社会工作参与社会治理本身就是一种服务型社会治理，社会工作的服务型治理具有价值观念、参与身份、深入民众生活、专业工作方法以及目标取向等方面的优势，这些优势使其为服务型社会治理作出特殊的贡献。通过分析社会工作参与社会治理的特点及其贡献，王思斌对服务型治理进行了再理解，他认为，社会工作提供的服务型治理是创新社会治理体制的重要组成部分，社会工作参与服务型治理的特点主要表现为改变政府独揽权力和治理责任的局面，变自上而下的管理为多方合作的治理，缓解经济困境、心理疏导和社会关怀相结合的治理模式，实现发展型或能力建设型治理。此外，他还认为，就社会工作具体参与社会治理的路径而言，是通过服务来参与治理，为了更好地服务而参与治

---

① 刘祖云. 历史与逻辑视野中的"服务型政府"——基于张康之教授社会治理模式分析框架的思考 [J]. 南京社会科学，2004（9）.

② 杨骏. 社区治理现代化中服务型政府的理念选择分析 [J]. 现代国企研究，2016（12）.

③ 谢治菊，苏平富. 服务社会治理模式下行政伦理建设研究 [J]. 广西社会科学，2011（6）.

理，这就是服务型治理的基本内涵。① 王思斌的观点代表了当前社会工作
参与社会治理的主要研究成果。

叶淑静等人探究了社会工作介入社会治理的可能性，他们认为，社
会工作介入社会治理的现实路径主要有三个方面：一是直接参与，即承
接政府购买服务，传播参与式治理理念；二是引导参与，即推动多元主
体互动，推进参与式治理实践；三是协同参与，即落实"三社联动"，构
建积极参与氛围。② 朱永强等对服务型社会治理模式下社会工作介入城市
流动摊贩的治理进行了研究，认为社会工作的服务型介入有其必要性和
可行性，其在治理中提供服务，并以服务推进治理，因此能取得一定成
效。③ 但同时也要看到，社会环境的复杂性使社会工作在参与社会治理中
也面临着不少挑战与问题，因此正确认识其面临的困境，并探索其参与
服务型社会治理的有效路径至关重要。徐宇珊对社区服务中心参与社区
治理进行了分析，认为这也是一种服务型治理，"融入—服务—孵化"是
社区服务中心参与服务型社会治理的有效路径。④ 冯元分析了社会工作参
与社会治理的理论依据和动力来源，在此基础上指出了其参与社会治理
的路径选择，一方面是社会工作发挥已有优势和能力，另一方面是借鉴
本土和西方社会治理理论和实践；同时，他认为，重点路径主要是共享
发展型社会政策体系构建、民生为本型社会建设等领域。⑤ 周群英认为，
可以从构建社会工作发展制度、建构社会工作人才制度、激发社会工作

---

① 王思斌. 社会工作参与社会治理的特点及其贡献——对服务型治理的再理解 [J]. 社会
治理，2015（1）.
② 叶淑静，戴利有. 社会工作介入社会治理何以可能？[J]. 江西师范大学学报（哲学社会
科学版），2016（6）.
③ 朱永强，徐华. 服务性治理：城市流动摊贩治理的社会工作介入 [J]. 宜春学院学报，
2015（7）.
④ 徐宇珊. 服务型治理：社区服务中心参与社区治理的角色与路径 [J]. 社会科学，
2016（10）.
⑤ 冯元. 新时期社会工作参与社会治理：理论依据、动力来源与路径选择 [J]. 社会建设，
2017（6）.

机构活力等方面推进社会工作参与服务型社会治理。①

此外，也有一些学者通过实证研究的具体个案探索分析社会工作参与服务型社会治理的可行路径。王海洋从社区社会资本理论的视角出发，以 X 社会工作中心建构社区社会资本实践为例，探讨了创新社会背景下社会工作的实践路径与策略，他认为，建构社区社会资本的实践是社区和社会工作参与社会治理的重要方式，也是社会工作推动服务型治理的重要实践。因而需要建构社区桥接型社会资本和连接型社会资本，通过跨界合作、与政府建立信任合作伙伴关系推动社会治理现代化。② 陈秀珍以湖南省西南部某市为例，探讨了治理视角下欠发达地区社区社会工作的发展，她认为，政府部门要采取有效措施促进社工机制落地生根，专业社工机构要不断提升内生发展能力，如此才能实现社会治理与社区、社工的双向发展。③ 卜佳慧以上海市宝山区顾村镇馨佳园社区为例，对创建服务型社区治理模式的实践提出思考，她认为，应当以社区党组织为主导整合服务资源，形成社区服务合力，发挥社区组织的作用，加快社区设施配套，提升社区服务质量水平，同时发挥居民"主人翁"的作用，引导社区居民自治共治。④

从学者们的研究看，社会工作以其专业服务在基层社会治理中发挥着不可替代的作用，但由于现实社会环境的复杂性和多变性，加上社会治理的客体如社区社会组织的特殊性，使得社会工作参与社会治理仍面临着多方面的挑战。不过，现有研究不少是基于具体个案，通过分析其面临的困境，探究社会工作参与社会治理的可行路径，这样得出的结论不能适用于所有的现实情况。因此，需要结合社区的普遍特点，探索社

① 周群英．学校社会工作实务模式与专业发展初探［J］．社会工作，2014（3）．

② 王海洋．社会工作推动"服务型"社会治理的实践路径——以流动人口社区社会资本建构实践为例［J］．社会工作，2016（4）．

③ 陈秀珍．治理视角下欠发达地区社区社会工作发展研究——以湖南西南某市为例［J］．怀化学院学报，2016（1）．

④ 卜佳慧．创建服务型社区治理模式的实践与思考——以宝山区顾村镇馨佳园社区为例［J］．产业与科技论坛，2015（24）．

会工作参与服务型社会治理的有效模式。

3. 社会组织。服务型社会治理离不开社会工作、社区以及社会组织的参与。治理主体多元化既是社会治理的内在要求，也是其重要的实现形式。社会组织在参与社会治理中发挥着不可替代的作用，同时也要看到，由于社会组织所处的发展环境以及社会组织自身动力不足等原因，社会组织在参与服务型社会治理方面面临着不少挑战。近年来，一些学者基于其面临的挑战和问题，探究了社会组织参与社会治理的有效路径。王名认为，"推位让治"是社会组织参与社会治理创新的路径选择，政府通过让渡一些空间和职权，能够培育并推动社会组织参与服务型社会治理。① 郭少华、李嘉美等人分析了社会组织参与社会治理面临的现实问题，并从政府立法、政策支持和社会组织自身发展等方面提出了社会组织参与服务型社会治理的可行路径。此外，在社会转型期，网络社会组织取代传统社会组织在公共服务、发展民生等方面发挥了重要作用。俞洪霞分析了网络社会组织参与社会治理的困境，并从网络立法、网络大V以及网络评价与监督三个方面论述了提升网络社会组织参与社会治理能力的路径。② 志愿服务组织作为社会治理多元主体中的重要力量，在价值引领、道德示范、公益服务等方面发挥着不容忽视的作用。赵丽以哈尔滨市志愿服务组织为例，分析了其在参与社会治理中面临的问题并从志愿服务文化、志愿带头人培育、志愿服务使用、志愿服务资源四个方面论述了志愿服务组织参与社会治理的有效路径。③ 关于社会组织参与服务型社会治理，学者们的研究主要侧重分析各类社会组织参与社会治理面临的困境，并在此基础上，从政府和社会组织自身两个方面探究其参与服务型社会治理的有效路径。政府方面主要是加强立法、科学决策，引导和规范社会组织有序参与社会治理，同时支持、帮扶社会组织，调

① 王名，王春婷. 推位让治：社会组织参与社会治理路径 [J]. 开放导报，2014（5）.
② 俞洪霞. 网络社会组织参与社会治理的困境和对策研究 [J]. 山东行政学院学报，2019（11）.
③ 赵丽. 志愿服务组织参与社会治理研究——以哈尔滨为例 [J]. 学会，2017（9）.

动其积极性，推进社会组织专业化进程，增强其参与社会治理的能力；社会组织自身方面主要是与政府建立新型合作伙伴关系，加强社会组织自身能力建设，加强组织管理，培育组织人才，提高参与社会治理能力。但是，这些路径只是从理论层面展开，并未结合具体的实际状况呈现，因此，其可行性和有效性有待进一步的验证。

三、服务型政府建设

党的十九届四中全会提出："必须坚持一切行政机关为人民服务。对人民负责、受人民监督，创新行政方式，提高行政效能，建设人民满意的服务型政府。"这是服务型政府的形态，也是服务型政府的目标。张康之考察了中国政府行政改革走过的曲折路径，论述了我们为什么要建设服务型政府；[①] 施雪华论述了服务型政府的基本含义、理论基础和建构条件，认为服务型政府是指在人民本位、社会本位理念指导下，在民主制度框架内，把服务作为社会治理价值体系核心和政府职能结构重心的一种政府模式或政府形态；[②] 朱光磊等论述了服务型政府建设的六大关键问题；[③] 姜明安论述了构建服务型政府要正确处理的若干关系，认为服务是法治的必然要求，法治是服务的保障；[④] 谢庆奎认为，实现服务型政府目标的基本途径是政府创新，包括政治改革、行政改革以及执政党执政方式的改变；[⑤] 刘雪华认为，政府职能转变是服务型政府建设的必然要求和实现途径，只有明确政府职能转变的方向，确定政府职能重心，合理调整政府管理权限，综合运用恰当的政府管理方式，才能保证服务型政府

---

① 张康之. 我们为什么要建设服务型政府 [J]. 行政论坛, 2012 (1).

② 施雪华. "服务型政府"的基本涵义、理论基础和建构条件 [J]. 社会科学, 2010 (2).

③ 朱光磊, 薛立强. 服务型政府建设的六大关键问题 [J]. 南开学报, 2008 (1).

④ 姜明安. 建设服务型政府应正确处理的若干关系 [J]. 北京大学学报 (哲学社会科学版), 2010 (6).

⑤ 谢庆奎. 社会治理时代必须管控政府成本——评《论政府成本：政府成本管控的策略与路径》[J]. 中国行政管理, 2015 (5).

建设的顺利进行;① 郁建兴等人论述了我国服务型政府建设的基本经验与未来发展,他认为除了应进一步明确服务型政府建设的目标,巩固、确立新的政府管理体制和社会政策体系等制度基础外,关键在于为政府转型构建一个强有力的社会基础;② 吴玉宗对服务型政府建设的阻力进行了分析,认为构建服务型政府的阻力主要在于市场经济主体不成熟、传统行政体制、文化阻力以及理论准备不足等方面。③

建设服务型政府不是一个单向的过程,服务型政府在建设过程中需要有回应,服务对象的回应有助于政府及时反思已有工作进而改善工作,这对于构建真正的服务型政府具有重要意义。张则行通过政府责任重构与公共服务授权分析了回应型治理,他认为政府责任重构是回应型治理的基础,而公共服务授权是回应型治理的现实路径,构建服务型政府需要开展回应型治理;④ 高富锋则从回应性角度探讨了服务型政府建构的可行路径,他们都认为应当提高服务型政府的回应性。⑤

服务型政府的构建与和谐社会建设也有着不可分割的联系,服务型政府是实现和谐社会的重要途径,和谐社会则是服务型政府建设的重要目标。李花认为,建设公共服务型政府、努力构建和谐社会必须科学把握政府职能定位,着眼于解决当前突出的社会问题,统筹规划,认真落实"科学发展观",实现各关键体制的成功改革,同时要鼓励各种非政府组织的发展;⑥ 张劲松等在和谐社会视角下论述了服务型政府的构建,他们认为,构建服务型政府与社会主义和谐社会二者在历史背景和内容上

① 刘雪华. 论服务型政府建设与政府职能转变 [J]. 政治学研究, 2008 (4).
② 郁建兴, 高翔. 中国服务型政府建设的基本经验与未来 [J]. 中国行政管理, 2012 (8).
③ 吴玉宗. 服务型政府建设欲行还难——服务型政府建设阻力分析 [J]. 社会科学研究, 2007 (4).
④ 张则行. 政府责任重构与公共服务授权——回应型治理的一个分析框架 [J]. 福建行政学院学报, 2015 (1).
⑤ 高富锋. 服务型政府建设过程中的政府回应性分析 [J]. 华北电力大学学报 (社会科学版), 2009 (3).
⑥ 李花. 论和谐社会中的服务型政府 [J]. 广西民族大学学报 (哲学社会科学版), 2007 (6).

具有一致性，在运行机制上具有互动性，在理念特征上具有吻合性。① 在和谐社会视角下构建服务型政府，政府应当将优先发展经济目标转化为优先发展社会目标，从权力运行的掌控者转为运行结果的承担者，从政府单一化主体转为社会多元主体，从生产投资型财政转为公共服务型财政。裴志军论述了社会治理范式的转换、服务型政府与和谐社会建设的关系，他认为服务型政府是以服务为主要管理内容、以掌舵为主要服务内容、以公平与效益为核心价值的政府，服务型政府的建设是和谐社会对政府转型的必然要求。②

服务型政府、服务型治理与服务型社会三者是紧密联系在一起的，服务型治理是构建服务型政府的方式和途径，同时服务型治理的开展又能推动服务型政府的构建，而服务型政府和服务型治理的实现都是推进服务型社会的重要途径。学者们围绕着服务型政府、服务型治理和服务型社会论述了不同的见解，视角不同，结论也不同；视角相同，基于不同的实践，结论也有差异。但总体来说，主要都是在不同的理论视角下围绕着构建服务型政府、开展服务型治理以及实现社会主义和谐社会的内涵与理念、三者的关系和实现路径展开论述。

燕继荣认为，服务型政府的建设依靠中央政府的牵引力、地方政府的内驱力以及民众和舆论的外压力；③ 王中英认为，其主要体现在政府转变管理理念和管理方式、改进政绩考核体制、强化公共服务职能等方面；④ 刘畅在网络治理模式下探讨了我国服务型政府的建设；⑤ 郑家昊在合作治理视域下论述了政府转型与职能的实现，认为政府应从管理向服务转变；⑥ 张康之论述了主体多元化条件下的社会治理；⑦ 邹建华在协同

---

① 张劲松，万金玲. 论和谐社会视角下服务型政府的构建 [J]. 新视野，2007（5）.
② 裴志军. 治理范式的转换、服务型政府与和谐社会的建设 [J]. 行政与法，2007（12）.
③ 燕继荣. 社会管理创新与服务型政府建设 [J]. 行政论坛，2012（1）.
④ 王中英. 治理理论对我国构建服务型政府的启示 [J]. 黑河学刊，2011（12）.
⑤ 刘畅. 论网络治理模式下我国服务型政府的建设 [J]. 中国科技投资，2016（33）.
⑥ 郑家昊. 合作治理视域下的政府转型与职能实现 [J]. 哈尔滨市委党校学报，2014（6）.
⑦ 张康之. 论主体多元化条件下的社会治理 [J]. 中国人民大学学报，2014（2）.

治理视角下论述了服务型政府应对突发事件的管理机制，他认为，应当建立多元主体间运行机制、应对突发事件危机指挥机制、透明的信息公开机制、中国特色的"后危机管理"机制；① 郑巧等也在协同治理的视角下论述了服务型政府的治道逻辑；② 姬雄华论述了多中心治理视角下服务型政府的建设；③ 丁冬汉从"元治理"视角探讨了构建服务型政府的路径；④ 王思斌还探讨了民族地区的社会治理与社会工作的参与研究，他认为社会工作参与民族地区的社会治理要形成一种"在地化"，即结合民族地区的实际情况，从本土化的角度来研究民族地区的社会治理；⑤ 朱永强等则从服务型治理的角度论述了城市流动摊贩治理的社会工作介入。⑥

总的来说，学者们对服务型社会治理的研究主要基于不同的理论视角、探究不同的治理主体参与服务型社会治理的有效路径。但大多都是在服务型社会治理的理论框架下提出理论层面的具体措施，而缺乏相应的实践操作；或者仅仅基于个案研究提出不同主体参与社会治理的可行路径，但不具备普遍适用性，其可行性也需要在具体实践中去验证。因此，结合目前我国服务型社会治理的理论和实践，探索提出普遍适用的、有效的服务型社会治理的模式至关重要。

四、北京市服务型社会治理发展现状

北京市 2013 年开展服务型社会治理，一路走来，一路探索，积累了不少经验。当前，北京市积极适应新时代社会主要矛盾转化和高质量发展

---

① 邹建华. 协同治理视野下服务型政府应对突发事件的管理机制［J］. 改革与开放，2016（3）.

② 郑巧，肖文涛. 协同治理：服务型政府的治道逻辑［J］. 中国行政管理，2008（7）.

③ 姬雄华. 多元治理视角下的服务型政府建设［J］. 辽宁行政学院学报，2015（9）.

④ 丁冬汉. 从"元治理"理论视角构建服务型政府［J］. 海南大学学报（人文社会科学版），2010（5）.

⑤ 王思斌. 民族地区的社会治理与社会工作参与研究［J］. 广西民族大学学报（哲学社会科学版），2017（5）.

⑥ 朱永强，徐华. 服务型治理：城市流动摊贩治理的社会工作介入［J］. 宜春学院学报，2015（7）.

新要求，社会治理体系、社会服务水平、社会管理成效、社会动员方式等都有明显提升，引起学界的广泛关注和研究。具体来说，社会治理的精细化水平进一步提升，社会服务管理网格化、信息化程度进一步提高，智慧社区建设取得新进展；社会治安综合治理效果进一步巩固，治理的法治化水平稳步提升，治安防控体系建设稳步推进；社会组织的培育和发展工作稳步开展，培育孵化社会组织的规章制度更加健全，京津冀三地社会组织的合作交流进一步加强；化解社会矛盾、维护公平正义的机制建设进一步取得成效，多元纠纷化解机制更加完善。在人口服务、社区治理、数字赋能社区治理以及社会组织培育方面积累了经验。

（一）人口服务

大规模的流动人口的聚集对北京市的人口服务提出了更大挑战。人口服务涉及常住人口、常住外来人口管理、实有人口服务、流动人口的社会融合等方面。近年来，北京市常住外来人口数量快速增长，在地域、年龄、职业、受教育程度等方面表现出鲜明的多维特征，这给社会治理、城市发展带来一系列新问题，对城市生态、社会发展、基层服务、社区管理等都产生了深远的影响。实践证明，北京过去采取的人口调控政策效果有限，其根本出路在于改变过去行政主导的方式，从调控转向管理和服务，通过加快推进社会建设、提升公共服务水平、改革和创新城市治理方式等，更好地服务于城市发展。经济社会结构的深刻变革使传统的城市人口管理体制面临严峻挑战，唯有改革创新才是未来的出路。北京市海淀区以实有人口理念统筹全区流动人口管理服务工作，以行政区实际居住人口规划全区经济社会协调发展的实有人口服务管理模式，开创了有效的社会管理和公共服务的创新做法，为北京人口服务管理提供了模板。①

此外，近年来流动人口的家庭化特征突出，在北京，流动儿童的规模逐年增加，但是城市难以保障学龄儿童获得义务教育的权益。解决这

---

① 马晓燕. 中国城市社会管理公众参与的实践分析［J］. 甘肃理论学刊, 2013（2）.

个问题，就需要在控制人口急剧增长与保障流动儿童的教育权益之间找到一个结合点。不少公益组织利用社会资源为农民工子女教育提供良好教育条件的实践经验值得肯定，其主要形式包括社会力量举办学校，以及在流动人口比较密集的地区，经过合法程序举办专门招收流动儿童少年入学的学校等。① 在流动儿童入学难的情况下，新市民计划充分发挥自身的公益特性，通过改善流动儿童的学校教育、家庭教育和社区教育环境，搭建公益平台，吸引社会资源，为流动儿童提供较高质量的义务教育。② 就业问题一直是基础性民生问题，受到社会各界的广泛关注。北京市西城区作为首都功能核心区，长期以来一直重视实现辖区内居民的充分就业。面对就业形势的新变化和新挑战，西城区各街道积极开展调研，分析就业面临的形势和问题，努力通过健全和完善就业、再就业机制，充分调动辖区资源等，帮助辖区重点群体和就业困难群众提升技能，并将推动实现充分就业作为地区和谐发展的目标。

（二）基层社会治理

现代社会治理是一个极为复杂的系统工程，尤其在当今中国社会，探索出一套适应形势、高效和谐的城市社会服务管理体系尤为迫切。面对纷繁复杂的社会环境，北京市西城区结合区域特点和社会建设的新形势、新任务，推行"全响应"网格化社会服务管理模式，初步构建了以需求为导向，以服务为核心，以街道统筹为重点，以公众参与为基础，以信息化手段为支撑，多元主体积极响应社会需求的全响应网格化工作体系。③ 北京市朝阳区则通过多年实践，逐步健全完善了以政府为主导、社会为主体，以社会信用体系为支撑的数量化、智能化、科学化全模式

---

① 贺友谊. 流动人口子女学校存在的问题及对策［J］. 江西教育科研，2015（6）.
② 韩嘉玲. 北京市流动儿童义务教育状况调查报告［J］. 青年研究，2001（8）.
③ 孙晶，岳占菊，王辉. 北京市西城区"全响应"网格化社会服务内涵特征和实践思考［M］//殷星辰. 北京社会治理发展报告（2013—2014）. 北京：社会科学文献出版社，2014.

社会服务管理系统，在基层治理方面发挥着不可替代的作用。① 较之于统治与管理，社会治理更适合现代社会的需要，更能发挥政府、市场和社会三大主体的优势。群众参与对于提升社会治理能力和治理水平尤为重要。近年来，北京市不断拓展平安建设工作内涵，积极探索运用志愿服务理念，不断推进群众参与社会治理的新机制、新模式，首都平安建设焕发出巨大生机和活力，为维护首都和谐稳定作出了重要贡献。② 北京市西城区大栅栏街道是首都政治中心的西南屏障，承担重要国事活动的安全保卫任务，维护辖区安全稳定工作责任重大。为此，大栅栏街道的网格化管理创新形成了"信息采集、源头发现、任务分派、问题处置、核查反馈"五个步骤的闭环工作机制，积极探索"网络+支部"组织模式，建立了社区院长议事制度，有力推进了本地区的社会治理模式，创新了居民自治模式。③ 街道层面社会治理改革的重点在于促进社区居民参与，实现社区长治久安。西城区陶然亭街道结合本辖区实际情况与特点，提出了"三自一专"的社会治理模式，即居民自治、单位自控、行业自律和专业执法，促进政府、社区、居民等多个主体共同参与社会治理改革，实现了社区的自我管理、自我服务和自我监督，取得了较好的治理效果。④

（三）数字赋能社区治理

2013 年，北京市就发布了智慧社区建设指导标准，共包括 6 个一级指标，22 个二级指标，38 个三级指标。其中，一级指标共包括 3 个基本标准、1 个鼓励创新标准、1 个保障标准和 1 个评估标准。二级指标包括

---

① 皮定均.北京市朝阳区全模式社会服务管理系统的实践探索和思考［M］//殷星辰.北京社会治理发展报告（2013—2014）.北京：社会科学文献出版社，2014.
② 陈冲，戎鑫.首都社会治理公众参与研究——以平安志愿服务为视角［M］//殷星辰.北京社会治理发展报告（2016—2017）.北京：社会科学文献出版社，2014.
③ 张浩，罗文，等.2015 年大栅栏街道创新网格化管理模式的实践探索［M］//殷星辰.北京社会治理发展报告（2015—2016）.北京：社会科学文献出版社，2014.
④ 陶莉.北京市基层社会治理的探索——陶然亭街道"三自一专"社会治理模式研究［M］//殷星辰.北京社会治理发展报告（2016—2017）.北京：社会科学文献出版社，2014.

就业、旅游、政务、教育、文化、物业、生活等服务。随着信息化、智能化技术的迅猛发展，北京市进一步提出建设数字北京、智慧城市，用科技赋能城市发展、基层治理、惠民服务。朝阳区双井街道立足街道实际，以"健康向上、开放包容"为理念，以"双井文化符号"为聚焦点，以微博、微信、网站、移动终端等网络介质为沟通手段，以网络社会组织和网络志愿队伍为载体，在 12 个实体社区基础上，建立了虚拟社区——"双井 13 社区"，取得了良好治理成效。① 石景山金顶街街道综合文化中心在社会化运营中，以科技赋能，整合辖区社会资源，鼓励多方参与，构建"1 个数据中心+4 个小程序+X 个社群"的"文化+"智慧社区管理平台系统，推动社区治理智慧化、平台化，向"智慧治理"转变，更加"精细化"。

（四）社会组织发展

社会组织作为承接政府购买服务、开展社会治理的主体之一，在社会治理过程中发挥着重要作用。但同时，我国社会组织也存在着诸如政策法规体系不健全，社会组织监管体系不完善、效率不高，社会组织能力建设相对薄弱，社会组织协同参与机制不顺畅等一系列问题。因而，提升和培育社会组织的工作效率和规模，健全社会组织内部发展机制等至关重要。北京市朝阳区有关部门以项目合作形式委托北京市恩派非营利组织发展中心运营朝阳区社会组织综合服务中心，探索出"政府兴办民间运营的社会组织培育平台"模式，取得良好效果，并形成一定特色。② 枢纽型社会组织是现代社会组织领域发展的新对象，以其纽带式和综合性的特质在推动政府职能转变、吸纳社会力量参与公共服务供给和社会治理方面发挥着关键性的重要作用，一是能够联合上下游社会组织推动产业升级；二是能够开展同行业组织研究，协助政府制定产业规划；

---

① 郭斌，吴景刚，等 . 北京虚拟社区管理实践与探索——以北京市朝阳区双井街道为例 ［M］// 殷星辰 . 北京社会治理发展报告（2013—2014）. 北京：社会科学文献出版社，2014.
② 黄锂 . 北京市朝阳区社会组织综合服务中心培育实践与探索［M］// 殷星辰 . 北京社会治理发展报告（2013—2014）. 北京：社会科学文献出版社，2014.

三是能够搭建互动平台，进行政策宣讲与交流；四是能够加强行业规范，及时反映企业诉求。① 在推进社会建设与社区治理的新形势下，社会组织培育与管理至关重要，北京朝外地区社会组织综合服务基地就是一种社会组织培育与管理的新型"孵化器"。该社会组织综合服务基地依托朝外社会管理中心，主要空间用于社会组织与社区居民开展活动，如社区图书馆、电子阅览室、展览厅、影视厅、文化小剧场、公益咖啡馆以及残疾人康复室等功能区，在开展社会组织培育和服务社区居民方面发挥了重要作用。② 朝阳区和平街道也高度重视对社会组织的培育工作。在和平街道，4 个不同的社区依据自身优势，通过整合社区资源，打造出各具特色的社区社会组织，诸如胜古北社区中医大三院志愿队、胜古庄社区文体娱乐队、寸草春晖养老院等。虽然这些社区社会组织的形态和功能各异，但它们都在社区治理中发挥了重要作用，充当了社区治理空间中的"缓冲地带"以及"上传下达"的信息工具。③ 老旧小区改造是城市基层社会治理的重点和难点，实现老旧小区的自我服务和自我管理是社区治理创新的重要方向。在北京市朝阳区和平家园社区，由社会组织重新整合社区内外部资源，采取"双核心"治理模式，以社会组织作为外部核心的主体、居民参与作为内部核心主导，综合多方资源和力量，培育并提升了社区居民的自我管理、自我教育和自我服务能力，增强了居民对社区的认同感和归属感，居民自治效应逐步凸显。④

尽管北京市服务型社会治理建设取得积极成效，但也要看到其仍然存在不少需要进一步完善和改进的地方。一是社会矛盾多元化解机制还

① 吴军，洪小良. 一种社会组织培育与管理的新型"孵化器"——以北京朝外地区社会组织综合服务基地为例［M］//殷星辰. 北京社会治理发展报告（2015—2016）. 北京：社会科学文献出版社，2014.

② 同①.

③ 黄家亮，汪永生. 基层社会治理创新背景下的社会组织培育——以北京市朝阳区和平街道为例［M］//殷星辰. 北京社会治理发展报告（2016—2017）. 北京：社会科学文献出版社，2017.

④ 郑杭生，黄家亮. 当前我国社会管理和社区治理的新趋势［J］. 甘肃社会科学，2012（6）.

不完善，社会力量参与社会矛盾化解的机制亟须健全。社会力量在社会矛盾化解中发挥着越来越重要的作用，较之于政府，社会力量具有相对独立、低成本、高效率等优势。但北京市社会力量在工作实践中存在专业能力不足、参与度不够等问题。以社会工作者队伍为例，具备社会矛盾调解专业知识及能力的人员数量有限，专业人才缺口较大。部分参与社会矛盾调解的社会组织缺少专业人才，还无法有效承担和胜任一些复杂的社会矛盾调解任务。二是城乡接合部的社会治理仍然存在短板。近年来，北京市对城乡接合部地区进行了一系列的整合工作，取得了一定成效，但由于长期缺乏统一规划、建设管理失衡等，城乡接合部地区人口过度密集、环境脏乱差、治安问题突出，给首都的安全稳定带来很大隐患，成为北京城市建设管理最薄弱的地区。三是有关社会组织的基本立法仍未完成。目前我国还没有从国家层面制定一部有关社会组织的基本法，虽然全国人大于 2016 年审议通过了《中华人民共和国慈善法》，对社会组织和公益慈善等事项进行了规定，为社会组织的设立和发展提供了一定的法律依据，但许多领域在法律上仍然是空白。社会组织基本法的缺失使地方政府在培育发展社会组织时难以把握社会组织的发展方向，无法准确定位其在社会发展中的作用和地位等，这在一定程度上影响了社会组织健康有序的发展。四是社会治安防控体系建设存在不足。治安防控体系建设方面立法不完善。社会治安防控体系建设的科技化水平有待提高。同时也还需要进一步加强社会力量的作用，广泛动员社会力量和群众共同防控化解风险。

社会治理是一个针对不断出现的社会问题进而通过治理加以改善和提升的过程。北京市服务型社会治理取得显著成效，但仍然存在不少短板弱项，需要有针对性地制定策略措施加以完善，以进一步提高服务型社会治理水平。

第三节　理论视角与研究方法

作为一种新的社会治理模式，服务型社会治理与我国改革传统社会管理体制、创新社会治理方式，推进国家治理体系和治理能力现代化的要求是契合的。本书将以新公共服务和治理理论为基础，结合我国语境、治理变迁、政治环境和社会文化背景，着重从社会工作参与社会服务提供的角度，分析服务型社会治理的概念、内涵和实践经验，探索北京市服务型社会治理的模式、实现路径与发展策略。

一、理论视角

社会服务的理念和内涵受到新公共管理理论、福利多元主义、公共治理理论等的影响。其中，公共治理理论提出了一个跨越政府和市场边界，包含政府、企业、社会组织在内的治理主体多元性、治理结构网络化、治理工具多样性的新的治理模式。针对社会服务领域中存在的问题，公共治理理论可以说提供了有价值的理论视角和分析思路。

（一）治理

关于治理的内涵，全球治理委员会给出的定义有很大的代表性和权威性，其发表的《我们的全球伙伴关系》研究报告，对治理的内涵进行了概括性表述：治理是各种公共的或私人的机构管理其共同事务的诸多方式的总和，它是使相互冲突的或不同利益得以调和并且采取联合行动的持续的过程。治理有四个特征：（1）治理不是一整套规则，也不是一种活动，而是一个过程；（2）治理过程的基础不是控制，而是协调；（3）治理既涉及公共部门，也包括私人部门；（4）治理不是一种正式的制度，而是持续的互动。①

---

① 俞可平．治理和善治引论［J］．马克思主义与现实，1999（5）．

（二）公共治理

公共治理是治理理论研究的重要内容之一，是治理理论在公共事务领域的运用。公共治理是公共权力部门整合全社会力量管理公共事务、解决公共问题、提供公共服务、实现公共利益的过程。[①] 公共治理是一种多元的、民主的、合作的治理模式，强调政府、企业、团体和个人的共同作用。公共治理是公共权力向社会的一种回归，标志着国家与社会或者政府与人民群众之间的良好合作关系。公共治理重视网络社会各种组织之间的平等对话、协同合作关系，强调主体多元、方式民主、管理科学的多方互动新型治理模式。公共治理的核心就是提供公共服务，增进人类的共同利益和福祉。[②]

公共治理有以下特征：[③] 一是政府理念从统治到治理的转变。这体现了公共治理理论的核心价值理念。与统治的主体必须是政府不同，治理的主体既可以是公共机构，也可以是私人机构，还可以是公共机构和私人机构的联合。治理是国家与社会的合作、政府与非政府的合作，公共机构与私人机构的合作、强制与自愿的合作。二是公共治理主体从一元到多元的转变。治理理念的转变带来治理主体的变化。政府不再是公共事务的唯一管理者，公共治理理论特别强调根据不同类型和特点的公共事务实行不同主体治理的原则，并以此对不同实施主体进行科学定位、合理分工。参与社会管理的主体不再局限于政府部门，而是包括全球层面、国家层面和地方性的各种非营利组织、政府间和非政府间的国际组织、各种社会团体，甚至私人部门在内的多元主体共同参与社会公共治理。三是公共治理机制的变革。改善管理机制，提高组织绩效和效率是公共治理理论关注的核心问题，而公共治理变革的核心是引入私营部门管理的模式，以改善公共部门的组织管理绩效，积极推进民营部门更多

① 张成福，李丹婷．公共利益与公共治理［J］．中国人民大学学报，2012（2）．
② 杨宇．21世纪的公共治理：从"善政"走向"善治"［J］．改革与开放，2011（10）．
③ 滕世华．公共治理视野中的公共物品供给［J］．中国行政管理，2004（7）．

地参与公共事务管理和公共服务的生产。

公共治理理论认为，公共事务的管理是一个利益相关主体共同管理其公共事务的过程，公共治理的主体应具有多元性，这样才能保证最大限度地听取来自不同利益主体的诉求，从而找到公共利益的最大优点。只有如此，才能收集到最完备的公共信息，保证决策的正确性和无偏差性，才能调动最广泛的力量来共同解决复杂的公共问题。

在公共治理理论中，整个社会服务提供可划分为三大部门：第一部门是政治部门，包括政府机构、党派组织、司法机关、人民代表大会等；第二部门是企业部门；第三部门是非营利部门，包括各种慈善机构、基金会、联合会、行业协会、学会等。不同部门在公共治理中发挥不同的社会功能。非营利部门以追求公共利益最大化为目标，提供的产品是半公共物品或准公共物品，其消费具有部分的公共物品性质，同时具有部分的私人物品性质。

在公共治理理论中，公共事务具有多样性、复杂性和多变性，基于此，应该根据不同情况运用多样性的治理工具对公共事务进行治理。社会服务的社会属性为非政府组织引进市场机制提供了重要的理论依据。社会服务的特性表明，引进市场机制不仅是必要的，而且是可能的。在社会服务领域引进市场机制，可以有多种方式和途径。例如，政府可以借助市场组织和社会组织的优势与能力，采取与生产组织订立标准、服务数量与服务质量的契约方法；还可以通过财政补贴、税收减免等政策进行调控，激发民营企业或者社会公益组织生产公共物品的积极性，促进公共物品的生产和提高供应效率。非营利组织具有组织的灵活性和多样性特点，可以根据不同社会群体、不同社会需要，形成不同的社团组织，以灵活多样的形式满足不同消费需求。

（三）服务型社会治理

张康之在《公共管理伦理学》一书中提出"服务型社会治理"概念，认为公共管理是一种服务型社会治理。在后工业文明社会，政府不

再充当管理者的角色，而是一个服务者；相应地，社会治理模式是一种
"信任—服务—合作"的模式，在这种模式下，政府与其他社会力量是一
种"合作—伙伴—共担责任"的关系，这就是服务型社会治理的内涵。

王思斌认为，社会治理有四种主要类型：强制型社会治理、博弈式
社会治理、协商式社会治理和服务型社会治理。其中，服务型社会治理
是指通过实施某种公共服务或社会服务，对利益受损者或困境人群提供
帮助，预防和减少社会问题，进而实现一定社会秩序的治理活动。服务
型社会治理以帮助利益受损者或者困境人群走出困境为目标，助人者与
受助者是有共同目标的，双方可以很好地合作，由此形成社会治理共同
体也是十分自然的。社会工作在建设社会治理共同体的过程中可以发挥
着重要作用。这有赖于社会工作真诚地为服务对象解决困难、追求社会
和谐的价值观，有赖于社会工作尊重他人、理解困难人群、平等对待各
方的工作准则，还有赖于社会工作科学细致、以人为本的工作方法。在
这种情况下，社会工作无论参与公共服务还是实施社会服务，都向工作
对象、合作伙伴展示了正向力量，是深入和从源头上解决社会矛盾及社
会问题的促进者。这样，社会工作在建构社会治理共同体、推进共建共
治共享的社会治理制度方面的作用常常是不可替代的。①

公共治理理论、服务型社会治理理论为本研究提供了分析工具和视
角。这一理论明确多元主体参与是公共治理的显著特征，政府不再是社
会服务的单一提供者，使得包括市场、社会组织等社会力量在内的多元
主体可以参与社会服务。公共治理工具的多样性为社会服务的有效供给
提供了有益的政策依据。例如，非政府组织可以在社会服务中发挥很重
要的作用；公共治理的合作网络可以改善社会服务的数量和质量，提高
服务效率；政府可以对非营利组织给予充分的赋权和支持，对非营利组
织的服务供给可以采取资金补贴、订立合同、特许经营、公私合营、政

---

① 王思斌. 发挥社会工作在建设社会治理共同体中的积极作用 [J]. 中国社会工作，
2019（33）.

府购买、贷款和贷款担保等形式，与其他社会服务参与主体合作提供服务。本书主要以社会工作参与社会治理的实践为研究对象，深入分析社会工作参与社会治理的路径、模式、经验，参与主体发挥的作用，主体之间的关系等，进而总结提炼北京市服务型社会治理模式的内涵与特征。

二、研究方法

本书采用的研究方法主要包括以下三种。

1. 个案研究。个案研究是以一个个体或者一个社区、组织、单位为考察对象，对某项特定行为或问题进行深入研究的一种方法。个案研究主要针对当前的事件或者问题进行专门探讨。这种研究方法能够比较深入地了解研究对象和关注问题的发展过程与发展程度，并由此折射出发展规律。本书选择个案研究方法还与服务型社会治理研究自身的特性有关系。通常来说，对服务型社会治理的研究大多是落地在一个区域，例如在社区或社会工作服务机构内，分析个案的实践经验。在每个研究案例中，研究者都会有意识地总结在社区开展服务以及社会工作机构提供专业服务的规律性认识，并对这种规律性认识进行总结提炼，使其具备推广到其他社区或机构的价值和借鉴意义。

2. 文献研究。通过广泛收集和分析国内外有关服务型社会治理的理论文献和实践文献，可以较快地掌握当前研究现状，以及北京市推进服务型社会治理的进展情况。相关文献主要包括北京市政府以及相关职能部门有关社会建设、社会治理、社区建设、社会工作人才队伍建设等方面的政策文件资料；北京市官方统计数据；学术界的调查研究成果等。

3. 实地调查。实地调查的地点主要分布在北京市东城区、西城区、朝阳区、丰台区、延庆区、密云区、昌平区等区的街道、乡镇、社区。具体调查地点涵盖老旧社区、城乡接合部社区、商品房社区、保障房社区、农村社区等多种类型。调查对象主要是与本书研究目标和研究内容相关的各类人员，主要有四类，第一类是社会工作者，指社会工作机构的专业社会工作者；第二类是社区工作者，指在城乡社区从事正式社区工作和社区管理的社区居委会主任、书记、工作人员；第三类是相关政府部门的工作人员，包括北京市以及有关区的民政、社会建设办公室、社会工作委员会的工作人员；第四类是服务对象，包括社区和社会组织服务的特定对象，如城乡低保对象、非低保困难家庭，以及困难老年人、残疾人、困难儿童家长、流动人口和农村留守人员等。调查对象还包括与本书研究目标和研究内容相关的机构组织，主要包括两类组织：第一类是社会工作专业机构，主要是指社会工作事务所；第二类是新型社会组织，主要是指街道和区成立的枢纽型社会组织，例如社会组织联合会等。

实地调查既有定性方法，也有定量方法。定性方法主要包括个案深度访谈和焦点小组（座谈）。访谈是指带有目的性的谈话，是社会科学研究中最重要的方法之一。访谈可以从受访者的角度对研究样本获得更多描述和解释。[①] 从形式上看，访谈可以分成结构式访谈、非正式会话访谈、导引访谈、标准化开放式访谈等。本书按照研究需要，综合运用了这些访谈方法。通过与访谈对象的结构式访谈和半结构式访谈，了解被访者在机构参与基层服务型治理的体验以及社区接纳社会工作机构开展社会服务的认识与看法。深度访谈资料要加以整理和分析，才能获得最大利用价值。在访谈工作中，笔者既注意伦理道德问题，同时也遵循自愿、保密等原则。个案访谈对象涉及面较为广泛，既包括服务对象（困难家庭），也包括普通社区居民、社区工作者和专业社会工作者。焦点访谈对象则主要针对两类人员：一是社会工作者，二是社区工作者。在采用定性方法的同时，本书在实地调查中还采用了定量调查的方法，主要面向社区工作者进行了问卷调查，了解社区工作者参与政府购买社会服务的相关情况。本书开展实地调查的基本情况见表1-1。

---

① 陈向明. 教师如何做质的研究 [M]. 北京：教育科学出版社，2001：70.

表 1-1　北京市部分区实地调查基本情况

区名称	个案访谈人数	焦点小组
朝阳区	25	3
昌平区	5	2
东城区	8	2
西城区	10	3
海淀区	24	5
延庆区	6	2
丰台区	6	3

　　此外，笔者还开展了城际调研考察，赴济南、重庆、广州等市调查了解社区工作者和社会工作者队伍建设、社会组织参与政府购买服务、社会工作者提供专业服务等服务型社会治理相关情况。

第二章 管理与治理：北京基层社会管理体制的变迁

基层社会治理体制的历史变迁，既反映了国家与社会关系的互动，也反映了城市居民在社会发展中地位和作用的变化，甚至还反映了居民个人权利的享有程度，是政治制度的一个缩影，也是政府治理能力的展现。在漫长的历史发展过程中，北京市为了应对新的社会需求、解决社会问题，不断调整基层社会治理方式，推动实现从管理到治理的转型。探究北京基层社会治理方式的历史变迁，有助于我们理解北京市服务型治理模式的发展脉络。

第一节 基层社会管理体制的演变[①]

一、从坊里制到保甲制

就城市发展来说，尽管北京很早就出现了与乡村居民点相异的特征，但在相当长的时间里，并没有独立的行政地位。在国家管理者的视野中，城市与乡村是等同的。如明朝定都北京后，设顺天府，为北京地区最高行政机关，辖大兴、宛平、良乡、固安、永清、东安、香河等22个县。其中大兴、宛平两县以城区中轴线为界，分享对北京城的管理权，称为京县。清代依然由这两个县负责北京的市政管理。直到1914年京都市政公所成立，北京才初现市政府的雏形。

---

① 杨荣.北京市基层管理体制变迁［M］//陆学艺.北京社会建设60年.北京：科学出版社，2008.

　　同我国古代其他城市一样，北京市早期的基层管理体制实行的是坊里制。坊里是城市建筑布局单位和基层行政管理单位的统称。"坊"之名起始于周汉时期，初称"里"，"坊"乃"里"之俗称。① 所谓坊里是指将城市中的居民区划分为若干个正方形或长方形的块状区域，周围用墙围起来，设一至四个大门，定时开启或关闭。每坊以十字形街巷为界，一分为四。居民住宅位于街巷两侧。唐朝时，坊里的建置在大城市中已经非常普遍了。据记载，辽代北京（燕京）"城中凡二十六坊，坊有门楼，大署其额，有阗宾、肃慎、卢龙等坊，并唐时旧名"。② 作为城市建筑布局单位的坊里将"市"与居民区从物理上分离开来，便于社会治安的管理和对居民的控制。元代及明初的北京依然沿用坊里制，如元改北京为大都后，将全城居民划分为50个坊进行管理，后来随人口增长又陆续有所增加。③ 但随着"市"与居民区的融合及居民活动空间的增大，元明以后的坊里制与辽代以前相比已经发生了很大的变化。最明显的就是，作为城市布局单位的功能越来越弱化，作为基层社会管理单位的功能则日益凸显。出于城市居民日常交往、开展社会活动和市场贸易的需要，坊的围墙逐渐被打破，由封闭转向开放状态。有的地方仅仅是建一座坊门，上书坊名而已。从北京今天的地名上，我们依然可以找到坊里制的踪迹，如白纸坊、和平里等。元明时期文献记载上的坊，基本上已经只是一个基层管理单位了。

　　坊里制是与乡村的乡里制相对应的一种城市基层管理体制，其首要功能是维护社会治安，严密控制居民活动，达到"虽有暂劳，奸盗永止"的目的。一般坊里设有坊正（或里正），主要职责是"掌坊门管钥，督察奸非"。④ 坊之上设厢，若干坊组成一厢，设厢官。坊之下有铺，相当于现在的街道。明代，"见行城内各坊，随居民多少，分为若干铺，每铺立

---

① 加藤繁．中国经济史考证［M］．北京：商务印书馆，1959：248-249.
② 路振．乘轺录［M］//吴建雍，等．北京城市生活史．北京：开明出版社，1997：19.
③ 白鹤群．老北京的居住［M］．北京：北京燕山出版社，1999：10.
④ 杜佑．通典：卷三［M］．长沙：岳麓书社，1995：36.

铺头伙夫三五人，统之以总甲"。① 坊正及总甲的主要职能都是协助政府管理户口、征税及维护社会治安，此外，还要承担大量的公共服务工作，如调处民间纠纷、传达官府政令、反映民情民意等。据明人沈榜著《宛署杂记》的记载，总甲还要协助政府监督民间房产的交易，并登记契税，同时在日后交易双方发生争执时还负有出面做证的责任。② 政府各部门大都以坊为基本单位行使社会管理权。比如，明代的巡城御史衙门在各坊都设有司坊官，负责本坊的社会治安。

保甲组织出现于宋代，最初专为维护社会治安而设，主要在乡村使用。明后期因城市社会治安恶化，统治者开始在城市利用保甲维护社会秩序。保甲遂逐步与坊铺融合成新的城市基层管理组织。1621 年，负责北京治安的余懋衡上书朝廷，建议在北京编查保甲。明朝廷采纳了他的建议，遂"逐户编集，十家一甲，十甲二保，互相稽查，凡一家之中名姓何人、原籍何处、作何生理、有无父子兄弟、曾否寄寓亲朋，并载明白，具造花名清册呈报"。③ 这是北京保甲制的初始，只是编排范围较小，编排方式也不很规范，可以说是作为坊里制的补充存在的，城市管理的重心在坊不在甲。清朝不仅沿用了保甲制度，而且在内容、形式和编排方式上都有更为详细的规定，使保甲制的功能更为完善。1708 年康熙皇帝下诏："凡州县乡城，每十户立一牌头，十牌立一甲长，十甲立一保正。"④ 虽然在相当长的时间里，建立于坊里制基础之上的清代保甲制并没有完全取代坊里制，但逐步演变为城市基层管理体制主体的趋势越来越明显。康熙初年，北京内城按不同方位置八旗戍守，不参加保甲编查。外城由汉人及其他民族居住，分十坊，全部参加保甲编查。清朝中后期，随着社会发展和各民族的大融合，不仅北京的旗人编查了保甲，而且保

---

① 沈榜. 宛署杂记：卷五 [M] //张小林. 清代北京城区房契研究. 北京：中国社会科学出版社，2000：77.

② 张小林. 清代北京城区房契研究 [M]. 北京：中国社会科学出版社，2000：77.

③ 明熹宗实录：卷九·天启元年四月丁亥 [M]. 上海：上海古籍出版社，1938：457-458.

④ 托津. 钦定大清会典事例（嘉庆朝）[M]. 台北：文海出版社，1992：3536.

甲制成为政府统计户口和推行户籍管理的基础，在城市基层管理中的地位日益重要。保甲制推行后，由于政府各部门在管理城市时都直接与保长发生关系，坊里制事实上也就失去了城市基层管理的职能。

从坊里制演变为保甲制，是北京城市基层管理体制上的一个重大变化。它反映了政府行政触角随机构之膨胀逐步向基层延伸的趋势，是科层制管理结构日益完善的重要体现。坊里制以地域为基础，每坊里的户数和人数都较多，保甲制则打破了区域的概念，形成以户为单位的网络化组织。清代北京城区分东西南北中五城，每城有坊，如西城有阜财坊、金城坊、鸣玉坊、朝天坊、河漕西坊、关外坊，东城有明时坊、黄华坊、思诚坊、居贤坊、朝阳坊等。① 坊之下，"十户为牌，立牌长，十牌为甲，立甲长，十甲为保，立保长，限年更代，以均劳逸"。② 由于保甲的职责非常宽泛，"其管内税粮完欠、田宅争辩、词讼曲直、盗贼发生、命案审理，一切皆与有责"，③ 已经成为城市基层管理的重心所在。

1902 年，直隶总督袁世凯批评保甲制度流弊，"防盗不足，扰民有余"，建议以现代巡警制度代替保甲制，维护北京的社会治安。④ 清政府接受了这一建议，遂于同年设立工巡局，并将内城划分为东、中、西三城进行管理。1905 年，清政府在内外交困的情况下宣布实行"新政"，撤销工巡局，成立了职责广泛的"内外城巡警总厅"，负责社会治安、人口普查、公共工程、消防、救济贫困、公众健康、公共卫生等，⑤ 辛亥革命后改称京师警察厅。内外城巡警总厅和后来的京师警察厅都是直接面对普通市民，不再通过保甲办理城市管理事宜，保甲制当然也就失去了存在的必要性，无形中暂时消失了。1909 年清政府颁布《城镇乡地方自

---

① 张研. 清代社会的慢变量：从清代基层社会组织看中国封建社会结构和经济结构的演变趋势 [M]. 太原：山西人民出版社，2000：4-5.

② 徐栋. 保甲书 [M]. 张霞云，点校. 芜湖：安徽师范大学出版社，2012：1.

③ 张廷玉. 清朝文献通考 [M]. 杭州：浙江古籍出版社，1988：2195.

④ 袁世凯. 创设保定警务局并添设学堂拟订章程呈览折 [N]. 大公报，1902-08-16.

⑤ 史明正. 走向近代化的北京城——城市建设与社会变革 [M]. 北京：北京大学出版社，1995：29.

治章程》，第一次以法律形式确认了城、乡分治的管理理念。随着城市人口的增多，社会管理的任务越来越重，1914 年 6 月，北京成立了"京都市政公所"，与京师警察厅一起负责北京的市政管理。市政公所主要负责城市的总体规划和基础设施建设，如道路和沟渠的建造和维修等；京师警察厅主要负责维护社会秩序、征收捐税、人口调查、消防和商业管理等。

1921 年 7 月，北洋政府颁布《市自治制》，列北京为特别市，第一次确立了市—区两级管理网络。[①] 1928 年南京国民政府成立后，改北京为"北平"，仍指定为特别市，并于同年 6 月专门颁布了《特别市组织法》，以加强城市管理。该法明确了市政府的组织机构及其权限，但对城市基层管理组织未作特别规定。1929 年 1 月，北平特别市筹备办事处成立，开始办理基层自治事宜，遂划全市为 15 个自治区，其中内城 6 区，外城 5 区，四郊 4 区。城区内每 500 户左右编为一自治街。[②] 1930 年 5 月国民政府又颁布《市组织法》，废除了特别市和普通市的划分，将全国城市划分为院辖市和省辖市，确定北平（京）为院辖市。该法规定："市划分为区、坊、闾、邻，除有特殊情形者外，邻以五户、闾以五邻、坊以二十闾、区以十坊为限。"区设区公所，设区长一人，由区民大会选举产生，办理本区自治事务；坊设坊公所，设坊长一人，由坊民大会选举产生，办理本坊自治事务。闾、邻均通过居民会议选举产生闾长或邻长。闾长和邻长的主要职责有两项：一是办理法令规定范围内的一切自治事务；二是办理市政府、区公所及坊公所交办的事务。据此，北京改街、村为坊，全市 15 个区共编为 461 坊、5157 闾、25417 邻。由于经费紧张，闾、邻均于各坊公所内办公，不设单独的办公场所。1934 年，经行政院批准，北平市在市政府之下设自治事务监理处，将坊公所、区坊民代表会、区坊监察委员会一律取消，改 15 个区公所为自治事务区公所，设所长一

---

① 市自治制教令第十六号七月三日公布 ［J］. 东方杂志，1921，18（14）.
② 北京市志稿・民政志卷十五・自治二.

人，由市政府委任。①

1935 年，根据国民政府行政院的统一部署，北平重开保甲，"以确立地方自治之基础"。其编排方法是：以户为单位，每户设户长一名，十户为一甲，设甲长一名，十甲为一保，设保长一名。打着推进地方自治的旗号，北京完成了以市—区—保—甲—户为链条的新行政统治网络的设立。② 保甲制的重新启用，是国民政府强化城市基层社会控制的重要措施，主要目的还是"严密民众组织，彻底清查户口，增进自卫能力"。③除了"联保联坐"、互相监视外，"遇有建设或保卫事项"，"得将保甲内二十岁以上、四十岁以下之壮丁编成壮丁队"，④ 为国民政府的统治服务。

二、街居制的初立与单位制的泛化

1949 年 1 月 31 日，北平（当年 9 月更名为北京）宣布和平解放。为了迅速建立社会主义性质的人民政权体制，稳定社会秩序，北平市人民政府先是依照原来的行政区划对区级建制进行重组，分全市为 32 个区，6 月接管工作结束后又调整为 20 个。区之下则废保甲建政府，规定过渡时期的政权组织系统为市政府—区政府—街政府三级管理体系。市政府于同年 3 月 30 日颁布《废除伪保甲制度建立街乡政府的初步草案》，规定 2000 户以上居民建立街政府。⑤ 街政府设正副街长，由区政府委派。街政府之下设闾，置闾长 1 人，由群众推选产生，街政府委任。闾之下设居民小组，组长由居民推选产生。街政府只存在了三个多月时间，其主要任务是宣传政策、发动群众、肃清散兵游勇、清查敌特反革命、摧毁保甲制度、审查保甲人员、救济贫民、登记失业、整顿摊贩、取缔银

① 北京市志稿·民政志卷十五·自治二.
② 同①.
③ 剿区内各县编查保甲户口条例 [M] //闻钧天. 中国保甲制度（影印版）. 上海：上海书店，1992.
④ 同①.
⑤ 北京市档案馆. 北平和平解放前后 [M]. 北京：北京出版社，1988：207-210.

圆贩子、办理成人业余教育、优抚、清除城市垃圾、维护交通和社会秩序等，对于组建新生的人民政权发挥了一定作用。①

1949 年 6 月 30 日，北平市军管会根据刘少奇等中央领导关于北京的政权组织形式不宜多级，宜集中于市政府，领导方式应该采用直接方式，以避免"政出多门""步调紊乱"的指示，发布了《关于改革区街政权组织及公安局派出所的决定》。主要措施包括：撤销区政府，改设区公所，作为市政府的派出机构，负责优抚、救济等民政工作、工商管理和一般民事纠纷；取消街政府，其原有工作如税收、组织生产、社会教育等均分别交市政府有关部门直接办理；加强公安派出所功能，与居民事务有关的民政工作亦放到公安派出所内，全市共设 212 个公安派出所；②保留闾和居民小组不变。1950 年 11 月，政务院发布《大城市区人民政府组织通则》，要求在大城市设立区人民代表大会和区人民政府。北京市遂于 1951 年 8 月恢复区政府。

区政府恢复后，先是向派出所派驻民政干事，后又指导建立了许多群众性居民组织，如治安保卫委员会、妇幼保健会、自来水民主管理站、房屋修缮委员会、军属代表组、社会救济委员会、中苏友协支会等。但由于民政干事管理面太宽，无法深入基层，居民组织泛、宽、散、乱，在办理行政性事务时不仅名不正言不顺，且没有报酬，其成员的积极性不断下降，加上抗美援朝对居民动员的迫切需要，建立统一的、法定的街道政权组织和居民组织不得不再次提上议事日程。1952 年，海淀区政府组织当地一些无业家庭妇女建立了市内第一个居民委员会——东观音寺居民委员会，主要做一些力所能及的社会工作，从而拉开了北京市试建居民委员会的序幕。③

街居制建立的初衷是为了弥补单位制的不足，以便对城市中因各种

---

① 中国人民政治协商会议北京市委员会文史资料研究委员会.北京的黎明［M］.北京：北京出版社，1988：249-250.

② 李绍纯.北京地区解放前后的行政区划沿革与探讨［J］.中国方域，2002（2）.

③ 居委会的历史［N］.北京青年报，1999-01-22（7）.

原因无法被纳入正式单位组织的居民实施有效的社会管理。中华人民共和国成立初期的街政府和北京市关于居民委员会的初步试验证明，在街道建立政权组织和在居民中建立自治性组织是可行的。1953年6月8日，北京市市长彭真在给中央的报告中写道："由于我们现在的工业还很不发达，同时还处在向社会主义过渡的新民主主义社会阶段，即使在现在工业较发达的城市中，仍有很多不属于工厂、企业、学校、机关的无组织的街道居民，这种人口在有的城市中，甚至多至60%以上。为了把街道居民逐步加以组织并逐渐使之就业或转业，为了减轻现在区政府和公安派出所的负担，在很多城市中除建立居民委员会外，还需要设立市或区人民政府的派出机关，我们的意见是设立街道办事处。"①

1954年，内务部发布关于建立街道办事处和居民委员会的通知。北京市人民政府于同年10月召开第213次行政会议，决定在城内各区建立街道办事处和居民委员会。这样，全市的街道派出所统一改组为街道办事处，居民委员会也普遍建立起来。至1955年底，全市城郊13个区共建立了142个街道办事处，② 主要任务是指导居民委员会工作、反映居民意见和要求、办理市区人民委员会交办的事项等。居民委员会的任务主要有三项：一是办理有关居民公共福利事项；二是向人民政府反映居民的意见和要求；三是动员居民响应政府号召，协助政府推行政策法令。居委会的设立，一般结合户籍责任段、群众习惯和居住情况进行，每100~600户建一个居委会，15~40户组成一个居民小组。先以原有积极分子为基础成立筹备委员会，再由筹备委员会组织召开居民片会，选出居民小组长1人。由各居民小组长组织居民委员会，并推选出主任1人，副主任1~2人。最后召开全体居民会，宣布居民委员会正式成立。

1954年12月31日，全国人大常委会审议通过《城市街道办事处组

---

① 彭真. 彭真文选［M］. 北京：人民出版社，1991：241.
② 邓力群. 当代中国的北京（下）［M］. 北京：中国社会科学出版社，1989：529.

织条例》和《城市居民委员会组织条例》，统一规定：十万人以上的市辖区和不设区的市，应当设立街道办事处；十万人以下五万人以上的市辖区和不设区的市，如果工作确实需要，也可以设立街道办事处，作为市辖区和不设区的市的派出机关。居民委员会是群众自治性的居民组织，参照公安户籍段的管辖区域设立，一般每一百户至六百户设一个居委会，由各居民小组推选的委员 7~17 人组成。企业职工居住集中的住宅区或者较大的集体宿舍，可以设立职工家属委员会兼任居委会的工作。这样，街居制不仅在名称、性质、任务和机构设置上实现了全国统一，而且被正式纳入国家的组织法规，有了法律上的保证。街道办事处和居民委员会的建立，更新了城市基层管理体制的组织载体，强化了城市基层事务管理，使新生的人民政权有了稳固的群众基础。

1958 年，北京市掀起"大跃进"高潮。街道办事处纷纷合并，组建城市人民公社，但街道办事处的名称依然保留，实行"一套人马、两块牌子"，成为政社合一的政权组织。到 1960 年，全市共成立了 48 个人民公社。① 1966 年"文化大革命"开始后，城市人民公社又被改组为"街道革命委员会"，居民委员会也被改组为"革命居民委员会"或"文化革命小组"。这种状况一直持续到 1978 年党的十一届三中全会召开。另外，在"文化大革命"末期，按居民居住的自然院落组建的"向阳院"也曾经流行过一段时间，但并没有普及开来。②

作为一种社会整合机制，同全国其他城市一样，机关、工厂、学校等单位成为北京居民的基本组织形式，也是政府实施城市社会管理的最主要的途径。街居制只是单位制的一个补充。单位制的泛化伴随着公有制的全面实现而完成。通过单位体制，不仅重建了城市社会调控体系，使城市经济秩序、政治秩序、社会秩序和文化秩序在与中国现代化的总

---

① 李绍纯. 北京地区解放后的行政区划沿革与探讨 [J]. 中国方域，2002（3）.
② "向阳院"首创于 1974 年的北京市北新桥街道，其管理机构是"向阳院管理委员会"。1975 年 1 月 27 日的《人民日报》有详细介绍。

体目标相一致的基础上得以恢复，而且最大限度地集中了社会资源，将国家政权深入居民个体的现实生活，实现了对城市社会的全面管理。

因此，改革前的北京市基层管理体制事实上是由两部分组成：一是包括党政机关、工厂、团体、学校等组织在内的党政单位、企业单位和事业单位，它吸纳了城市居民的绝大多数，是城市基层管理体制的主体。二是街道办事处和居委会。他们的管理对象是极少数没有单位的城市居民。市区政府无法通过"单位"与这类居民直接发生关系，主要靠街道办事处和居委会发挥作用。街居组织是城市基层管理体制的辅助。

概而言之，改革前北京市基层管理体制有这样几个特点：一是"单位"承担了较多的社会和服务职能，发挥了"把市民组织起来"的作用。单位的复合功能特征使它具备了超强的动员和管理社会的能力，从而把街居组织的城市管理职能压缩在数量极少的无单位居民范围内。二是街道和居委会的权力很小，功能有限。除了政府主要通过"单位"传达各类城市管理信息，进行社会组织、社会动员和资源分配，街居自身处于边缘性地位外，区政府各类职能部门还在街道设立了相应的对口单位实行所谓的"条条"管理，于是"区政府政策实施主要通过各职能部门，然后再由各局传达到街道各所，街道办事处只是做一些辅助性工作，比如宣传和动员，以及随同税务人员和工商人员进行检查等"。① 三是造成居民工作空间与居住空间的区域分离。对单位体制内的城市居民来说，"单位"就是其福利共同体，按照国家政策和规定负责为其分配工资、福利及各种政治、社会资源。街居组织由于无法介入居民生活，不可能有效实施社会管理。② 四是强化了居民的身份特征。在"单位"与街居组织的二元管理体制之下，城市居民被划分为两种类型。有单位的可以根据单位性质享受相应的政治、福利和社会待遇，没有单位的则处于城市社

---

① 朱健刚. 城市街区的权力变迁：强国家与强社会模式——对一个街区权力结构的分析 [J]. 战略与管理，1997（4）.

② 例外的情况是家属委员会。家委会接受单位和街道办事处的双重指导，与居民关系较为密切。

会的边缘。由于个人在单位中的不同序列及单位在整个单位体系中的不同序列，使得具有不同单位身份的居民拥有不同的社会感受。

三、从街居–单位制向街道–社区制的转型

党的十一届三中全会以后，加强城市基层管理工作再次被提上议事日程。1980 年，全国人大重新公布了 1954 年的《城市街道办事处组织条例》和《城市居民委员会组织条例》，并在 1982 年的宪法中确认了居民委员会的"基层群众性自治组织"性质。之后，北京市逐步恢复了街道办事处建制，并按照民政部的统一部署和城市管理的实情，实行简政放权，努力健全并完善街道办事处的职能。在居委会建设方面，则结合贯彻 1989 年全国人大常委会审议通过的《中华人民共和国城市居民委员会组织法》，于 1991 年 12 月公布施行了《北京市实施〈中华人民共和国城市居民委员会组织法〉办法》，明确了居民委员会的性质、任务和组织方式。

随着社会主义市场经济体制的逐步建立，包括个体私营经济在内的各种经济成分获得快速发展，社会结构不断分化，城市社会发生了根本性变革。社会的转型对单位制为主体的二元城市基层管理体制构成了巨大挑战。一方面，社会组织的多样化特征日益明显，出现了许多不具有传统"单位"特征的行业和组织，且从业人数增长很快；另一方面，"单位人"在社会改革的大潮面前，或自愿或被迫地转向"社会人"，单位的服务职能也不断向社会剥离，这就要求社会必须及时提供足够多的、高质量的服务。再加上社会流动人口的增加、居民闲暇时间的增多、老龄化社会的来临等，这一切都使得城市基层管理的内容越来越多、越来越杂。社会转型的大背景下，"单位"制整合社会的组织功能日益弱化。街道办事处、居委会在维护辖区社会治安、引导下岗工人再就业、落实居民最低生活保障、营造良好的经济发展环境等方面发挥着越来越重要的作用，逐步形成城市社会管理的微观重心。因此，改革以"单位"组织

为主体，以街居组织为辅助的城市二元基层管理体制已成为时代之需。

面对社会转型的大背景，政府部门逐步认识到，街居工作的重点必须从发展经济向提供服务转变，必须从单纯的社区服务向整合的社区建设转变。1991 年以国家民政部提出开展社区建设为标志，城市基层管理体制改革的序幕徐徐拉开。以上海、石家庄、青岛、沈阳、武汉等地的试点经验为基础，中共中央办公厅、国务院办公厅于 2000 年 11 月 19 日转发了《民政部关于在全国推进城市社区建设的意见》，明确提出社区建设的指导思想是："改革城市基层管理体制，强化社区功能，巩固党在城市工作的组织基础和群众基础，加强城市基层政权和群众性自治组织建设，提高人民群众的生活质量和文明程度，扩大基层民主，密切党群关系，维护社会政治稳定，促进城市经济和社会的协调发展。"自此，我国城市基层管理体制进入全面转型时期。

北京市对街居管理体制改革非常重视，专门成立了城市管理体制改革领导小组办公室，对街道办事处和居委会长期存在的职能定位不明确、管理体制不健全、责任权力不统一、利益关系不合理、机构人员不适应等问题进行了深入的调查研究。在此基础上，市政府于 1999 年 1 月 14 日颁布了《北京市街道办事处工作规定》，就街道办事处的性质、构成、职能、经费保障等作出了明确规定。《北京市街道办事处工作规定》是北京市颁布的第一份用于规范街道办事处这一区政府派出机构的规范性文件，为北京市基层管理体制的转型提供了制度变迁的法律依据。

同时，北京市委、市政府自 1998 年以来连续多次召开城市管理工作会议，推进城市基层管理体制的转型。其总体思路是通过转变职能、理顺条块关系、进一步下放权力，努力把街道办事处建设成责权统一、行为规范，能够有效履行辖区综合管理职能的行政主体；逐步建立街道和居委会的财政保障机制，削弱街居办经济的财政冲动；充分发挥居委会的群众自治组织作用，引导居民自我管理、自我服务和自我教育，以社区为平台，搞好社区服务、社区保障、社区治安和其他公共社会事务。

社区建设是城市基层管理体制转型过程中就城市组织结构、管理制度和工作方式进行的一项制度创新，其核心概念是社区。明确的社区定位是社区建设展开的物质基础。与上海市把社区定位在街道办事处这一层次不同，北京市将社区定位在街道以下，但又大于传统的居民委员会辖区。"社区辖区内的居民户数一般在 1000～3000 户左右。"① 这就要求对居委会的规模进行适当调整，构建新型社区组织体系。截至 2002 年底，按照有利于实施管理、有利于资源配置、有利于提高工作效率的原则，北京对全市 4600 个居委会进行了规模调整，整合为 2400 多个具有不同功能特征的社区居民委员会。随着社区党组织、社区居民委员会、社区代表会议的建立和各项规章制度的逐步建立健全，新的社区管理体制已初步形成。

社区建设的广泛开展，健全了管理机构，整合了社会资源，优化了人员结构，完善了服务功能，拓宽了参与渠道，使北京市的基层管理体制的模式逐步从街居-单位制向街道-社区制转变。一是"单位"的复合功能进一步弱化，国有经营性单位和国家财政供养单位继续分离办社会的职能，后勤保障逐步推向社会。二是街道办事处和社区居委会的职权不断强化，街道享有或者扩张了综合协调权、执法权、处置权、监督检查权，从而能够行使相应的政府管理职能，其工作重心开始向社区下沉。三是新的社区居民委员会组建完毕，适应了功能扩张、人口居住密集度增加以及管理手段现代化的客观情况。四是居民社区参与力度有所加大，参与渠道有所拓宽，参与的形式和内容也得到了前所未有的扩展。

第二节　社区建设与社区治理

以社区建设为抓手，北京市在基层社会治理方面越来越重视居民的

---

① 北京市社区建设工作领导小组办公室. 北京市第三次城市管理工作会议文件汇编[G]. 2001：34.

日常生活，不断强化社区服务、推进和谐社区建设、注重解决民生问题，逐步形成多元参与的社区治理新模式。

一、强化社区建设

2001 年 6 月，北京市发展计划委员会、市民政局印发《北京市"十五"时期社区建设规划》，明确提出加强社区组织建设、拓展社区服务领域、发展社区卫生、繁荣社区文化、美化社区环境以及加强社区治安等要求，由此北京市进入全面推进社区建设的新时期。

1. 加强社区网格化管理。城市社区的网格化管理始于 2004 年北京市东城区的探索，主要依托社区建立的居民信息以及与之相关的社会事务信息的动态数据库，及时了解居民的诉求、面临的问题以及其他临时性状况，通过网格员对这些动态情况及时进行登记、排查、调处、整治并反馈给居民。随后，北京市各区（县）结合自身的地域特征，积极探索创新，不断丰富网格化社会管理的实践。通过细分网格、明确权责，实现精细化基层社会管理。北京市在全国率先以社区（村）为基本单元科学划分网格，将人、地、事、物、状态细化到全市 4.18 万个基础网格，配备各类网格员 8.25 万人，其中专职人员 0.68 万人，形成快速反应的基层社会服务和社会管理的网格化体系。

2. 推进社区民生服务发展。2006 年 11 月，北京市民政局发布《北京市"十一五"时期城市社区发展规划》，提出和谐社区建设的理念，随后发布了《北京市和谐社区建设指导标准（试行）》，明确了和谐社区的含义、指导思想以及阶段性建设目标，为首都和谐社区建设指明了方向。根据该文件，和谐社区是指在全面建设小康社会、努力构建社会主义和谐社会的新阶段，通过社区与政府、企业、社会、环境、居民的良性互动、协调发展，实现居民自治、管理有序、服务完善、治安良好、环境优美、文明祥和。做实做好民生服务，是和谐社区建设的重要内容。面对城乡居民对社区服务的需求呈现快速增长、多元化、多样化的发展态势，北京市紧紧围绕建设国际一流的和谐宜居之都这一要求，提出基本实现全市城市社区基本公共服务全覆盖的目标。坚持需求导向、问题导向，率先制定《北京市社区基本公共服务指导目录》，梳理出 10 大类 60 项社区基本公共服务项目，通过左右联动、上下互动，按照"缺什么、补什么"原则，不断提升社区居民群众的获得感和幸福指数。2011 年 4 月，北京市市民政局、首都文明办、首都综治办等 14 个部门制定下发《关于开展评选北京市建设和谐社区示范单位活动的工作意见》（京民社区发〔2011〕142 号），以环境整洁、管理规范、服务完善、安全稳定、健康幸福、文明祥和为目标，组织开展和谐社区示范单位评选创建活动。在首都社区建设的新阶段，干净、规范、服务、安全、健康、文化"六型"社区成为社区建设的重点。

3. 从政府主导转向社区主导。随着和谐社区建设的提出和"六型"社区建设的推进，社区建设的重点转移到社会服务领域，从而实现了政府主导向社区主导的转变，通过指导、规范、监督和组织社区发展公共服务事业，来满足社区居民多层次、多样化的社会服务需求。政府积极引导社区居委会在新的形势下总结群众工作的特点和规律，摸清社区居民的实际需求，把发展社区居民的共同利益作为推进社区建设的出发点和落脚点，从而逐步形成共建和谐社区、共享美好生活的良性局面。

二、推进多元参与的服务型社区治理

随着城市基层管理体制改革的顺利推进，社会力量的日益壮大，2013 年 11 月 9 日，党的十八届三中全会审议通过《中共中央关于全面深化改革若干重大问题的决定》，明确提出"全面深化改革的总目标是完善和发展中国特色社会主义制度，推进国家治理体系和治理能力现代化"。这是在党的重要文件中，第一次出现"治理"一词。用"治理"取代"管理"，标志着党的执政理念和执政方略发生重要变化。如果说社会治理是国家治理的重要组成部分，那么社区治理则是我国社会治理的基层领域，因此社区建设的导向也开始从"管理"转向"治理"，强调激活和引导社区的各类要素和社会力量参与，加强多元参与的服务型社区治理建设，共同推进社区治理的现代化。

1. 加强社区治理的制度建设。2013 年以来，北京市采取一系列深化改革的多种举措，推进社区治理的体制机制基本建立。新时代社区治理的关键是全面提升城乡社区治理的法制化、系统化以及组织化水平，形成多元、互动、参与的社区治理新格局，从而推进北京城乡社区治理体系和治理能力的现代化。北京市的诸多探索在全国范围内成为先行先试的标杆。2017 年 9 月，北京市民政局会同市委组织部、市委社会工委联合发布《社区管理与服务规范》（DB11/T 1466—2017），这是全国第一部社区管理与服务地方性标准，标志着北京市社区服务和社区管理纳入法制化轨道，进入健康规范发展的新阶段。《社区管理与服务规范》对于居民所关心的社区安全、社区环境、社区服务，以及社区组织应该提供的社区治安、环境卫生、社会保障、社会救助等项目内容和要求都进行了规范和界定。既对政府提供的基本公共服务范畴、内容等进行了规范和界定，又规范了社区居民如何参与社区安全、社区环境和社区服务等。同时，北京市大力推进村（居）委会法人资格登记工作，为社区治理奠定了基础。到 2019 年，北京全市 7014 个村（居）民委员会均已取得基层群众性自治组织法人资格。有了这个资格，村（居）委会的法律主体地位凸显出来，可以自主参加社会经济活动，这对于社区治理有着非常重要的里程碑意义。

2. 加大社区治理资金投入。2017 年北京市地区生产总值达到 2.8 万亿元，全市一般公共预算收入突破 5000 亿元，达到 5430.8 亿元。财力增加为推动首都经济发展、保障和改善民生、加强城市建设提供了有力的资金保障。同时，北京市人口的快速增长对基层社区治理提出新挑战。改革开放以来，北京市常住人口从 1978 年的 871.5 万人增加到 2017 年的 2170.7 万人，40 年增加 1299.2 万人，平均每年增加 32.48 万人，年均增长 2.4%。常住外来人口从 1978 年的 21.8 万人增加到 2017 年的 794.3 万人，增加 772.5 万人，平均每年增加 19.31 万人，年均增长 9.7%。常住外来人口在常住人口中的比重由 1978 年的 2.5% 上升到 2017 年的 36.6%。为加强社区服务，2010 年北京市制定《社区基本公共服务指导目录（试行）》，明确十大类、60 项基本公共服务项目进社区，健全覆盖各类人群的城乡社区公共服务体系。2010 年以来，北京市围绕社会基本公共服务、社会公益服务、社区便民服务、社会管理服务、社会建设决策研究和信息咨询服务 5 个方面共投入 3.47 亿元，购买 2252 个服务项目。[1] 2018 年全市新建"一刻钟社区服务圈" 128 个，累计建成 1580 个，覆盖 92% 的城市社区，初步实现社区基本公共服务全覆盖。[2]

3. 大力培育发展基层社区服务组织。截至 2018 年底，北京市共有社区服务机构 11895 个，较上年增加了 146 个。其中社区服务指导中心 17 个，社区服务中心 203 个，社区服务站 6446 个，其他社区服务机构 4980 个，社区互助型养老机构 226 个，社区养老机构和设施 23 个，社区服务志愿者组织 25098 个，城乡便民、利民服务网点 7556 个，社区服务机构建筑面积共计 189.4 万平方米。全市共有社区居委会 3209 个，比上年增加 69 个；村委会 3915 个，比上年减少 5 个。这些社区服务组织立足社区，为居民提供类型多样的生活服务，给居民带来生活便利。社区教育和社区文化实现升级换代。北京"读书益民工程"率先向社区书屋、卫星书屋延伸。2012 年"读书益民工程"开始向社区推进，新建社区书屋 200 个。到 2017 年底，北京市以公共图书馆、文化馆、综合文化中心、文化室为节点，搭建起全市四级公共文化服务网络，市、区、乡镇（街道）和行政村（社区）四级公共文化服务设施 6815 个，覆盖率超过 98%，基本形成"15 分钟文化服务圈"。北京市民在社区中就可以享受

---

① 宋贵伦，冯虹. 北京社会建设分析报告（2015 年）[M]. 北京：社会科学文献出版社，2015：12.
② 李万钧，李四平. 北京社会建设分析报告（2019 年）[M]. 北京：社会科学文献出版社，2019：15.

到便捷的公共文化服务。

三、以"三社联动"为切入点创新社区治理

北京市民政局 2013 年发布的《北京市社区服务工作要点》提出，开展"三社联动"试点工作，建立社区、社会组织、社会工作者"三社联动"的合作机制、市场机制和支撑机制。2015 年发布《关于推进社区社工社会组织"三社联动"的指导意见》，要求构建以社区为平台，以社会组织为载体，以社工人才为支撑的社会管理服务新格局。自此，北京进入通过加快推进"三社联动"实现基层社区治理创新发展的新阶段。

为减负增能、完善社区治理体系，2016 年 3 月，北京市民政局、中共北京市委组织部联合发布《关于进一步开展社区减负工作的意见》（京民基发〔2016〕105 号），对社区的工作内容作出规定，强调减轻社区的行政负担，增强社区的自治功能，为提供各类社区服务、开展各类社区自治活动扩展空间。同年，印发《北京市"十三五"时期社会治理规划》，就完善社区治理体系、健全社区服务体系、深化社区居民自治、推动城乡社区协调发展提出要求，并将社会服务、社会管理、社会动员和党的建设等内容以具体的量化指标加以概括（见表 2-1）。治理指标的量化，使得在多样化的社区建设过程中，各方权责更加清晰、资源能够优化配置，进而推进系统化的社区治理进程。

在推进社区治理过程中，北京市根据社区数量多、类型杂的特点，采取分类推进、多种治理模式并举的方式，取得较好成效。从类型上看，北京的社区大致可以分为城市核心区模式、经济核心区模式、城乡接合部模式、老旧小区模式、保障房小区模式、商品房模式、郊区城镇社区发展模式和社区信息化建设模式等，每种模式的情况不同、居民需求不同、文化背景不同，需要采取的社区治理方式也不尽相同，"三社联动"在实施中也就有了很大的区别。

表 2-1　北京市"十三五"时期社会治理主要发展指标

类别	序号	指　　标	目标	属性
社会服务	1	城市社区"一刻钟社区服务圈"的覆盖率	99.99%	预期性
	2	每百户居民社区公共服务配套设施面积	30平方米	预期性
	3	城市社区服务管理用房面积达标率	100%	预期性
	4	公共文化设施覆盖率	99.99%	约束性
社会管理	11	城市服务管理网格化体系覆盖率	99.99%	约束性
	13	社区工作者持社会工作职业水平证书的比例	50%	预期性
社会动员	14	每万人常住人口拥有社会组织的数量	25 个	预期性
	15	基层自治组织选举居（村）民参与率	90%	约束性
	16	老旧小区自我服务管理覆盖率	99.99%	预期性
	17	实名注册志愿者人数占全市常住人口的比例	20%	预期性
党的建设	25	社区党组织覆盖率	100%	预期性
	26	"枢纽型"社会组织联合党组织覆盖率	100%	预期性
	28	商务楼宇党群工作站覆盖率	100%	预期性
备注	目标值为99.99%的各项指标，其目标文字表述为"基本实现全覆盖"			

四、积极开展社区特色服务

针对流动人口数量大、老龄化严重等问题，北京市将服务流动人口、开展社区养老等议题列为社区治理的重要内容，积极开展社区特色服务。通过制定政策、加大投入、开展专项服务等，不断提升老年人生活质量，加强对外来流动人口的服务管理，从而进一步夯实了社区治理的内容。

1. 社区居家养老。近些年来，北京市先后制定或修订出台了《北京市老年人权益保障条例》《北京市居家养老服务条例》，发布《关于北京市市民居家养老（助残）服务（"九养"）办法的通知》《北京市支持居

家养老服务发展十条政策》《关于开展社区养老服务驿站建设的意见》
《关于建立居家养老巡视探访服务制度的指导意见》等文件，为社区养老
提供政策支持。同时加强对社区养老工作的监管，先后印发《北京市养
老服务机构监管办法》《养老服务业诚信体系建设的指导意见》《养老服
务单位诚信评价管理办法（试行）》等。为提高养老机构服务质量，北
京市民政局等多部门联合印发《关于开展养老机构服务质量建设专项行
动 全面提升养老行业服务质量水平的实施意见》《关于加强养老服务设
施规范化管理工作的通知》等文件。在社区养老标准体系建设方面，北
京市编制出台了包括助餐服务、助医服务等 9 项社区养老服务标准。

　　经过多年发展，目前北京市已基本形成以养老服务指导中心、养老
照料中心和养老服务驿站为主体的社区养老服务体系，打造形成了北京
市社区养老服务"三边四级"服务模式。截至 2017 年底，北京市开业运
营的 106 家养老机构已开展短期照料、助餐、助洁、助浴等辐射社区养
老服务 553 项，惠及 110 万老年人。在社区层面，北京市通过专项资金扶
持，加快建设城乡社区养老服务驿站，不断扩大驿站覆盖面，使老年人
能够在社区内就近享受养老服务。2016 年北京市共建成 150 家社区养老
服务驿站，2017 年扩大到 230 家，2018 年再增加 182 家。2019 年全市首
个社区居家养老综合服务平台"怡亲安安"在京启动试点，首批辐射全
市 10 个区 78 个养老服务驿站，为老年人打造"家门口"的养老服务
基地。①

　　在具体模式上，北京社区养老服务近年来进行了不少新探索，例如，
"普亲模式""乐龄模式"等引发了众多专家关注。"普亲模式"采用
"社区嵌入"的方式，聚焦失能失智人群，开展专业的全人照护，依托智
能化科技等为老年人打造完善的医养护结合的保障体系；乐龄老年社会
工作服务中心是国内较早开展为老服务的专业社工机构，该机构倡导将

---

　　① 谭日辉. 北京蓝皮书 中国社区发展报告（2018—2019）社区养老专题 [M]. 北京：社
会科学文献出版社，2019.

"自助—互助—他助"理念贯穿于服务不同年龄段三个层次，打造形成"乐龄模式"，着力让老年人的晚年生活有价值、有温度、有尊严。

2. 加强流动人口的服务与管理。根据 2015 年全国 1% 人口抽样调查结果显示，2015 年底北京市常住人口为 2170.5 万人，其中常住外来人口为 822.6 万人，占常住人口的 37.9%。到 2019 年末，全市常住人口仍有 2153.6 万人，其中常住外来人口 745.6 万人。[①] 虽然统计显示北京市常住人口和常住外来人口呈现出增量与增速持续下降的特点，但大规模的流动人口依然是北京城市管理和社会治理必须面对的一个问题。流动人口的社会生活和就业具有灵活性和不稳定性，针对流动人口需要更加专业的治理和服务。

流动人口参与社区活动，共享社区服务，才能更好地融入社会。因而在打破制度层面的障碍、促进社会参与的同时，要充分发挥社区融合的作用。在流动人口管理服务上，北京市朝阳区南磨房乡走出了一条"因地制宜"的管理之路。全乡按照居住地的不同特点将流动人口进行分类，对集中居住在地下室的流动人口实行"旅店式"管理，对散租在出租房的流动人口实行"卡片式"管理，对于企事业单位的外来务工人员则实行"校园式"管理，卓有成效地推进了当地流动人口的服务工作。[②]海淀区立足本区社区治安和社会管理服务方面的特点，坚持"政府牵头、部门参与、落实责任、综合治理"的 16 字方针，在领导重视、经费保障、人员落实以及技术到位的基础上，逐步建立起宣传教育全面化、管理科学化、服务网络化的机制，在服务流动人口方面作出了有益的探索。石景山区八角街道则从生活服务、社会权益以及计生问题入手，通过将流动人口的生活服务纳入劳动和社会保障体系、将维权服务纳入法律援助体系、将人口计生管理纳入街道计生工作议程这"三个纳入"为流动

---

① 国家统计局. 2015 年全国 1% 人口抽样调查主要数据公报 [EB/OL].（2016-04-20）[2022-10-22]. http://www.stats.gov.cn/tjsj./zxfb/201604/t20160420-1346151.html.

② 赵敬群，刘连良. 北京市朝阳区南磨房乡因地制宜推进流动人口计生服务 [J]. 人口与计划生育，2010（1）.

人口提供居民化的服务，有效促进了外来流动人口的社区融入。

第三节　北京社区治理的经验与成效①

党的十九大报告明确要求，"打造共建共治共享的社会治理格局。加强社会治理制度建设，完善党委领导、政府负责、社会协同、公众参与、法治保障的社会治理体制，提高社会治理社会化、法治化、智能化、专业化水平"。党的十九届四中全会进一步提出，"构建基层社会治理新格局。完善群众参与基层社会治理的制度化渠道。健全党组织领导的自治、法治、德治相结合的城乡基层治理体系，健全社区管理和服务机制，推行网格化管理和服务，发挥群团组织、社会组织作用，发挥行业协会商会自律功能，实现政府治理和社会调节、居民自治良性互动，夯实基层社会治理基础。加快推进市域社会治理现代化。推动社会治理和服务重心向基层下移，把更多资源下沉到基层，更好提供精准化、精细化服务"。中国共产党在社会治理方面的战略思路和构建思想，是国家全面推进社会治理的纲领要义，也是推进城乡社区治理的方向导引。北京市认真贯彻中央要求，结合当地实际，在强化社区治理方面采取一系列重要措施，取得了积极成效。

第一，街乡吹哨、部门报到：党建引领社区治理。2019 年 2 月，中共北京市委、市人民政府印发《关于加强新时代街道工作的意见》；同年11 月，北京市人大常委会审议通过《北京市街道办事处条例》，进一步强化街道社区党组织政治功能。相关规定完善了街道党工委对地区社会治理重大工作的领导体制机制，凡涉及基层治理的重大事项均由街道党工委讨论决定，全面提升街道抓党建、抓治理、抓服务的领导能力。在2019 年村（社区）"两委"换届选举中，要求大力推行党组织书记与村

---

① 杨荣 . 社区治理：夯基固本 重心下移 ［M］//江树革，等 . 北京社会建设之路——新中国 70 年的发展实践与理论分析 . 北京：人民出版社，2022.

（居）委会主任"一肩挑"，切实增强基层党组织领导力。社区党组织行使的是一种政治权力，从本质上讲是在特定的社会政治共同体中的社会主体，凭借其所拥有的政治资源参与该共同体政治生活，以夺取、制造和分配以物质利益为中心的各种价值的能力。[①] 因此，基层党组织在社区治理中发挥着关键作用，借助覆盖面广、基层党员直接面对群众等优势，深入分析群众需求、动员各类资源满足群众需求，有利于为群众提供快捷、高效、优质的服务，有利于创造和谐宜居、富有活力、各具特色的社区生活。

在强化社区治理中，北京市不断健全完善基层党建体系，做实区、街道、社区党建工作协调委员会，扩大非公企业、商务楼宇、商圈园区、网络媒体等新兴领域党建覆盖，建立需求、资源、项目三项清单制度，需求征集、提供服务、沟通反馈、考核评价"四个双向"机制，最大限度地把辖区资源统筹起来，增强基层党组织的组织领导力。深化党建引领基层治理，注重把加强基层党组织建设与首都重大任务、中心工作紧密结合，在疏解非首都功能、推进城市副中心建设等重大活动和重点工作中，充分发挥基层党组织政治优势、组织优势和党员先锋模范作用。

"街乡吹哨、部门报到"机制源自北京市平谷区金海湖镇，是围绕整治违章违建、环境污染、生态破坏、安全生产等问题，着力解决执法过程中"乡镇和部门责任权力匹配不合理、协同机制不完善"等问题，形成的联合执法链工作机制。到2018年，"街乡吹哨、部门报到"改革在北京全市169个街道、乡镇进行试点，占总数的51%，在探索党组织领导基层治理有效路径、解决基层治理难题、切实增强人民群众获得感、幸福感、安全感等工作上取得了初步成效。[②] 2019年，北京市民政局发布《社区党建工作要点》，要求以党建引领社区治理，着力加强社区党组织

---

① 窦泽秀. 社区行政——社区发展的公共行政学视点［M］. 济南：山东人民出版社，2003：189.

② 朱竞若. 街乡吹哨 部门报到——北京市推进党建引领基层治理体制机制创新实记［N］. 人民日报，2018-12-10.

和党员干部队伍建设，推动社区党建工作全面进步。社区党组织作为社区各项工作的领导核心，党组织架构纵向对接到社区居民，实现了党建的网格化覆盖，增强了社区党组织的核心引领能力，形成并巩固了党组织领导、居委会、广大居民及社区社会组织等其他力量共同参与的社区治理新格局。为提高社会领域党建水平，海淀区大力开展区域化党建工作，加快建设基层服务型党组织，通过实施街道机关党员"双报到"工作、楼宇党建"一楼宇一社工"项目等党建创新模式，切实提升党在基层社区的领导力。

第二，职能转变、赋权下沉：开展服务型社区治理。自 2013 年以来，北京市全面贯彻党的十八大、十九大和十九届四中全会精神，按照精细化思路稳步推进社区治理各项工作，社会组织管理体制改革全面启动，政府购买社会组织服务规模不断扩大。党的十九届四中全会进一步明确了中国特色社会治理的基本内涵，将社会参与，特别是发挥群团组织、社会组织的作用放到特别重要的地位。北京市积极培育发展社会组织，推进基层参与民主式协商，全面推动社会主体承担公共服务，引导发展服务型社区治理。在此过程中，北京市坚持赋权下沉，不断强化街道（乡镇）基层社会治理的主体责任。2016 年，北京市出台的《关于深化街道、社区管理体制改革的意见》，2019 年出台的《关于加强新时代街道工作的意见》，都明确提出党建引领基层治理、街道管理体制改革、服务改善民生、街区更新、社区治理和激励基层干部干事创业等 6 个方面 30 项改革举措。同时，为加强乡镇政府能力建设，北京市还出台了《关于加强乡镇政府服务能力建设的实施意见》，明确"服务型"乡镇政府建设的新目标、新任务和新要求。

在开展服务型社区治理方面，北京市涌现出不少优秀社区治理案例。比如，2018 年，东城区夕照寺社区"小巷管家"荣获民政部颁发的优秀工作法。夕照寺社区以夕照寺西里南区为试点，围绕党委领导、政府负责、社会协同、社区居民共同参与的工作思路，在全市率先推出"小巷管家"工作法，广泛动员社区党员、社区居民、社区社会组织和驻区单位等积极参与社区治理和环境整治提升工程，成效非常明显。再比如，西城区的"数字红墙"工作模式。西城区将互联网新技术应用于社会服务管理，不断提升政府治理和服务能力。"数字红墙"平台通过大数据+政务服务的形式，辅助政府为居民提供更加丰富、更具个性化的便民服务，为民办事从"等上门"变为"找上门"，将"四卡三券"（老年证、残疾证、残疾卡、低保证、三项为老服务券）送到居民家中，让便民服务从"最后一公里"落实到"最后一米"。此外，北京市社区治理还从以前单一政府提供服务，到由政府为主来组织服务、动员社会各方提供服务。随着互联网等信息技术的发展，以电商为特征的各种服务也参与社区服务。社区整合各方资源，包括政府、市场，以及志愿者、社会组织等各类服务资源，促进信息、资源共享，形成"一刻钟便民服务圈"，极大增强了社区服务能力。

第三，引入社工、充实社区：推动专业化的社区治理。社会工作者恪守社会工作价值，尊重服务对象需求，通过建立关系、整合社区资源和支持系统，改变和提升服务对象的生活质量和能力，在服务型社区治理中发挥着独特的作用。这种工作模式在社区服务中具有较大推广价值。社会工作组织是基层社区治理的重要主体之一，与其他主体一道参与社区治理，在现代社区建设中扮演着不可或缺的角色。社会工作既是专业服务的重要参与者，也是互助合作的促进者。近年来，北京市突出专业化服务，不断加强社会工作人才队伍建设，为北京的和谐、稳定、发展提供专业人才支撑。2011年，北京市发布《关于在全市民政领域中开展首批市级社会工作人才队伍建设试点工作的通知》，通过开展市级社会工作人才队伍建设试点，探索推进社会工作人才队伍建设的管理体制与运行机制，完善社会工作政策制度体系，创新形成社会工作人才培养、评价、使用和激励模式，提升社会工作专业服务水平。北京市开展的社会工作者系列培训规模大、质量高、效果好，在全国都是首屈一指的。

2015—2016 年全市共完成 34000 多名社区工作者的培训任务，并开展了一系列高级社工人才培训班等。经过持续和系统的专业培训和继续教育，北京社区工作者队伍的专业化水平持续提高。到 2017 年底，全市社会工作专业人才总量达到 6.28 万人，取得社会工作职业水平认证的达到26841 人，占全国取证人数的 8.22%。全部人员中，40 岁以下人员占到55.12%，大专以上学历占 85.46%。

社区工作者方面，据统计，2012 年北京全市共有社区工作者 3.12 万人，当年面向社会公开招聘社区工作者 7600 多人。近年来通过实施"大学生社工计划"、提高社区工作者薪资待遇、落实"万名社区工作者培训计划"等方式，社区工作者人才队伍不断壮大。到 2018 年底，全市社区工作者增加到 3.5 万人，社会工作专业人才总数达到了 6 万多人，成为社会服务的重要力量。[①] 2017 年北京市委社工委制定《关于进一步规范社区工作者工资待遇的实施办法》，明确从 2018 年 1 月 1 日起，北京市社区工作者工资总体待遇平均水平由不低于本市职工平均工资的 70% 提高到100%。调整后，社区工作者年人均应发工资达到 10 万元，月人均应发工资增长约 3000 元左右。同年，北京市印发《社区工作者管理办法》，进一步从职业定位、发展空间、权益保障等方面完善制度安排，为扩展社区工作者队伍提供了制度保障。这些举措，稳定了专业社工人才队伍，为服务型社区治理建设奠定了人才基础。

第四，培育组织、购买服务：社会力量参与社区治理。政府向社会组织购买服务，是促进社会力量参与社区治理、提升社会服务效率与质量的重要方法。早在 2010 年初，北京市就启动了专业社工机构建设及专业社会工作岗位购买试点工作。近 10 年来，北京市的专业社工机构从无到有、从小到大，从初建到成熟、从弱小到壮大，承担了政府委托的大量社会服务项目，成为参与服务型社区治理的一支重要力量。目前北京

① 北京市民政局计划财务处 . 2018 年北京市民政事业发展统计公报［R/OL］.（2019-08-23）［2022-10-22］. http://mzj. beijing. gov. cn/art/2019/8/23/art_659_291436. html.

市专业社工机构已经发展到 600 家左右。以购买服务为牵引、以社区为平台、以社会组织为载体、以社会工作者为骨干、以满足社区居民需求为导向的新型社区治理模式正在逐渐形成。

随着社会组织数量增多，为加强引导和规范，北京市提出建设"枢纽型"社会组织的思路。枢纽型社会组织以其纽带式和综合性的特质在推动政府职能转变、吸纳社会力量参与社会服务供给和社会治理方面发挥着关键性的重要作用。海淀区改革和优化了社会组织登记管理制度，建立完善街道"枢纽型"社会组织工作体系，成立社会组织孵化中心，积极推进全区社会组织"一个中心、两个基地"培育孵化体系建设。朝阳区有关部门以项目合作形式委托北京恩派非营利组织发展中心运营朝阳区社会组织综合服务中心，探索提出"政府兴办民间运营的社会组织培育平台"模式，取得良好社会效果。北京朝外地区社会组织综合服务基地就是一种社会组织培育与管理的新型"孵化器"。该社会组织综合服务基地依托朝外社会管理中心，将主要空间用于社会组织与社区居民开展活动，如社区图书馆、电子阅览室、展览厅、影视厅、文化小剧场、公益咖啡馆以及残疾人康复室等功能区，在开展社会组织培育和服务社区居民方面发挥了重要作用。回龙观、天通苑地区建立昌平区社会组织孵化基地，成立社会组织服务协会，加强沟通对接，根据社区需求提供精准服务；坚持党建引领，探索政府、企业、社会组织、社区居民多元主体参与、开放协商共治的合作机制，推进社会组织公益创投、闲置空间微更新、幸福回+等十大项目；推行社区党支部、居委会、业委会、物业公司、社会组织或企事业单位"五方共建"，社区、社会组织、社工、社区居民、社区基金会"五社联动"，搭建"社区议事厅"平台，协商解决社区家门口和群众身边事。"朝阳群众"作为警民联手、群防群治的一支重要力量，为朝阳区平安建设作出巨大贡献。2018 年 2 月初，北京市公安局上线"朝阳群众 HD"手机应用，允许群众通过该应用发送文字、图片、视频等向警方提供线索。从此，"朝阳群众"不再仅仅是街道上戴着红袖章的大爷大妈，所有人都可以参与其中，"朝阳群众"已成为居民参与社区治理的一个品牌。

第五，用大数据、促智能化：开启互联网+社区治理。随着互联网科技的迅猛发展，越来越多的智能手段走进千家万户。基层社区治理，也必须紧跟时代步伐，在治理技术和治理方法上有所创新。北京市始终把智慧治理作为社会治理重要理念，把智能化建设作为撬动社会治理社会化、法治化、智能化、专业化的重要支点，初步构建起"以智慧促精细、以科技促平安"的智慧治理工作格局，以精准对接群众需求为落脚点，逐步打通基层社会治理和民生保障各环节。

北京市构建线上线下协同的社区服务体系，加强社会服务促进社区治理。围绕群众生活中的焦点、难点、痛点问题，以三级社区服务中心、社区服务站、服务热线和社区服务信息网为依托，及时搜集传送与社区居民生活密切相关信息，做到自动感知、科学匹配、及时服务，实现对社区居民"吃、住、行、游、购、娱、健"生活七大要素的数字化、智能化、互动化和协同化。着眼于"让数据多跑路、让群众少跑腿"，打造智慧便民利民服务系统。西城区德胜街道在智能服务中心体系下，实现网站、家庭信息机、数字家园、无线终端、社区电子屏和大厅触摸屏等全方位智能服务终端，居民随时随地可以获取街道提供的各种服务和信息，比如社区信息、活动动态、天气服务等。此外，居民到办事大厅，可以直接扫描身份证实现办事信息自动查询。朝阳区双井街道有12个社区，在此基础上建立了一个虚拟社区，称为"13社区"，这是一个基于互联网构建的社区治理网络平台，利用互联网、云计算、大数据等技术，依托幸福双井服务卡，将政务服务、便民服务、社交服务、社会参与融为一体，让社区的人互联互通、社区的事共享共治。"13社区"已经成为一个汇聚双井地区近6万常住人口，吸引200多家商户入驻，孵化数百个诸如文明养犬、二手物品交换社群等互联网邻里生活圈，虚拟与现实融合、利益与情感并重的社区共同体，开创了服务型社区治理新模式。

第六，居民自治、协商议事：构建开放与多元的社区治理。为加强居民自治，北京市全面开展城乡社区议事协商工作，出台《关于加强城乡社区协商的实施意见》，制定《北京市社区议事厅工作指导规程》等，受到民政部的通报表扬。目前，北京社区议事厅实现城市全覆盖，农村社区超过70%。通过议事协商有效缓解了小区停车、物业管理、环境整治等社区治理难题。同时，北京市积极推进自治、法治、德治相结合，印发《关于全面推进以德治理城乡社区工作的指导意见》，指导社区、村组织群众制定居民公约、村规民约。通州区、西城区优秀村规民约、居民公约被民政部推广宣传，东城区前门街道草厂社区等5个社区工作法被评为全国优秀。在创新基层社会治理中，所谓共建、共治、共享，主要是指党委、政府、社会和民众个人构成一个共同体，在这个共同体内，各主体权责明确、相互之间合作协商，共同促进社会治理。治理的成果由各主体共享，惠及更多、更广泛的民众，从而实现"使人民获得感、幸福感、安全感更加充实、更有保障、更可持续"。北京市大力推进服务型社区治理的努力，正在使这个目标变为现实。

第三章　被动与联动：多元主体合作与运行机制

基层社会治理是国家和社会治理体系的重要组成部分，是国家和社会治理水平的重要体现。随着经济社会的快速发展，社区日益成为人们须臾不可离开的社会管理基础单元。依托社区传递党和政府的声音，落实各项政策，解决人们日常生活中遇到的问题和挑战，满足多元化需求，就成为基层社会治理的必然选择。

第一节　"三社联动"与基层治理创新

服务型社会治理强调治理过程中的多元主体参与，但在具体实践中，相关治理主体如何有效、高效参与，一直是一个绕不开的难题。"三社联动"的提出从体制和机制上为破解这一难题提供了样本，它构建了一个多元主体合作参与基层社会治理的模式，为服务型治理理念的落地提供了支撑。

一、"三社联动"的起源

早在 2013 年，民政部、财政部印发《关于加快推进社区社会工作服务的意见》，就提出"建立健全社区、社会组织和社会工作专业人才联动服务机制"，按照"政府扶持、社会承接、专业支撑、项目运作"的思路，探索建立以社区为平台、社会组织为载体、社会工作专业人才为支撑的新型社区服务管理机制。

2017 年，中共中央、国务院印发《关于加强和完善城乡社区治理的意见》，明确要求"推进社区、社会组织、社会工作'三社联动'，完善社区组织发现居民需求、统筹设计服务项目、支持社会组织承接、引导专业社会工作团队参与的工作体系"。同时，鼓励和支持建立社区老年协会，搭建老年人参与社区治理的平台。增强农村集体经济组织支持农村社区建设能力；积极引导驻社区机关企事业单位、其他社会力量和市场主体参与社区治理。"三社联动"是服务型社区治理体制的重要载体，由此"三社联动"正式进入政策视野，成为国家认可的概念和术语。

北京市积极推进社区治理创新发展，逐步形成了由街道党工委领导、居委会负责、各部门配合、社会力量参与的社区治理新模式，多元治理成为城市社区治理的基本趋势。服务型治理是新时代社区治理的目标和方向，这就需要改革原有的社区管理体制，重塑多方参与、共治共享的新体制。北京市将"三社联动"作为创新社区治理方式的重要抓手，市民政局制定《关于加快"三社联动"推动基层社会治理创新的意见》、《2016年度"三社联动"服务指引（试行）》，部署以社区为平台、社会组织为载体、社会工作专业人才为支撑的新型社区服务管理体制，通过政府购买服务为牵引，以满足居民需求为导向，社会组织引入外部资源和社会力量，通过社工提供专业化、针对性服务，把矛盾化解在社区，把多元服务供给实现在社区的一种新型社会治理模式、社会服务供给方式和全新社会动员机制。与"三社联动"相关的各层级与各主体的职责分工清楚、目标明确、措施具体。

1. 街道（乡镇）：与社工机构共同建立"三社联动"项目办公室，指导社工机构做好项目方案的制订、服务计划的设计等，监督和保障项目实施。拟定购买服务项目实施管理规定，提供办公必备的场地、设施等，保障工作开展。

2. 社区居委会：是社会工作服务开展的协作者、支持者、保障者和推动者。有效发挥社区公共服务平台的作用，支持、引导、监督社会组织开展社会工作专业服务、主动引入社会组织和社会力量。

3. 社区工作者：社区工作者是整合、配置社区资源的实施主体，是链接社工机构和居民之间的桥梁和纽带。通过与专业社工的协同，带动志愿者服务居民，共同解决社区问题。

4. 社工机构：是承接服务项目的机构，负责制订项目执行计划，组织项目实施，开展专业服务，保证项目的持续性和专业性。承接管理评估的机构负责实施专业督导、能力提升和服务评估等。

5. 社会工作者：通过开展社区建设与服务的需求调研，策划服务项目，督导项目实施，评估项目成果和影响。动员组织社区居民、驻区单位、企业、社会组织等力量参与社区建设。识别社区需求，参与社会资源、专业资源和社区资源的分配，为社区工作者和志愿者提供专业督导、实践指引和服务指导。

6. 社区社会组织：是参与社区建设，推动社区发展的重要力量。其职能是凝聚社区居民，激发居民潜能、建立社会支持网络，引导居民互助，推动社区居民参与。

学术界对"三社联动"的概念和作用进行了多方面的阐释。顾东辉认为，"三社联动"的内涵是社区传统机构、社会工作机构和其他社会机构，针对社区议题，基于社会理性，依托社会工作方法，实现社区发展任务；"三社"之间资源共享、优势互补、相互促进，加快形成政府与社会之间互联、互动、互补的社会治理新格局，分层次、分步骤逐步推进"三社联动"发展，从根本上实现社会和谐发展。[①] 王思斌认为，"三社联动"是指社区居委会、社会组织和社会工作者，在社区治理、社区建设、社区服务方面联动促发展的过程[②]。杨贵华则将"三社联动"定义为在政府主导下，以社区为平台、社会组织为载体、社会工作专业人才为

---

① 叶南客，陈金城. 我国"三社联动"的模式选择与策略研究［J］. 南京社会科学，2010（12）.

② 王思斌. "三社联动"的逻辑与类型［J］. 中国社会工作，2016（4）.

支撑的相互支持、协调互动的机制①。徐永祥、曹国慧则将"三社联动"界定为居委会、社会组织和社会工作者在社区领域，围绕居民开展的社区治理活动②。"三社联动"较为清晰地明确了在基层社区这样一个平台上，社区组织、社会组织和专业社工在推进服务型社区治理方面扮演的不同角色和发挥的作用。社区居委会的角色定位是居民利益代表人，借助社区居民议事会听取居民群众意见建议，向政府反映群众真实的需求和想法；社会组织具有为社区整合资源、解决居民诉求的优势；社会工作者则是服务的实践者，运用专业理论和工作方法，为社区居民提供专业的、高质量的公共服务③。

"三社联动"促进了基层社会治理方式的创新，是一种全新的理念和机制，它实现了社区、社会组织、社会工作三者功能的整合，形成优势互补、协同合作、共同发展的良性局面。"三社联动"的过程，就是充分发挥社区平台、社会组织载体以及社会工作者生力军作用，共同促进服务型社区治理的过程。"三社联动"中的"三社"就是指社区居委会、社会组织、社会工作者，"联动"就是指在政府指导下，三者互动合作、优势互补、优化资源配置、发挥专业力量、不断满足社区居民诉求的过程，是实现服务型社区治理的重要载体。

二、街居权力结构的调整

"三社联动"作为基层社会治理的策略在国家和社会治理体系中得到高度重视。如果将"三社联动"放到国家和社会治理体系中进行分析，就会发现"三社联动"不是具体的如何联动的技术问题，也不是社区、

①　杨贵华．社区、社会组织、社会工作"三社联动"助力基层社会服务和社会治理研究——基于厦门市的调研［J］．发展研究，2015（11）．
②　徐永祥，曹国慧．"三社联动"的历史实践与概念辨析［J］．云南师范大学学报（哲学社会科学版），2016（2）．
③　曹海军．"三社联动"的社区治理与服务创新——基于治理结构与运行机制的探索［J］．行政论坛，2017（24）．

社工、社会组织的能力问题，而是嵌入在多重治理层级和制度体系中，有一定的复杂性，兼具制度、治理和服务的多重目标和功能。① 北京市高度重视"三社联动"，认为这是创新基层社会治理的重要方面。市政府出台专门文件，将培育社区社会组织、发展社会工作机构纳入社会治理创新实践。"三社联动"的创新机制不仅影响到社区权力结构、社区治理体系和传统的政社关系，而且在一定意义上也会重新调整社区层面的组织、权力和合作关系，因而会对现行的街居管理体制带来一定的影响，这种影响主要表现在三个方面。

（一）调整社区权力结构

治理过程中权力运行的向度与统治、管理有所不同。政府管理的权力运行自上而下，运用政府的权威发号施令、制定政策。治理则是一个上下互动的管理过程，它主要通过合作、协商、伙伴关系，确立认同和共同的目标等方式实施对公共事务的管理。社区是国家权力、社会权力互相交织的场所。社区权力结构的变迁可以映射出国家、社会、政府、市场等多种力量此起彼伏地消长。从研究角度来说，社区权力结构是观察社区的传统视角。社区治理中强调党委领导、社会协同、多元参与的原则，其中党委领导是权力的核心，社会协同和多元参与为社会工作机构参与社区治理提供了依据。不过，从参与的理念到能够实实在在参与社区事务、社区治理，社会工作机构在社区资源的分配和决策中发挥专业作用产生影响力，需要灵活而稳定的机制保障。"三社联动"为社会组织、社会工作参与社区治理提供了可行路径。作为社会力量的社会组织和社会工作嵌入社区党委、居委会、社区服务站的权力体系中，成为社区权力"一核（党委）多元"中的一支重要力量。社会组织和社会工作作为专业性力量在社区权力框架中具有不可替代的作用。

---

① 关爽. 多重治理层次中的"三社联动"：基本框架、运行逻辑与发展路径［J］. 天津行政学院学报，2019（6）.

（二）完善社区治理体系

在建构新的社会管理格局中，社会组织被赋予社会协同的角色。社会工作机构是由专业社会工作者组成的、向有需要的人群特别是困难群体提供专业社会服务的社会组织。社会工作的协同作用可以分为制度性协同和功能性协同。① 在政府推动国家和社会治理体系建设过程中，社会工作因其纾困和维护秩序等功能，得到政府的认同。政府承认社会工作机构的合法性，并向他们让渡空间、允许他们有一定的拓展空间，意味着政府承认双方在主体价值上的平等，也就是互为主体性。② 从本质上看，这是对社区治理体系的一种完善。

（三）促进政社关系

党的十九大报告强调指出，要"推动社会治理重心向基层下移，发挥社会组织的作用，实现政府治理和社会调节、居民自治良性互动"。"三社联动"作为基层社会治理的创新实践，在促进政府和社会转变关系、实现良性互动方面发挥了重要作用。在我国基层社会治理过程中，主要由国家自上而下推动社会管理和社会建设，并在基层社区提高社会服务的能力。"三社联动"则从嵌入到融入③，社会组织一定程度上获得了合法性、生存资源和活动空间。有研究者用"双向嵌入"的概念来概括当前的政社关系，认为社会组织在资源分配、合法性、制度支持等方面嵌入国家，而国家的意志与目标则嵌入社会组织的运作中，从而提升了政府的治理能力。④ 从北京市的实践来看，"三社联动"的主体是街道（社区）、社会组织，专业社工机构和社会工作者，通过政府购买服务的方式，将社区居民的需求、社会治理中与社会服务相关的议题变成招标

---

① 王思斌. 社会治理结构的进化与社会工作的服务型治理 [J]. 北京大学学报（哲学社会科学版），2014（6）.

② 同①.

③ 陈伟东，吴岚波. 从嵌入到融入：社区三社联动发展趋势研究 [J]. 中州学刊，2019（1）.

④ 纪莺莺. 从"双向嵌入"到"双向赋权"：以 N 市社区社会组织为例——兼论当代中国国家与社会关系的重构 [J]. 浙江学刊，2017（1）.

项目，通过社会工作机构承担这些项目，实现对社区内外资源的整合，满足居民需求、解决社区问题。政府通过厘清自己与社区党委、居委会、服务站、社会组织的角色、功能定位，重建了相互之间的关系。北京的实践表明，政府主要通过制定政策、孵化组织、培育专业人才等工作来推动实施"三社联动"。

第二节 "三社联动"解决老旧社区环境问题实例分析

北京市朝阳区 TY 街道 S 社区是一个典型的老旧社区。随着北京城市化进程加快，老旧小区治理问题日益受到关注。老旧小区建成年代早，基础设施和配套设施都比较差，一些房屋产权单位复杂，产权界定不清晰，加上管理措施不当、法律法规缺位等原因，有的长期处于无人管理状态。部分小区由于缺少定期的维护和修缮，陷入脱管、失管、弃管的困境。老旧小区既"危"又"困"，存在着建筑性能退化、公共配套缺失、道路交通阻塞、公共空间匮乏、安全管理滞后、社区文化丧失等一系列现实问题。地方政府在老旧小区治理方面主要面临两大挑战：一是政府治理能力不足，无法解决基础设施改造、公共服务缺失等问题；二是政府服务能力不足，无法满足居民服务需求，难以体现其责任性、回应性和服务性。

为了改善老旧社区的居住环境，北京市制订出台《老旧小区综合整治工作方案（2018—2020 年）》，主要目标是在老旧小区进行抗震节能改造，完善基础设施。方案规定，优先实施整治的小区包括 1990 年以前建成，但尚未完成抗震节能改造的小区；1990 年以后建成、住宅楼房性能或节能效果未达到民用建筑节能标准 50% 的小区，以及经鉴定部分住宅楼房已成为危房且没有责任单位承担改造工作的小区。该方案按照自下而上的原则，旨在健全老旧小区各类基础设施，解决群众最关心、最直接、最现实的利益问题，实现共建共治共享的格局，把老旧小区打造成居住环境舒适、基础设施完备、邻里关系和谐的美好家园，提升居民对社区的认同感，进一步增强居民生活的获得感、幸福感和满意感。在这次老旧小区改造过程中，S 社区实施的是安装门禁、减少溜门撬锁、提升社区治安的项目，起了个响亮的项目名称"让楼道靓起来"。项目实施过程中运用"三社联动"的模式，社区居委会、社会工作者、社会组织共同参与，推动项目落地实施。

一、项目基本情况

（一）社区概况

S 社区建成于 1978 年，属于典型的老旧小区，辖区总面积 0.315 平方千米。2004 年成立社区居委会，2006 年对社区范围进行了调整。2011 年社区办公区从 88 平方米的半地下环境搬到了 813 平方米的新用房，也拥有了活动用房。S 社区设有"两委一站"，有社区工作者 16 名，协管员 4 名，其中考取了社会工作者资格证的有 3 名。社区党委下设 7 个党支部，支部书记及支委共 21 人，党小组长 28 人，自管党员 375 人，社区现有注册志愿者 1100 余人。社区党支部曾先后获得朝阳区先进基层党组织、朝阳区农村系统先进社区党组织、地区"五个好"基层党组织等荣誉，其工作理念是党建、社建、和谐共建，敬老、助残、服务百姓。根据居民需求多样化的实际，社区确定了爱心、贴心、暖心服务理念，延伸、拓展"幸福夕阳"项目，打造"快乐夕阳"品牌，以不断增强居民的认同感和归属感为目标。

S 社区共有 40 栋楼，现有居民 6727 户、15145 人，其中 60 岁以上常住人口 3000 多人，60 岁以上人口占比 19.8%，是一个典型的老龄化社区。社区困难群体中残疾人 214 人，低保低收入人群较为庞大。S 社区有 7 个物业单位为社区提供服务管理。社区每个单元门至少有一半是出租的，租户多为外来务工人员以及大学生等，人员构成复杂。楼宇涉及的产权单位以及物业公司数目多，管理混乱，楼宇安全存在风险点。街道正在推行给每个单元安装楼门防盗门工作，需要做好前期的居民动员和组织工作。有 2 个社会工作服务机构通过政府购买服务的方式进入社区进行专业服务，其中 1 个社会工作事务所开展社区党建项目，另一个 LD 社会工作事务所承接的是楼宇环境改善项目。课题组成员深度参与了 LD 社工事务所承接的楼宇环境安全改造项目，即"让楼道靓起来"项目。该项目针对城乡接合部产权复杂老旧小区楼道严重堆物堆料、乱贴小广告等问题，以楼门议事和空间赋能为指导，从社会治理和社区参与角度出发，把居民自治和空间改造作为项目的双核，培育居民自治队伍作为楼门环境美化的执行主体和监督主体，依托社会工作专业方法整治环境，参与式协商扩大居民参与，将楼道打造成社交、议事、活动的平台，探索楼道环境治理新模式。项目立足于环境整治，但着眼于居民自治和居民参与。

课题组成员在项目推进的 6 个月里，参与了 S 社区改造的方案设计、入户走访、调查分析等活动，通过项目参与深入了解社区基本情况、开展社区工作实务，将之作为案例进行参与式研究。课题组确定了有代表性的访谈对象，主要包括 S 社区居委会主任、社区党委书记 2 人；社会工作者 2 人，分别是"让楼道靓起来"项目负责人 1 名，一线社会工作者 1 名；6 位居民积极分子，分别来自要实施项目的 310 号楼、311 号楼、312 号楼。这 3 栋楼共 40 个单元门、273 户住户。社区党委书记担任项目的主要负责人，社区居委会主任负责居民活动策划与开展，对于社区居民参与的基本情况比较了解；2 名社会工作者是"让楼道靓起来"项目的项目负责人以及项目实施者，对于整个实务流程比较清楚；6 位居民积极分子是根据 3 栋楼每栋楼抽取的 2 名热心社区事务的居民组成。

（二）社区资源、居民需求与社区问题分析

社会工作服务机构的社工与社区居委会一起对 S 社区楼内居民、楼委会成员、物业工作人员、社区党委书记等进行走访调研，形成问题诊断和分析报告。

社工对楼宇问题的诊断依据 4 个一级指标：一是服务设施，包括健身设施休闲场所、文化宣传阵地、楼宇门禁、活动室 4 个二级指标；二是利益相关方，包括中小商家、产权单位、物业公司、社会单位、楼院环境、楼院安全 6 个二级指标；三是楼宇治理情况，包括车辆停放、基础设施、楼道堆物堆料、居民骨干自治意识、居民骨干自治能力、主要难点和需求 6 个二级指标；四是居民自治情况，包括居民骨干构成、社区党委领导力、社区居委会领导力、社区党支部发挥作用、居民议事 5 个二级指标。通过详细深入的调查和观察分析，社区和社工机构共同讨论这些指标得分并赋值判断，最后形成每栋楼宇的问题分析。在工作启动阶段，社区与社会工作机构、社会工作者、志愿者等一起参与了社区情况的摸底和调查，对社区主要问题和居民需求达成了共识。在这个阶段的工作中，社工、社区、社工机构发挥各自的不同作用。社区居委会、社区党委主动邀请社工机构参与了解社区楼宇环境全面整治情况。

二、"三社联动"中的角色、关系与功能

(一) 角色与功能

通过参与式的观察，课题组成员发现社工、社会组织、社区承担多元角色，界限清晰。表 3-1 展示了"三社联动"背景下多元主体的定位及职责。社会工作者是实务活动的实施者，直接提供服务，具体执行项目的前期调研阶段、项目实施阶段和后期评估阶段。LD 社会工作机构是服务的引导者和支持者，主要是对社会工作者的专业督导，包括专业服务方面的督导与社会工作者个人成长方面的督导。S 社区居委会是服务的支持者和监督者，提供社会工作者在服务中所需要的便利，并监督项目过程与成效。

表 3-1 "三社联动"背景下多元主体的定位及职责

序号	活动方	定位或作用	具体职责
1	LD 社会工作事务所	是社会工作者的强大支撑，提供人力、物力等支持，负责项目宣传、统筹、倡导和技术指导等	1. 项目前期在社区层面开展楼道堆物堆料整治的宣传和倡导，营造楼道环境治理氛围，引起居民重视 2. 为街道、社区、物业、居民等各方提供载体，促进各方交流与融合 3. 提升社区工作者和居民项目策划和执行能力 4. 为居民开展门禁维修行动提供方向指引 5. 项目开展过程中及时进行问题梳理与经验总结
2	街道办事处	统筹、协调、指导	统筹居委会、物业等部门的工作，并对社区整治工作进行指导支持
3	S 社区居委会	作为桥梁与平台，指导、监督社会工作者与社会组织的服务，宣传、倡导、统筹门禁维护活动	1. 项目前期在社区层面开展楼道堆物堆料治理大规模宣传，提升居民对于楼宇环境的关注度 2. 项目实施过程中开展倡导工作，营造保护楼道环境的整体氛围 3. 动员居民参与门禁维护行动，监测门禁毁坏行为，举办楼道风采展示行动 4. 动员居民骨干发挥公益协调员作用，在居民动员、项目辅导、项目策划等方面给予居民以具体支持
4	物业单位	宣传、倡导、清理行动	1. 项目前期从物业安全的角度与社区一起开展宣传活动 2. 项目中期与社区、居民一起开展堆物堆料清理行动 3. 履行物业工作职责，与社会工作者共同议事协商，配合相关居民自治工作
5	居民	参与社区公共事务	参与并执行社区建设专项行动，从前期的策划到后期的执行，到最后楼道空间的美化，营造"楼道是我家、维护靠大家"的氛围
6	社会工作者	关系协调者和资源链接者，以及项目直接实施者	从居民需求出发，与居民代表保持沟通，策划与组织社区活动，提供专业社工服务

在项目实务活动中，社会工作者、社区、社会组织扮演了不同的角色。社会工作者策划并开展了一系列活动，包括外展宣传活动、维护门禁居民协议书签字活动等。社会工作者作为多方关系的协调者，与社会工作机构以及社区建立了良好的关系。社区包括社区居委会、社区社会组织、社区志愿者等内外部资源，在整个联动过程中，社区发挥了重要的支持作用。从社会工作者进入社区，到最后项目结项的整个过程中，社区居委会积极响应社会工作者的诉求，给予支持。社会工作者在活动的策划与实施过程中，积极与社区居委会保持沟通与交流。社区居委会的支持是社会工作者与居民建立良好关系的第一步，也是顺利开展项目的关键一步。

本案例中的社会组织主要包括 LD 社会工作机构以及社区社会组织。在社会工作者开展实务活动过程中，社会工作机构作为社会工作者背后的有力支撑，为项目提供专业的人才输入以及资金支持。例如，在门禁维修过程中，社会工作者面对个别极不愿意配备门禁钥匙的"钉子户"，或社会工作者自身遇到困难之时，社会工作机构都会安排专业的督导人员为社会工作者提供积极的心理疏导与专业指导服务。在项目前期阶段，社会工作者与居民代表建立关系时遇到了阻碍，个别居民代表对社会工作者的质疑，甚至置之不理的态度让年轻的社会工作者的内心充满挫折感，社会工作者对于之后的项目开展完全失去了方向，此时社会工作机构安排专门的区域主任对社会工作者进行了专业培训，比如与社区能人沟通的技巧，较好地树立了社工们的信心。

"我和居民接触的时候，比较困难。人家不信任我，看到我这么年轻，就不是很愿意搭理我。这个楼的楼长刚开始也不信任我，挺冷淡的。后来还是社区书记出面给楼长介绍我们是来干吗的。慢慢地态度好了，楼长陪我去敲开邻居的门，也会顺带说我们是谁。"（社工 CJ 访谈记录）

"安装门禁这种事情居委会如果没人出来管，仅靠你们两个小姑娘，问题是不可能解决的。去年有个社会组织，也是跟你们一样，来了待了一年就走了。他们当时是做楼院环境整治的，当时那个社工是个年轻的男孩，能说会道、风风火火的。当时草坪上、路边都被布置了指示牌，可是这道路、草坪刚刚干净了两天，就又恢复原状了。所以我跟你们说，单靠你们是没用的，没人听你们的，很多人不知道你们 LD 是干吗的，他们不会听你们的。"（居民代表 ZSH 访谈记录）

社区社会组织主要是指社区组建的志愿服务队。他们在项目的实施过程中，作为居民中的"先进分子"，积极参与社区事务，并带动其他居民的社区参与。在维护环境的居民协议书签字活动中，居民代表作为社区志愿者，发挥了先锋作用。他们带着协议书挨家挨户敲门宣传，使得居民协议书的签字率达到 90% 以上的水平。社区居民自组织的作用是不可小觑的。居民互相信任又有共同兴趣，与社区居委会的关系密切。社区居委会、社区党委的号召或者组织的活动、力推的项目，都离不开社区居民"组织化"的参与。社区书记 GF 详细介绍了社区居民自组织的状态。

"社区有书法队、交际舞队、模特队、四方舞队等文体队伍，每支队伍多的有四十至五十人，少的也有十多个人，各个队伍都有自己的带头人，积极参加社区、区级以及市级的演出。队伍成员热衷于参与文化活动，对于社区公共事务及活动的参与有限，他们的活动基本上是自娱自乐，对于社区的自治没有实质的促进作用。对此，社区很希望这部分成员能够树立服务意识，提升自治能力，能够自发主动地参与社区公共事务，通过一些志愿活动来促使这些文体队伍成员转化成服务于社区居民的公益志愿队，与社区居委会共同服务居民。"（社区书记 GF 访谈记录）

在项目开展前期，社会工作者是服务活动的策划者，策划了一系列促进居民参与的活动，为居民提供间接服务。在实施活动过程中，社会工作者是服务的直接提供者。在提供直接服务的过程中，社会工作者又担任了宣传倡导者的角色，积极宣传和介绍《老旧小区综合整治工作方案》，这有助于居民更加深入了解目前政府对于老旧小区整治的政策文件，并进一步激发居民对社区事务的关注和参与意识。在门禁维护活动中，社会工作者作为资源链接者，与社区物业、企事业单位等进行合作互动，取得社区两家物业公司的支持。同时，社会工作者积极联系并得到链家、我爱我家等房产中介公司的支持，并与门禁维修公司建立长期联系，获得技术上的支持。

（二）关系

除角色定位问题外，"三社联动"中"关系"的形成和转化，也是一个特别需要关注的问题。在项目实践过程中，三方彼此磨合适应，要建构彼此都能接受的三组关系。

第一组关系：社会组织与社区居委会的合作关系。在S社区开展具体实务活动过程中，社区居委会协助社会组织进行具体的服务，但它不是服务的主要提供者。进入S社区的LD社会工作机构以及活动后期组织的志愿服务队伍等组织才是服务的直接提供者。LD社会工作事务所作为载体，提供专业的社会工作人才，在前期调研需求，根据需求设计并开展实务活动、评估成效等工作，并提供物资支援。志愿服务队伍是在社区与社会工作机构的共同支持下成立的，旨在为社区居民提供志愿服务。一方面，社区居委会在整个过程中支持、引导和监督社会工作机构、社区社会组织的服务；另一方面，社会工作机构为社区提供专业服务，社区社会组织为社区提供志愿服务。社区为社会工作机构提供专门的办公室，这有利于社会工作者和社区工作者一起开展工作。由于初来乍到的社会工作机构与社区居委会之间的信息不对称等原因，社会工作机构需要借助社区的力量才能进入和了解社区，包括与社区居民建立关系等。当社会工作机构进入社区后，需要被居民慢慢认识、逐渐了解、最后认可，借助社区居委会的力量是正确的路径。

第二组关系：社会工作者与社区居委会的协作关系。社会工作者是直接的服务提供者、资源链接者，根据居民需求有的放矢地提供服务，不断挖掘培育居民代表，建立S社区志愿服务队，致力于增强居民对S

社区的归属感与认同感。实际上，社区居委会是服务的间接提供者。在实务活动中，社会工作者与社区书记随时保持沟通，关于活动的策划与组织、在活动中遇到的各种问题，包括场地协调、物料的使用等，都需要与社区具体对接，寻求其提供支持。除此之外，在某些活动中活动通知的发放等，也需要社区人员在 S 社区微信公众号平台上进行推送，招募活动人员等。社区居委会与社会工作者在服务中是协作者的关系。一方面，社区居委会在整个过程中支持、引导和监督社会工作者的服务；另一方面，社会工作者能够为社区提供专业的、有质量的服务。社区居委会与社会工作者的关系类似于与社会组织的关系，不同的是社会工作者是专业服务的直接提供者，而 LD 社会工作机构是社会工作者工作的载体。

第三组关系：社会组织与社会工作者的共生关系。社工机构由社会工作者组成，社会工作者的主要工作载体是社工机构，二者相辅相成，互相烘托配合。社会工作机构为一线社会工作者提供专业的督导以及心理建设服务。LD 社会工作事务所的社区治理团队共有 19 人，设置督导老师 1 名，为一线社会工作者提供服务。当社会工作者面临服务困境或者难题时，可以找督导老师约谈。机构设有 1 名区域主任，每周去各个项目点一次，指导并监督项目执行，对一线社会工作者在项目过程中遇到的难题进行解答。除此之外，在某个项目点开展重大活动时，机构还会调动其他项目点的人员及时给予支援。社会工作者时刻秉持社会工作机构的价值观与原则实施项目，严格遵守准则，在规定时间内完成项目任务。社会工作机构是社会工作者的载体，社会工作者是社会工作机构所购买服务项目的具体实施者。社会工作者支持、引领社区社会组织的发展。社会工作机构依托项目进入社区，并设立专门的社会工作者入驻社区去实施项目，这不只是简单的资金输送，更是社会工作专业人才与专业服务的输送。社会工作机构是社会工作者的依托，在社会工作者开展实务遇到困境时，往往需要社会工作机构提供专业的督导服务，以此为社区提供更加优质的服务。

（三）功能

在探讨了角色和关系定位的基础上，需要进一步探究"三社联动"到底能发挥什么作用；社工、社会组织、社区在推动该项目实施的过程中是否真的发挥了本身应该有的作用，还是在磨合过程中有所减损。

在建立关系阶段，社会工作者的工作主要是积极进入社区，并与居民建立良好关系，同时促进居民之间的社会交往，让他们彼此相互沟通与了解。社区居委会此时发挥的作用主要是协助并支持社会工作者进入社区。LD 社会工作事务所是社会工作者的重要支持力量，为社会工作者提供物力支持，但是在这个阶段所发挥的作用并不显著。社会工作者在前期通过社区书记推荐的方式通知社区的 8 名居民代表召开居民议事会，通过协商自治的方式引导居民代表就居民最关心的公共环境问题进行讨论，对居民代表所提出的方案进行记录，这是初步了解民意的重要途径。同时社会工作者通过不断入户访谈，切实了解居民的想法，与居民建立良好关系，这是居民了解社会工作者与社会工作者了解居民的重要策略，并且为中期实务活动的设计开展奠定基础。

在宣传动员阶段，主要是社会工作者发挥宣传倡导者作用，在这方面"三社"中也是社会工作者在发挥主要作用。社会工作者以社区工作模式从居民需求出发，设计并开展活动，如入户宣传与动员活动、维护环境的居民协议书签字等。在活动的策划中，社会工作者与社区书记保持密切联系，在满足居民需求的基础上，确保社会工作者的活动能够与社区的工作目标保持一致。在门禁维修环节，社会工作者频繁走访居民，为了扩大宣传，提升入户的成功率，社会工作者根据居民的上班时间将自己的工作时间改为下班之后。除此之外，社会工作者还积极联系门禁公司、房产中介公司、社区党员、志愿者等社区资源，为居民提供更加优质的服务。社会工作者倡导更多居民关注小区楼宇内部环境问题，激发居民的公共意识。通过挖掘培育社区居民代表，社会工作者与居民代表共同动员居民参与社区活动，充分调动社区内外资源，激发居民的参与意识。

在成效巩固阶段，主要是居民代表在发挥作用，社会工作者在此时起到协助作用，社区居委会此时也是配合工作。在此阶段，社会工作者、社区居委会、LD 社会工作事务所完成了前期的动员宣传工作，开始进行志愿服务团队的组建工作。居民代表是志愿服务队的主要成员，他们的行动使得社区参与不再是被动式的参与，而是社区居民的主动参与。他们主动监督社区的公共基础设施是否被损坏，主动宣传保护社区环境等正能量，激发居民对于社区的归属感与认同感，动员居民勇于同不良行为做斗争，积极维护社区的治安、环保等。除此之外，志愿服务队还发动社区党员合力清理楼宇环境，这是对于前期居民参与成效的巩固，有助于居民树立参与信心，促进社区参与。

经过半年的努力，"让楼道靓起来"项目的推进取得阶段性成效，部分达到了目标。街道计划完成 40 个楼门单元的居民签约、安装门禁、居民自管等任务。第一阶段就完成了 15 个楼门的工作，虽然里面有拒不缴费的"钉子户"，但是 15 个楼门的绝大多数居民都签署了协议、缴纳了费用，为后续项目推进奠定了扎实基础。

三、影响"三社联动"的相关因素分析

"三社联动"中的"三社"在促进居民参与、达成政府改造老旧社区居住环境、加强社区服务等方面发挥了不同的作用。在"三社联动"背景下，社会工作者通过开展社区工作与服务能够更好地促进居民参与，达到了激发居民公共意识、促进社区参与的目标，并且完成了安装门禁、清理广告等保护楼宇环境等任务。社会工作者运用专业方法，发动居民参与，由居民投票决定楼道改造方案，积极动员居民代表等，加速了居民对社会工作者和社会工作机构的理解。同时，专业的社会工作者也需要借助社区居委会的力量，并且发动社会组织参与，这样多方协作才能

取得良好的效果。在 S 社区"让楼道靓起来"项目实施过程中，"三社"之间相互优势互补、共同发力，为居民提供高质量的服务，并由此促进居民的参与。这种工作模式与以往单纯依靠社区居委会开展工作有很大的不同，对社区居委会、社区居民来说都是一次新的尝试。但是，从项目实践看，"三社"中的某些因素会影响联动的实际效果。

第一，社会工作者工作负荷过大，会直接影响服务提供的效率和效益。类似 LD 这样的社会工作机构，成立时间不长，机构人员少，大多数是刚毕业的社会工作专业学生。参与并获得更多的政府购买服务项目是社工机构生存和发展的必然要求。社工机构与社区合作过程中，往往从专业角度出发，注重居民自身的成长，强调民主意识，倡导赋权于居民。社会工作者的工作难度增加，需要投入更多的时间、精力和人力成本。从项目实践看，社会工作机构的项目周期多是一年，而且一线社会工作人员有限，社会工作机构为了自身生存，又不得不承接更多项目，这就对项目实施质量带来一定影响。以 LD 社会工作事务所为例，每个社区分配至多 3 名社会工作者，包括 2 名社会工作者、1 名实习生。但是落地到 S 社区的项目数量有 4 个，在"让楼道靓起来"项目中，1 名社会工作者的服务对象覆盖 273 户居民，社会工作者需要策划与实施项目活动，在实务中与居民建立良好关系，并协调多方工作。除了实施项目外，社工还需要承担财务、行政等机构要求的其他工作。当某一项目点在实施大型活动时会出现人员紧缺现象，S 社区的社会工作者也会被分派到其他项目点进行协助。这些工作都额外加大了社会工作者的工作量，使其时间被占用，最终影响项目进度与效果。社会工作者即使都是年轻人，也会感到"压力山大"和严重的耗竭感。工作负荷大的另一个负面影响是，社工在多个社区和项目中奔波，难免顾此失彼，力量和时间分配不均。社区居委会、社区党委有时会觉得社工不踏实，为了争取项目而做项目。社区居民更不能理解这些进进出出的社工到底所为何事。

第二，社会工作者实务经验不足，难以真正体现专业服务的品质。

以 S 社区为例，社会工作者作为整个项目的负责人和协调组织者，需要与多方沟通并协调工作，整合社区资源。同时，社工作为项目的策划者与实施者，直接面向居民开展实务活动。这些工作需要社工具备丰富的经验和沟通协调能力，但是"让楼道靓起来"项目的负责人只是一名没有太多项目实务经验的大学毕业生。虽然社会工作机构会为项目负责人提供专业的督导服务，但是对于社会工作者来说还是远远不足的，尤其是在项目遇到困难时，社会工作者承受着来自多方面的压力，如果不能及时排解，就会影响服务效果，进而影响社会工作机构的发展，甚至影响社会公众对社会工作专业的认可度。

第三，过程目标与任务目标焦点混淆，影响专业服务的策略。社会工作者往往强调过程目标与任务目标的区分，根据工作进度逐步达成任务目标、过程目标，最终实现总体目标。过程目标重在服务对象从能力、素质到意识的改变。在实际工作中，因为时间、资源以及自身经验的限制，项目启动后，社会工作者可能根据工作进度、工作难度而不断调整目标，甚至任务目标变成了唯一的、最终的目标。以 S 社区"让楼道靓起来"项目为例，公共基础设施的建设资金来源于街道，根据居民的反映，门禁系统在前两年由街道直接派门禁公司的人进行过维修，但是修好没用多久就又成为"有门无禁"的状态了。居民对身边环境冷漠、缺乏公共意识是造成这种状态的主要原因。从社工的角度来讲，提升居民的公民意识、参与意识和能力是过程目标，安装门禁是任务目标。但是在较短时间内要完成楼门门禁的安装工作，社会工作者不得不调整工作模式，按时完成工作数额，对于居民的发动以及更长时间的增能和居民组织的培育就无暇顾及，甚至不了了之。事实上，该"让楼道靓起来"项目完成之后，社工组织撤出后不久，不少新安装的楼门门禁又被人为损害，形同虚设了。

第四，项目资金的使用缺乏灵活性，影响"三社联动"机制的运行。政府购买服务项目的经费是严格按照财务要求拨付并有清晰的支出范围，这样做的好处是保证经费的使用符合规范，不利的地方在于实际开展工作过程中发生的费用有时候没有名目支出。如果在项目实施过程中遇到类似问题，解决了会有助于项目的继续实施，不解决会影响项目的实施效果。此时，社会工作者就不得不严格根据项目资金使用的规定与范围，拒绝把资金使用在这些方面的支出上。在 S 社区"让楼道靓起来"项目实施过程中，项目费用只是用来改善楼宇环境的，对于居民所提出的其他建议，比如在楼门口安装报箱、物品暂存箱等就不能实施。总体来说，虽然存在着影响因素，但通过"三社联动"机制，社会工作者能够根据居民的需要，采用专业的社区工作方法和模式促进老旧小区的居民参与，能够从社区居民最关心的环境问题入手，通过挖掘并培育居民代表，与居民建立良好的关系，协助居民树立对社区的归属感与认同感，广泛调动社区内外的资源，并进一步动员居民自主自愿地参与社区公共事务。通过居民的参与去推动老旧小区的综合整治，逐步提高老旧小区居民生活的幸福感和满意感。这些都成为服务型社区治理的重要内容。

第三节　"三社联动"中的多元主体互动与专业引领

作为服务型社会治理的重要基础和支撑，多元主体参与必不可少。"三社联动"有效解决了多元主体参与问题，构建了一个多方互动、优势互补、协同推进、共建共治的参与机制。"三社联动"机制的建立和实施，形成了不同参与主体的互动模式，也有利于充分发挥社会工作机构的专业引领价值。

一、多元主体的双向运行

从对北京市相关个案的分析可以发现，"三社联动"所展现的多元主体间的运行模式主要有以下三种情况。

（一）街-居体制下街道主导模式

北京市在推广"三社联动"的过程中，街道发挥了重要作用。街道将辖区内各社区的需求整合为社会服务项目，通过政府购买服务的方式引入专业社工机构，社工机构承接社会服务项目后，在一个或多个社区开展服务工作。街道主导可以将社区分散的服务需求和困难凝练成服务项目，经过分析和论证，找到问题的症结，在此基础上向社工机构招标，选择符合要求的专业社工机构承担项目。街道对项目的实施有具体的阶段性任务要求和完成目标，作为考核评估社工组织以及项目完成情况的依据。通过主导推动"三社联动"，街道实现了从"直接管理"向"间接调控"的转变。同时，街道在推动项目实施的过程中，通常可以在整个辖区内调动资源，包括来自政府的资金和政策支持，或者为项目实施专门制定特事特办的方法等。除此之外，辖区内的驻街单位、共建企业、学校等都是可以利用的资源，都可以为项目实施提供便捷条件和其他方面的支持。集中优势资源解决居民难题，满足社区需求，这就实现了"三社联动"的目标。例如，北京市朝阳区的地区办事处购买了社工组织的服务，着力解决几个老旧楼院安装电梯时居民不参与、不理解、不配合的难题。在社工组织实施项目时，街道也可以联络或者要求社区的居委会、业委会以及社区邻近的企业、商铺等提供帮助，从而有效整合现有资源，为项目实施廓清障碍。

（二）组建枢纽型社会组织模式

早在 2008 年，北京市就提出"枢纽型社会组织"的概念，并建立了一整套工作体系。枢纽型社会组织能够帮助政府实现对于社会组织的有效管理和控制，发挥的是在党和政府与各类专业性公益类社会组织之间的桥梁和纽带功能。[①] 调查发现，即使街道主导型模式也并不意味着只有街道出头露面，更多的时候街道依然是通过培育枢纽型社会组织的方式来推进工作。例如北京市丰台区东风街道，在街道层面成立了社会组织联合会，有效发挥了枢纽的作用。正是由于有了街道的支持，社会组织

---

① 张大明. "枢纽型"社会组织参与社会管理的思考——写在上海市静安区社会组织联合会成立五周年之际［J］. 社团管理研究，2012（9）.

联合会可以横向联系各个社区，同时指导参加政府购买服务的社会工作机构开展工作。枢纽型社会组织的成立是基层社会治理中的创新，是从"管理"到"服务"的重要转变。政府将社会组织按照某种分类标准组织起来，由枢纽型社会组织对其他社会组织提供专业化的管理和服务，政府不再需要一个一个对接和管理社会组织，从而减少政府层面的行政成本和治理压力。① 政府可以动用新的工具和技术来控制和指引社会组织，而无须动用政府权力来直接实施。

（三）"一社"托"两社"动静结合模式

"三社联动"是基层治理的重要创新，在落地实施的时候会遇到一些难题，无论是居委会干部，还是社会工作组织的专业社工都会提出同样的疑问和思考。例如"三社"到底是指什么？社区指的是社区居委会呢，还是包括社区党委、社区居委会、社区服务站在内的社区这个系统？社会组织指的是社区内部的居民自组织呢，还是社区内的正式组织？社会工作指的是社会工作者呢，还是社会工作机构？这三个原本各自分散的主体如何才能联动起来？谁主动？谁被动？"三社"之中是重要性各占三分之一呢，还是有一个"社"是更重要一些，是主体，其他两个"社"是从属？这些问题的核心指向是，在"三社联动"的集体活动中，参与者之间存在着什么样的依赖关系？或者说是，"致力于集体行动的组织必须依靠其他组织，为达到目的，各个组织必须交换资源、谈判共同的目标；交换的结果不仅取决于各个参与者的资源，而且也取决于游戏规则以及进行交换的环境"。②

"我是欢迎社工机构来我社区的，不像别的社区可能还会觉得社工来了添乱。来的都是大学生，学社工的学生，都是给我们送专业指导来的。我是这么觉得，这'三社'得有'一社'是不动的，是稳当的，另外两

---

① 钱坤. 从"管理"走向"服务"：枢纽型社会组织的实践困境、功能转型与路径选择[J]. 兰州学刊，2019（11）.

② 俞可平. 治理与善治[M]. 北京：社会科学文献出版社，2000：41.

个动。不动的是我社区，我居民房子在这儿，家在这儿，居民是不动的，社区不会今天有明天没的。社会组织和社工是动的，今天可以来，明天可以走。'一社'托'两社'就像天平一样，底座是社区，托着俩圆盘，一个是社会组织，一个是社会工作者。我慢慢挑选合适的来我社区。服务好的留下来，居民不满意的就不留。这样关系就顺了，'三社'都知道自己干什么，什么关系呢。我来给社工分活儿，因为我最了解居民想要什么。"（社区 L 主任访谈记录）

每个参与的被访者都有自己的思考和回应。上面是西城区 YX 家园的 L 主任接受访谈时的回答。社区 L 主任曾获评西城区"最美社工"称号，是扎根一线的优秀社区主任。L 主任的工作经验给我们很多启示，社会工作者需要深入社区，要足够灵活和敏锐，只有寻找社区居民的真正需求，围着居民转才能发现真实的社区生活、真正的社区需求以及潜在的服务对象。这就是动静结合的"动"。另一个"动"指的是项目和资金、资源要投到社区居民身上，改善社区环境，提升生活品质，真正做到以居民的需求为导向配置资源。"三社联动"在社区实施的过程就是再创新的过程，是将政策的原则和理念与本地经验结合的过程，因此要不断修订联动的内容与形式，体现出参与的社区、社会工作者、社会组织的集体智慧，三者在彼此依赖、资源交换、互相磨合的过程中形成动态平衡。

二、社区治理的专业引领

"三社联动"在基层社会治理过程中的实施有着非常重要的现实意义，在具体合作与联动过程中，怎样聚焦社区需求？如何处理社区、社会工作者、社会组织之间的关系？从北京市的实践看，"三社联动"促进服务型社区治理的"服务"主要体现在这样几个方面：

第一，社区分类型、分层次的需求有利于提供有针对性的专业服务。社区是"买方"，居民提出各种各样的需求和问题；社会组织和社会工作者是"卖方"，凭借专业团队提供专业服务。一般来说，需求在哪里，服务就要提供到哪里。社会工作者和社会组织跟着社区需求走,资金和项目跟着需求走,而不是颠倒过来。政府服务既通过公共产品的提供直接满足居民需求,同时又通过创造条件、改变环境、整合协调其他资源来满足更多的公共利益的需求。① 北京市连续多年部署开展"三社联动"服务项目时,都强调要按照"受益广泛、群众急需、服务专业"的原则,重点围绕各类困难群体、特殊人群和广大群众的个性化、多样化社会服务需求,提供相应的社会工作服务,主要聚焦六大领域,即社区老年人服务、特殊家庭服务、福利机构社工服务、政策支持服务、构建资源整合平台以及其他服务等。在社区层面,服务的重点是老年人、特殊家庭等困难群体。当社区提出面向这些困境人群提供服务的需求后,社工机构、社会组织即可发挥专业优势,链接资源进入社区开展相应服务。通过"三社联动",形成以服务为导向,聚焦困境人群,将资源和服务锚定社区最需要帮助的人群以及最迫切需要解决的问题的服务机制。例如,北京市美丽心灵社会工作服务中心开展的"助力空巢老人社工在行动",北京市密云区馨欣社工事务所开展的"空巢老年人心理干预和减压",北京市顺义区创实社会工作事务所开展的"关爱银龄心理健康",北京市朝阳区七彩昀社会工作事务所开展的"困境老人社会救助个案服务"等,都是这方面的优秀案例。社区提出的需求越具体、人群越聚焦,就越有利于社工机构有针对性提出专业的介入帮扶方案,从个人心理慰藉到家庭服务,从生活服务到老年人心理健康,关注孤老、空巢老人、失独老人等。这些服务项目的源头都是社区层面不同群体、不同类型的需求。

第二,分工与合作、责任和角色的明确有助于形成资源和服务体系。在"党委领导、社会协同"的原则下,"三社联动"的主体分别代表不同的力量,拥有不一样的权力和资源,在"三社"之中发挥的作用也不一样,既不能截然分开,也不能混为一谈。政府通过购买服务引入社会

---

① 孙选中. 服务型政府及其服务行政机制研究 [M]. 北京:中国政法大学出版社,2009:112.

组织，体现了一种政社合作的思维。① 社会工作专业人才也需要依托社会组织，或者依托社会服务项目，或者依托社区开发出来的岗位进入"三社联动"的体系。从"三社联动"的实施过程可以看出，政府对于社区居民需求的重视和关注。可以说，政府服务既通过公共产品的直接提供满足公众需求，又通过创造条件和改变环境整合并协调其他资源来满足更多的公共利益的需求。② 一方面，政府要开发更多的方式、投入更多的资金引入社会组织；另一方面，社会组织要调整自己的定位和核心功能与政府的合作保持一致的节奏，社会工作者要提升专业能力、提高服务品质，既有效率也有效益。在"三社联动"实践中，有些社区和社工组织注意培养社区居民组织，注重联合社区内外资源，成效更为突出。例如，北京市海淀区北城心悦社会工作事务所开展工作之初，就注意到所进入的社区内部居民组织少、参与人数少，结构和类型都很单一，没有能力吸引更多的居民参加。社会工作者经过分析之后提出"三社联动 助力成长"计划，重点发动和培育更多的志愿者和志愿者组织，对已经存在的文娱类组织进行能力提升，取得较好效果。在"三社联动"实践中，社区是载体，社会工作者发挥的是"智力"优势，提出专业的小组工作方案和理念，社区内外的社会组织彼此学习、互相支持，形成社区内外的一个资源和服务平台。这样就有效避免了社区居民组织小而杂、小而弱，彼此缺乏互动的局面。

第三，积极主动、灵活联动、各司其职，提高服务型治理能力。社区居民是社区的主体，有常规性的服务需求，也有个性化的、临时性的、突发性的需求。社区居民生活中遇到各种问题，就会主动寻求帮助和服务。如果在社区层面能够做到"有求必应、有呼必应"，居民的问题就能及时在社区层面得到解决。有时候，社区层面无法依靠自己的力量独自

---

① 王才章. 嵌入式共治："三社联动"中的政社关系——基于国内多个城市实践的分析 [J]. 地方治理研究，2019（4）.

② 孙选中. 服务型政府及其服务行政机制研究 [M]. 北京：中国政法大学出版社，2009：112.

解决，就需要联合社区之外的资源和力量形成合力一起解决。如果没有联动的机制，这种寻求服务的帮助就没有规则和方向，比较随意和不确定，成功的概率就小。相反，如果有联动机制，社区主动寻求服务的时候，该怎么找服务的提供方，服务形式和合作机制都比较清晰，成功解决问题的概率就比较大。"三社联动"既要"联系联络"，也要"互动活动"。在社区层面，要明确"三社联动"的实际蕴涵。社区层面的社区党委和社区居委会是重要的联动力量，尤其是社区党委，根据北京市委、市政府 2008 年印发的《关于进一步加强和改进社会领域党建工作的意见》，社区党组织是"党在社区全部工作和战斗力的基础，是社区各种组织和各项工作的领导核心"，承担的职责主要是"讨论决定本社区建设、管理、服务中的重要问题和重大事项、领导社区群众组织、支持和保证其依照社区服务组织开展社区服务工作，创新社区服务机制"。"三社联动"实践中，社区党组织和社区居委会的"主动"指的是主动联系社会组织和社会工作机构，同时联络社区居民和社区内部的群众组织，做好协调和引入外来专业组织的工作。社会组织和社会工作机构的"主动"指的是主动了解社区的需求和问题，主动与社区党组织和社区居委会、社区志愿者组织、社区居民联系，尽快熟悉社区情况，被居民接纳认可。同时，又能积极发挥专业优势，联络社区内外资源和力量，提出最适合社区的工作方案。"三社联动"是很有创意的制度设计，社区、社会组织、社会工作者在具体实施过程中，只要不断探索解决遇到的问题，细化每一个环节和步骤，就能够真正在社区层面联动起来。

第四章 嵌入与成长：社工机构参与社会服务的经验和反思

改革开放以来，伴随着社会主义市场经济的发展和政府职能的转变，人们对社会服务的需求层次日益提高，政府迫切需要创新基层社会治理体制，吸纳社会力量参与社会治理和公共服务。毋庸置疑，政社合作正在成为中国社会基层治理改革的主流方向之一，政府向社会组织购买服务已经成为政府创新服务的重要渠道和有效方式。作为社会组织的重要组成部分，社会工作机构是承接政府购买服务的生力军，是参与社会服务的重要力量。

第一节 社会工作机构参与社会服务现状分析

党的十九大明确要求打造共建共治共享的社会治理格局。社会组织在加强社区治理体系建设，推动社会治理重心向基层下移方面发挥着重要作用。近十多年来，我国政府就购买社会组织服务经历了从实践探索到制度化建设的持续发展阶段，相继印发了一系列规范性文件。2013年，国务院办公厅下发《关于政府向社会力量购买服务的指导意见》，第一次从顶层制度设计的角度阐述了政府向社会力量购买服务的思路举措；2016年慈善法的颁布施行，则是一种法律上的规定，意味着社会组织在社会建设和社会治理中的主体地位得到肯定；2020年2月，财政部印发《政府购买服务管理办法》，对政府购买服务的主体、内容、目录、程序、实施以及监督等都作出了明确规定。政府购买社会组织服务既是政府转移职能，借助社会力量寻求突破传统治理困境的必然选择，也是社会组织为寻求更积极地参与民生服务、参与社会治理的内在要求。北京市社会工作机构参与社会服务正是在这一背景下全面启动并逐步发展起来的。

一、北京市积极推进政府购买社工机构服务

近年来，北京市积极推进政府购买服务工作，政府购买服务项目支出规模已达 600 多亿元，2018 年安排的政府购买服务预算支出进一步提量升级。政务购买服务促进了政府职能转移和社会治理方式的转变。据了解，北京市财政局在推进政府购买服务改革的过程中，将列入目录的政府购买服务事项，由最初的教育、医疗卫生、社会保障等 11 个公共服务领域和政府辅助性服务领域，扩大到基本公共服务、社会管理性服务、行业管理与协调服务、技术性服务、政府履职所需辅助性服务和其他服务事项，共计 6 大类 60 项。

在北京市政府购买服务的多个领域中，购买社会工作服务是公共服务购买的重要组成部分。政府购买服务是指政府将原来由政府直接提供的公共服务事项，通过直接拨款或公开招标的方式，交给有资质的社会服务机构来完成，最后根据择定者或者中标者所提供的公共服务数量和质量，来支付服务费用。① 关于社会工作服务的概念，有学者认为"社会工作服务"的定义应该包含两层含义：一层是"社会工作"，即是以利他主义为指导，以科学的知识为基础，运用科学的方法进行助人服务活动。② 另一层是"服务"，这里的服务应该是从政府的角度来探讨，即与政府"购买"一词相连接。因此，"社会工作服务"首先应该以受助人需要为目的，依靠科学的助人技巧和科学的方法与手段来完成，同时是政府购买的各项服务活动，不是其他活动。政府是资金的主要支付者，

---

① 王浦劬，等 . 政府向社会组织购买公共服务研究［M］. 北京：北京大学出版社，2010.
② 王思斌 . 社会工作概论［M］. 北京：高等教育出版社，2006.

社工机构是政府购买社工服务的承接者。

在北京市政府的大力支持下，近些年本市社工机构快速增长和发展起来，但其发展水平参差不齐。承接政府购买项目仍是社工机构的主要生存方式。北京现阶段政府购买社会工作服务采用的方式主要有三种：一是购买专项服务。采取竞标、委托招标和补贴等方式，将原来需由政府提供服务的事项交给有资质的社工机构来完成；二是联合举办方式。政府和社工机构发挥各自优势，联合举办活动；三是委托试点示范。一方面授予发展好的社工机构以示范单位称号，要求其提供可学习的经验；另一方面，针对新领域新课题，政府邀请此方面有经验的社工机构开展试点工作。① 北京市政府购买社会工作服务是政府利用财政资金，采取市场化、契约化、项目化的方式，面向具有专业资质的社会工作服务机构和能提供专业社会工作服务的企事业单位购买社会工作服务。

目前北京市政府购买服务工作仍处于探索和发展阶段，存在着以下几个方面的不足：一是招标过程中的信息透明度不高，需要进一步完善社会组织信用信息平台，加强信息透明化建设，既做好管理又做好服务。二是项目申报的可持续性问题。一般情况下，政府认为项目已达效果就不再继续进行，但社工服务需要长时间跟踪和持续性服务，不能持续跟进的服务很难达到服务效果。三是政府款项到位情况不佳，资金使用规定不完善。需要完善政府购买服务资金使用情况细则，把钱花在刀刃上，提高资金使用的灵活度。四是社工机构评估机制亟须改善。目前政府或第三方监管建立的评估机制并不全面，对硬性指标缺少弹性，且过于重视对指标的衡量和评估材料的审核，往往忽视了服务对象的心声，长此以往，会导致社工机构服务质量的降低。② 提升政府购买社会工作的服务质量，一方面，需要政府做好顶层设计、政策支持；另一方面，也需要

---

① 徐家良. 社会组织蓝皮书——中国社会组织报告（2016—2017）［M］. 北京：社会科学文献出版社，2017.

② 张汝立，陈淑洁. 西方发达国家政府购买社会公共服务的经验和教训［J］. 中国行政管理，2010（11）.

社工机构不断回应政府与社会的需求，做好自身规划与理念设计，扎实开展社会服务，以专业化水平保证社会服务质量。

二、社会工作机构参与社会服务的特点

党的十九大报告明确指出，要打造共建共治共享的社会治理格局，提高社会治理社会化、法治化、智能化、专业化水平；要求"加强社区治理体系建设，推动社会治理重心向基层下移，发挥社会组织作用，实现政府治理和社会调节、居民自治良性互动"。人们对美好生活的需求和向往不断促进服务型社会治理的发展。日益壮大的社会工作人才队伍和社会工作机构是服务型社会治理的重要力量。早在 2010 年初，北京市就启动了社工机构建设以及专业社会工作岗位购买试点工作。十多年来，北京市的社工机构蓬勃发展、快速成长。截至 2018 年底，全市社会工作专业人才总量达 6.78 万人，取得社会工作职业水平证书近 3.23 万人，社会工作服务机构 624 家，专业服务涵盖全市 16 个区、20 多个领域。北京市社会工作机构发展呈现出如下几个特点。

第一，建立方式：组织转型与高校领办。从建立方式上看，北京市社会工作机构一般采用两种成立方式：一是转型自早期的民间组织。早期的民间组织有自己的组织架构、人力资源、工作方向和社会资源。在此基础上注册转型为社工机构较为容易。二是高校教师领办。一些高校社会工作专业的教师积极走出校园，发挥专业优势，自己组建社工机构，同时与所在区、街道密切合作，签署服务协议等。高校教师领办机构的优势是专业性有保障，以及充沛的教师和社工本科生、研究生的人力优势。北京市的一些由高校社工专业教师创办的社工机构，因为其优质的专业服务品质获得了良好的社会声誉。在对社工机构调查中发现，社工机构即使不是高校教师领办，也都积极吸纳高校专业教师进入机构，担任理事或专家顾问团队。

第二，运行模式：社工+义工的联动。社工是指接受过社会工作专业

教育的高校毕业生或者具有社会工作者职业水平证书的专业人员，是专业社工机构开展专业服务的主力军。义工指的是有一定工作热情，愿意投入自己的时间、精力、技术为居民服务的志愿者。义工是社工机构重点培养的重要人力资源，高校学生以及社区中的居民骨干是义工的主体，是社工机构的重要志愿者，在参与社会服务中发挥了重要作用。

第三，服务方式：参与政府购买服务。北京市通过政府购买专业社工岗位和公共服务项目的方式，安排社会建设资金支持社工机构的发展，提高社会服务的专业性。北京市提出"一街一社工"（一个街道一个专业社工岗位）、"一所一督导"（一个社会工作事务所一个专业督导岗位）的目标，政府每年向每个社工岗位提供 3 万元的资金，在 16 个区的街道、社会工作事务所购买专业社工服务。同时，北京市社工委、妇联等职能部门、部分区也都通过购买社会组织公共服务项目、开展服务合作等方式，对专业社工机构给予扶持。

第四，功能发挥：提升社会服务水平。社会工作机构的服务项目类型多样，主要包括：为老服务、青少年事务、残疾人服务、妇女儿童服务、流动人口及其子女服务、城乡接合部外来务工人员服务、司法矫正、心理咨询、学校社会工作、医务社会工作、老年人家庭关系支持、困难家庭帮扶、企业文化构建、志愿者团队建设、公益文化发展、法律援助等。社会工作专业服务的介入提升了社会服务的水平，提高了服务效率和效果，在帮扶困难群体、解决社会问题、舒缓社会矛盾、增强社会团结、维护社会稳定等方面发挥了积极作用，并在一定程度上增进了公共福祉，促进了社会和谐，为首都社会建设作出了积极贡献。

第五，社会治理：突出服务提升能力。社会工作者往往一身多能，一体多面。他们提供专业服务，整合资源，积极参与社区服务、社会服务。社工机构通过承接政府公共服务项目，与各级政府及相关部门建立了良好合作关系。很多专业社工机构在承接并实施政府社会服务时，还同步开展政策评估，深入研究社会需求和现实问题，形成的研究成果起到了很好的政策倡导作用。社工机构的蓬勃发展，为首都社会治理注入了社会工作的专业价值理念，引入了新的专业工作方式和方法，改变着首都社会治理的理念和方向，促使首都社会治理朝着更加多元和专业的方向发展，不断提高社会治理的能力和水平。

第二节　社工机构参与社会服务的实例分析

X 社工机构成立于 2003 年 2 月，由 NGO 起身，早期由于找不到主管单位，只能在北京市工商局注册为"企业"。起初，X 机构选择了以当代中国社会转型时期最核心的流动人口问题为介入点，在提升流动人口生活与发展质量的同时，着力提高流动人口的社会参与能力，逐步由受助者转变为服务者，实现自我服务与服务社会的有机统一。① X 机构以"团结协作、助人自助"作为组织服务理念，通过艰苦的社会服务，团结社会各界，协同合作，探索了中国本土社会工作 NGO 的成长经验，实现了服务性、倡导性和支持性的有机统一，得到了社会各界的认可。

一、X 机构的主要服务内容

目前，X 机构的工作模式已经被复制推广到长江三角洲、珠江三角洲和山东半岛地区，各地彼此战略合作、相互支援，共同整合政府、企业、NGO 与志愿者多方力量，促进社会融合与社会建设。X 机构的故事被媒体称为"从草根组织到支持性组织的华丽转身"，证明了中国本土草根 NGO 完全可以通过自身探索成为具备专业水平的组织。15 年来，X 机构累计为政府、困境儿童及家庭、流动人口、社区孤寡老人以及社会组织从业者等人群开展社会工作专业服务 19343 次，有效发挥了社会工作

---

① 李真，李涛，刘倩，卢金燕，杨玳瑁. 社会工作服务农民工的功能与角色 [J]. 社会工作与管理，2018（3）.

服务的专业功能，并在服务中培育了 13193 名志愿者。

1. 儿童服务。儿童服务方面，X 机构开展了五类服务项目，建立了儿童服务体系。一是"儿童之家"，为孩子们打造了"儿童、家庭、社区、社会"四位一体的社区儿童教育服务模式；二是"助学计划"，为困境儿童开展各类救助服务；三是"助康计划"，为流动儿童展开大规模免费体检服务；四是"公益少年营"，致力于为困境儿童打造一个助人自助的成长平台；五是"流动儿童自助图书馆"，帮助儿童在自己的家中建立读书空间，自主管理图书。X 机构这五大类服务项目的开展帮助儿童在一个放松的、被尊重的、友好的环境下得到正向交往，促进儿童成为最好的自己、最好的家人、最好的邻居、最好的居民。

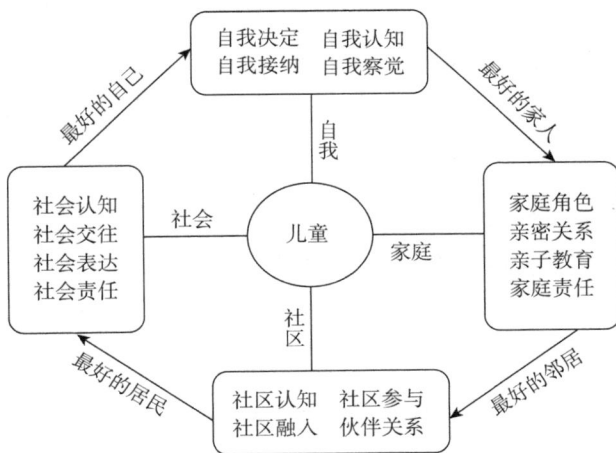

图 4-1　X 机构"儿童之家"实施图

2. 农民工服务。X 机构运用多元化社会工作专业手法，以城市生活常识学习小组和专业能力建设为载体，跟进矛盾调解、紧急救助等个案服务，提升流动人口适应城市生活的能力，帮助农民工树立健康意识、法律意识、创新意识、主人翁意识等新市民价值观，推动农民工的社区参与。

3. 老年服务。X 机构运用社会工作的专业手法开展参与式孤寡老人和困境儿童社区照顾服务，并培育社区孤寡老人和困境儿童相互服务照顾的能力，形成多元参与的社区互助系统。此外，X 机构还与政府合作，培育了社区有自理能力的老年人成立"暖心帮帮团"志愿服务队，为社区老人提供照护服务。至今，X 机构与政府合作共培育了 20 多家像"暖心帮帮团"这样的社区社会组织，成为社区重要的服务力量。

4. 志愿者和实习生支持服务。X 机构成立 15 年来，已经培育了 13193 名志愿者，其中从受助者成长起来的志愿者有 1995 名，培育了 46 个志愿者社团，为 14 所高校的大学生提供专业实习平台。X 机构专业化的培育让志愿者和实习生得到了专业支持，掌握了丰富的社会服务技巧，提升了项目管理、沟通协调、宣传倡导等各方面的能力。每位实习生来到机构都会经历培训、督导、考核、奖励等一系列的培养。专业的社工督导能够在第一时间帮助实习生们解决问题、疏导心理，助力其专业成长。

5. 社会组织支持服务。2018 年，X 机构为社会组织提供电话、现场咨询 19818 次，为社会组织提供年检、财务、法律、诚信建设以及"三证合一"等问题的解答，为全市 2148 家社会组织负责人开展业务培训。通过"助力计划"项目，为本市社会组织成长提供了能力建设和资源支持。

6. 政府服务。X 机构也将其视为服务对象中的一员，通过发挥社会工作的专业优势帮助政府解决其目前难以应付的社会问题，如承接政府购买服务项目，既满足 X 机构自身的发展需求，又能协助政府开展社会组织培育、监测、管理等工作。同时，X 机构也积极向政府建言献策，进一步推动社会组织的发展。双方互利互惠、合作共赢。扎实认真的工作态度和富有成效的工作结果得到了政府机构的一致好评。

X 机构的活动与项目并不是一次性的，而是与服务对象建立长期可持续的联系，维持稳定信任关系，搭建了丰富的服务网络。15 年来，机构一直以服务对象为核心，为超过 92 万人次的农民工及其子女、孤寡老人等提供公益服务，协助他们走出困境。在服务过程中，政府也作为 X 机构的服务对象参与其中，团结协作、助人自助，一些受助者、政府人员与 X 机构建立了深厚的感情，逐渐成为助人者，将自己的关爱传递给他人。

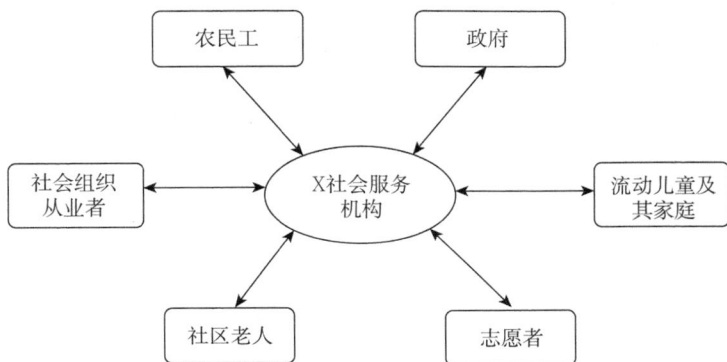

图 4-2　X 机构社会服务网络示意图

二、X 机构参与社会服务的经验

一是不忘初心，坚守服务理念。X 机构从 2003 年建立之初就确立了"团结协作、助人自助"的组织理念，传承至今。X 机构相信，每个生命都有尊严，每个"弱者"都有力量，团结社会各界的力量，致力于成为赋权"弱者"、增能"草根"的一个机构。一直以来，X 机构以"协作者"的身份帮助社会困难群体，培育社区、社会组织、社会工作者，协助政府解决社会问题等，在付出的同时也得到了他人的帮助与回报，提升了自身社会服务和组织管理的能力，积累了丰富的实践经验。"助人自助"，公益传播一直在路上。

在参与政府购买服务项目过程中，X 机构并没有将政府置于自己的对立面，而是将其看作自身的服务对象之一，用服务对象的态度去帮助政府，用"助人自助"的理念去影响政府，与政府沟通，使政府进一步认识和理解社工机构，双方建立了平等的合作伙伴关系。

2013 年，X 机构受北京市民政局委托，在朝阳区农委的支持下，在北京市朝阳区东风地区开启了第一个"三社联动"建设试点工作。刚开始的时候，机构和政府因为做事风格和理念上的不同，双方难免会产生争议和矛盾。

X 机构倡导部副主任、"三社联动"项目负责人王老师说："我们机构做事情会有很强的规划性，很扎实。不会一上来就去做，项目开展前会建立很多框架和制度性的工作，规划、预估、设计工具的时间会比较长。刚开始政府人员会认为我们成效和进展缓慢，由此产生不满。"X 机构并没有因为政府的催促而改变自身的做事原则。王老师说："我们当时就达成一致，无论如何一定要扎扎实实地做好每一件事。我们差不多用了一个半月的时间，做了 7 个试点社区的走访，做了问卷、展示大赛的项目征集。用了一个半月，将汇报的内容做得很丰富。记得第一次汇报的时候，民政局对我们的工作还不太满意，但是一个半月之后的第二次汇报，我们显示出了专业的成效，从服务的流程，到工作使用的工具，再到整个过程的机制建设（项目管理、工具和手法、宣传倡导等各方面），综合下来政府觉得我们是在扎扎实实地做服务，双方的信任感就提升了。"

此后，X 机构与政府之间合作稳定，政府避免过多的干预，将建设的空间让渡给社区和社会服务机构。试点的过程中，政府部门严格遵守原则，协调与伙伴之间的互惠关系，对 X 机构提供应有的支持和帮助，定期研究试点工作遇到的重点难点问题，统筹工作落实。X 机构也通过其专业的服务和扎实的做事态度圆满完成了本次试点工作。

从 X 机构开展"三社联动"项目的经验可知，只有将政府置于服务对象的位置，站在政府的角度去思考和解决问题，用社会工作的专业理念和方法去影响和服务政府，帮助政府更加准确客观地认识和了解社工机构，才能增进政府与社工机构间的相互认同和信任。X 机构一直有两句话："无论与谁合作，我们都要保持独立自主。合作可以把事情做好，但不合作也要想办法把事情做好"；"有资助可以把服务做得更好，没有资助也可以想办法把服务做下去"。从这两句话也可以看出"保持独立、明确边界"是 X 机构与政府间建立平等合作关系的前提。经过 15 年的发展，X 机构逐渐从被管理者的角色转变为合作者的角色，逐渐走向独立运作，拥有独立的法人身份，展开独立自主运营，能够根据自身的发展理念和服务特色选择如何合作，不忘初心，坚持本真。

二是以服务对象为核心，扎实有效的服务让爱与关怀成为力量。作为具有 15 年社会服务经验的社会工作专业机构，X 机构以服务对象为核心，以"团结协作、助人自助"为服务理念，以"服务创新—研究倡导—专业支持"为战略服务体系，组织社会工作者和志愿者开展困境救助、能力建设、权益保护、社会照顾等社会工作专业服务活动。X 机构相信每一个生命都可以改变世界，每一个生命都有力量和尊严。X 机构"助人自助"的服务理念源于社会工作的专业使命，建基于社会工作赋权增能的基本假设，即相信每个生命都有改变的意愿和潜能，都应该获得公平参与的机会和渠道。在这个假设下，X 机构一方面致力于提升服务对象自我认识问题、分析问题和解决问题的能力，从而减少和避免非理性冲突；另一方面致力于激发服务对象的改变动力，鼓励服务对象参与问题解决的过程，进而提升其参与的意愿和能力。同时，服务对象经过与机构的长期正向交往，一部分儿童家长、老人成为机构的核心志愿者，一些政府官员也与机构建立了伙伴关系，每当机构组织活动时，这些核心志愿者与政府官员们都会为机构提供力所能及的帮助，积极参与，甚至还有部分儿童已经成长为机构工作人员，为机构的公益事业奉献自己的力量。

小甫，男，18 岁，是 X 机构的一名救助对象，也是 X 机构的一名优秀志愿者。自 2016 年开始，东城区就被北京市确定为困境儿童精准救助试点区，引入了 X 机构承接困境儿童精准救助项目，小甫被确定为重点帮扶对象。机构刚开始结识小甫时，他很沉默，通过与他的交往了解到由于缺乏关爱和陪伴，小甫应对风险的能力偏低，缺乏安全感，渴望得到更多的关怀，但身处的环境使他不得不用坚硬的外壳保护自己。服务初期，机构的社工与志愿者来到小甫家中，通过需求评估，为其制订了一对一的个案帮扶计划，X 机构社工们的陪伴与鼓励使小甫开始接纳他人和处理更多的事务，逐渐成长起来。

社工们发现小甫很擅长下象棋，于是在暑期的夏令营活动中，鼓励他为孩子们开设象棋课程，小甫也逐渐成了一名活动的组织者，体验到了助人自助的快乐。在社会工作者的鼓励下，小甫不断参与社会公益活动，他凭着自己对篮球的热爱，积极参加机构高校社团——阳光篮球社，社团志愿者们赋予小甫"体育委员"的称号，是社团中的绝对主力。由此，小甫从机构的服务对象逐渐成长为机构的优秀志愿者，成长为机构社工们的得力小助手。2018 年 1 月，小甫作为 X 机构年会主持人以及论坛发言嘉宾，与来自政府、基金会的专家代表同台发言，向社会各界传递困境儿童的声音。

小甫说："X 机构让我收获了自信，也让我知道了帮助弱者没有年龄的界限，再弱小的烛光也能温暖人心，参与机构公益是我人生成长道路上不可或缺的一笔，也是我一生中的宝贵财富。"2018 年 8 月高考发榜，小甫如愿拿到北京政法职业学院的录取通知书，开启了人生的新旅途。通过精准救助帮扶服务，小甫不仅获得了 X 机构的专业服务，更在参与的过程中从一名受助者成长为助人者。由此看来，社工机构需要建立以服务对象为核心的服务意识，在服务的过程中提升受助者的个人能力，双方互利互惠，共同成长，彼此间的关系才能得以维系和发展。只有扎实有效的社会服务才能赢得社会和政府认可。

三是专业化培育，促进志愿者能力提升。一个社工机构对志愿者团队的建设和专业的志愿者培育是其专业性的重要体现。X 机构针对志愿者的专业化培育是从成立之初至今一直以来的战略发展目标之一。X 机构为有意愿投身社会工作事业的人才搭建了成长平台。2018 年，X 机构为 944 人次提供志愿服务，评选出了 75 名优秀志愿者，培育了 21 名优秀实习生和 7 个优秀志愿服务社团。X 机构专业化的培育让志愿者和实习生得到了专业支持与能力建设。"专业、靠谱、务实、扎实"是志愿者们对 X 机构的总体评价，这同样也是 X 机构得到政府和社会关注与信任的重要原因。

以 X 机构"流动儿童助学计划"项目为例，让我们通过该项目了解 X 机构是如何挖掘、培育志愿者，并与志愿者建立良好信任关系的。2003 年起，机构发现了很多因不在公办教育体制内而无法上学，并且家庭经济困难的需要帮助的流动儿童，由此正式发起了"流动书桌"助学计划，该项目在此后十多年的发展过程中，逐渐发展为物质救助和发展性服务相结合的模式，旨在为孩子们提供物质资助的同时，促进其健康人格的发展。

在流动儿童助学计划中，X 机构非常注重理念的认同，将志愿者的理念、价值观、社会服务动机作为选拔的核心标准，由此保证志愿者与机构理念的高度契合。同时，X 机构以需求为导向，了解到助学儿童、志愿者相关需求，根据实际情况将助学儿童与志愿者的需求以最佳的方式结合起来，建立志愿者网络，也是彼此信任建立的开始。志愿者培育一直以来都是 X 机构的战略规划之一，志愿者培育的过程也是双方信任建立的过程。在流动儿童助学计划中，除了项目培训，X 机构也采用双督导制（机构部门主任+社工）来帮助志愿者解决工作中遇到的问题，增进志愿者与督导之间的感情，提升志愿者自我归属感与成就感，以此提高服务质量。这是一个多元互惠的过程，志愿者、督导以及服务对象都在此过程中得以收获。在此过程中，双方的信任关系进一步加强，信任产生合作，合作增进信任。

四是有效评估，专业反思，保证机构服务质量。X 机构是一个极具反思精神的团队，15 年来，无论工作多少和活动大小，社工们都坚持对每一项工作和每一场活动进行评估，从不怠慢，这个习惯维持至今已成为机构内部每个员工的一种职业习惯。反思精神的延续源自机构创始人的坚持与传承。机构成立之初，两位创始人就以扎实的工作态度对每一份工作进行总结和反思，不断汲取经验，不断提升服务质量。机构的每一位员工都希望在专业服务的理念和方法上做一个探索者，即使会遭遇种种困难，也努力将好的东西沉淀、延续，促进本土社会工作的发展。

X 机构倡导部副主任王老师讲道："我们不管是和政府、基金会、企业产生合作，都会坚持做内部的评估，不管项目活动呈现的效果有多好，在做内部评估的时候，大家都会提出很多建议，非常注重对自我的反思。无论像年会这样的大型活动，还是小型的活动，比如探望老人回来之后，工作人员都会组织志愿者和服务对象一起来碰头、总结。记得有一次，我们去外面很远的地方做服务，回来路上坐地铁的时候我们还要商量总结一下当天的活动，大家无论多累，都会对服务成效和过程进行评估，这已成为我们坚持的一个习惯。"（对 X 机构倡导部王老师的访谈）

由此看来，X 机构不仅具备专业的团队、技术和精神，同时还能够做到持续性的专业评估，评估的过程也是机构不断自我反思和总结的过程。通过反思，总结经验，发现问题，并及时提出改进办法以避免类似错误的再次发生。任何事物都是在不断反思和改进的过程中进步发展起来的。一个社会组织若能对每一件事都能做到持续性的专业评估和及时反思，相信这个组织必定能够不断向前发展。

第三节　提升社工机构服务质量的建议

当前，政社合作已经成为中国社会治理改革的主流方向之一，但由于政府与社工机构在组织属性、工作模式、工作理念等方面的差异，双方在合作的过程中难免会有意见不一致的地方。政府有着一套自上而下的行政运作模式；作为社工机构而言，它有着自身的组织理念与定位，以及服务人群的需求。遇到这种情况，作为合作双方，不能仅仅站在自己的立场上考虑问题，而要以所解决的社会问题和服务对象的实际需求作为合作的依归，兼顾双方需求，相互影响、互相支持，共同培育合作的空间，这才是最优化的合作模式①。

（一）政府要加大支持力度

一是增加对社工机构的支持。政府对社工机构要有积极的认识和较为开放的心态，一方面要增加对社工机构的政策和资金支持，建立完善的资金使用和分配制度；另一方面要大力扶持支持型社工服务机构，做好组织孵化与培育工作，促进社工机构专业化水平的提升，并做好相关检测与评估工作，做到与社工机构平等对话。

二是建立分领域的社工服务行业标准。就当前的情况来看，由于社工服务标准不一，导致服务项目设置缺乏规范要求，评估过程主观性较强，不利于社会工作服务的专业化发展。因此，政府需要本着专业化、本土化、规范化发展的原则，根据社工服务项目的不同领域制定不同的社工服务标准体系，为社工服务评估考核提供依据。

三是健全审核评估制度，完善居民意见表达机制。社会服务的对象是居民，居民的评价是衡量一个社工机构服务是否有效的重要标准。因此，政府对公共服务购买进行评估时不能只注重专家的评价，更重要的是要开辟新途径充分吸收居民的意见，让居民参与评审的过程。可以通过实地走访、电话访问、问卷调查、选取有代表性的居民进入评估团等方式提升评估的群众参与度。对于第三方评估，要提高评估的有效性和真实性，在评估的方法上，不能只把眼光局限于大量的纸质版资料，还应注重对社工机构服务项目的现场考核，及时进行项目反馈，引导社工机构改善服务方式，提升服务质量。

四是增加购买项目的延续性。改变将所有项目都规定为一年一签的

---

① 北京协作者. 政社合作的实践与思考（六）：政社合作中双方可借鉴的经验与努力方向［EB/OL］.（2018-06-09）［2022-10-22］. http：//www. facilitator. org. cn/news/aboutus01/news-id/443/.

购买方式，对于具有特殊需求的服务项目，如针对孤寡老人、残障人士、困境儿童的服务项目等，应根据服务对象和社工机构的需求延长项目的购买时间，灵活调整购买项目的时限，增加服务的延续性，保证服务的效果与质量。

五是建立多元沟通方式。政社合作过程中问题产生的原因大多是由于沟通成本较高、渠道不畅。政府与社会组织因为本质属性不同，处于两种不同的话语体系。政府习惯于布置工作、领导交办、下发文件等沟通模式；而社会组织习惯于面对面互动、参与式协商、方案讨论等沟通模式。因此，若想双方之间建立更加有效的沟通机制，提高办事效率，需要政府工作人员合理调整沟通方式，领导干部要善于运用多元化的沟通渠道。良好的沟通能够促进双方信任的产生及合作的顺利开展。

六是做好发展规划。政府与社会组织合作的过程中需要建立战略规划思维，要善于从长远的角度规划合作事务，与社工机构达成共识、双方合力，共同推进。如果政府没有规划，想起一件做一件，会使社工机构消耗透支，并对政府的工作能力产生怀疑或不满，不利于双方信任关系的维系。

（二）社工机构要提升能力

一是要坚持原则，独立自主。首先要厘清机构自身与政府之间的边界，依附或者依赖都不是正常的政社合作，也难以产生真正的信任。社工机构一方面要制订符合自身的发展定位和战略规划；另一方面，社工机构要时刻保持基层组织的本色，坚守信念，坚持以服务对象为核心，以服务对象的需求为根本，不可为了资源和权利就背弃自己的服务使命。

二是要不断提升机构自身专业化水平。政社合作过程中，社工机构的独特优势就是其拥有政府所欠缺的专业服务能力。社工机构要想体现自身的价值，最好的方法就是让政府和社会看到其通过专业服务所产生的成效，要做到有序化发展和精细化管理，对每项工作都要有精益求精的专业态度。就是说，只有发挥专业优势才能赢得政府和社会的肯定与信任。

　　三是要加强机构内部管理。社工机构需要在明确自身使命和目标的基础上，不断强化机构内部管理。只有建立了良好的机构内部治理体系，才能吸引人才、留住人才，降低机构人员流失率。做好人才培养工作，要定期开展专业技能培训，提高人员素质，提高社工的认同感和满意度。建立完善的薪酬、福利和晋升制度，增加社工在工资和福利方面的保障。

　　四是要公开透明，合作信任。政府、社会与社工机构之间若想要建立信任关系，就必须增加彼此之间的安全感和信任感，最好的办法就是最大化地开放，采取多渠道公开化的方式向社会开放，接纳不同人群的建议和信息，用事实打消疑虑，用事实证明组织能力。

第五章　需求与服务：社区在服务型
社会治理中的作用

社区是服务型社会治理的基础平台，是居民需求、社会资源、专业服务的集合体，是开展服务型社会治理的重要阵地。社区服务关系民生、连着民心，是落实以人民为中心发展思想、践行党的群众路线、推进基层治理现代化建设的必然要求。开展社区服务，要以社区为基本单元，以社区居民、驻区单位为服务对象，以各类社区服务设施为依托，以满足社区居民生活需求、提高生活品质为目标，以公共服务、便民利民服务、志愿服务为主要内容，构建服务网络和运行机制。社区服务既是社会建设的重要内容，也是基层社区工作者的日常工作。社区服务的开展，对于夯实基层基础、展现服务型社会治理具有重要意义。

第一节　北京市社区服务现状及成效

近年来，北京市紧紧围绕首都城市战略定位，以强化基层治理，增强群众获得感、幸福感、安全感为目标，持续推进社区服务管理体制和机制创新，推动社区服务创新发展，取得了明显成效。

一、社区服务设施日益完善

随着政府管理重心的逐渐下移，以及广大居民对社区服务提出的新要求新期待，社区承担的政府委托、居民自治、社区服务事项越来越多。为了更好地完成各项管理和服务任务，从 2009 年起，北京市着手在社区推行"两委一站"的机构设置。社区党委统筹社区发展，社区居委会按照法律规定实行居民自治，社区服务站成为政府延伸在社区的公共服务平台。通过机构分设，逐渐调整社区党委、居委会承担的职责功能，将权力和责任相对厘清，同时根据工作职责，选聘优秀人才加入，确保社区管理与生活服务、党委指导与居民自治相得益彰、和谐发展。在课题组调研的朝阳区20个街道的29个社区中，"党居站"分工不分家，在相对分工的基础上，集中有限的人力物力，完成交付给社区的各项任务。朝阳区CBD（商务中心区）核心区域，商业楼宇多，外资企业多。为了提供更完备的管理和服务，朝阳区创新性地提出"两委两站"的思路，在社区的"两委一站"基础上增加"商业楼宇服务站"，为商务楼宇内的企业及其员工提供服务。朝阳区建外街道永安里东社区形成党务、社务、工会、共青团、妇女、统战"多站集成式"服务，形成了创新性的社会管理服务模式。

加快健全社区综合服务机构。截至2020年底，北京市共建成2552个城市社区服务站，累计建成"一刻钟社区服务圈"1772个，覆盖98%以上的城市社区；创建608个"社区之家"，弥补了社区停车、就餐、健身等服务短板；实现政务服务向7168个城乡社区延伸，让居民享受到家门口的便利服务。北京市将社区公共服务设施建设纳入城市基础设施建设规划，通过新建、改扩建、购买、租赁、人防设施改造利用等方式解决社区服务办公用房不足问题。目前全市3000多个城市社区基本实现服务用房350平方米建设标准，全市社区公共服务设施面积32.9平方米/百户，社区服务机构建筑面积217.6万平方米，较好地满足了群众的日常服务和活动场地需求。制订《北京市基层社会治理规范化建设三年行动计划（2018—2020年）》，推动以居民自治、共建共享、市场参与为核心的老旧小区自我服务管理，利用腾退空间建设社区居民文体活动等社区服务场所。

引导驻社区单位共建"社区之家"，想方设法扩充社区服务设施。为解决一些老旧小区老年人就餐难、居民停车难、文体活动场地有限等问题，北京市 2017 年启动"社区之家"创建活动，鼓励引导和协调推动驻区的党政机关、企事业单位、部队、社会组织等，有序向居民开放文化、体育、食堂、停车场等内部服务设施，让社区群众共享相关服务资源。到年底，全市就创建了 408 个"社区之家"，向社区居民开放内部服务设施 1000 余处。

二、社区服务内容更加丰富

2008 年 9 月，北京市人民政府印发《北京市加强社会建设实施纲要》，强调要进一步"构建社会公共服务体系。进一步发挥党委领导、政府主导、市场调节、社会协同作用，有效整合公共服务资源，形成完善的公共服务体系"。2010 年 9 月，北京市社工委制定《社区基本公共服务指导目录（试行）》，共梳理出 10 大类 60 项社区基本公共服务项目，在全市大力推进并逐步实现社区基本公共服务的全覆盖。自此，北京市持续加大工作力度，社区服务内容不断丰富完善。

基本公共服务方面。紧扣"七有""五性"① 改善社区民生，切实增强社区居民的获得感、幸福感、安全感，持续增加社区公共服务方面的财政投入。发展多层次、多样化社区公共服务，积极推进公共服务全覆盖。深入推进社区基本公共服务标准化体系建设，完善社区基本公共服务指导目录，构建四级社区服务组织和设施体系，推进社区服务中心从提供服务向组织服务、从行政性运营向社会化运营转变。依托社区综合服务设施和专业服务机构，开展面向全体居民的劳动就业、社会保险、社会救助、社会服务、医疗卫生、计划生育、文体教育、社区安全、法制宣传、法律服务、法律援助、人民调解、邮政服务、科普宣传、流动

---

① "七有"即党的十九大报告指出的，必须多谋民生之利、多解民生之忧，在发展中补齐民生短板、促进社会公平正义，在幼有所育、学有所教、劳有所得、病有所医、老有所养、住有所居、弱有所扶上不断取得新进展。"五性"是北京市委提出的，随着我国社会主要矛盾转化为人民日益增长的美好生活需要和不平衡不充分的发展之间的矛盾，北京市民对美好生活的需要呈现出"便利性、宜居性、多样性、公正性、安全性"的新特点。

人口服务管理等服务项目，努力满足困难群众、优抚对象、未成年人、残疾人、老年人等特殊群体服务需求。

便民利民服务方面。完善社区便民利民服务网络，优化社区商业结构布局。鼓励支持各类组织、企业和个人兴办居民服务业，重点发展社区居民购物、餐饮、维修、美容美发、洗衣、家政服务、物流配送、再生资源回收等服务，培育新型服务业务和服务品牌，满足居民多样化社区服务需求。统筹家庭服务业发展，支持大型家庭服务企业运用连锁经营等方式到社区设立便民站点，推动社区服务体系全覆盖。2016 年以来全市财政累计投入 4200 万元用于完善便民服务体系建设，支持生活性服务业公共服务平台和典型示范项目建设。鼓励农产品批发市场升级改造，在社区建立连锁网点、蔬菜零售网点等，促进社区连锁经营发展。

社区公益服务方面。北京市大力培育发展社区服务性、公益性、互助性社会组织，对不具备登记条件的社区社会组织实行备案制度，并在组织运作、活动场地等方面为其提供帮助。加大政策扶持力度，通过政府购买服务、设立公益项目、提供经费补贴等措施，积极引导各类社会组织和各类志愿者参与社区服务。推进党群共建，建立健全群众组织活动阵地，支持工会、共青团、妇联、残联以及老龄协会、慈善协会等组织发挥各自优势积极参与社区服务活动。健全市、区、街道、社区四级社区服务志愿服务组织体系，加快推进社区志愿者登记注册工作，全市社区志愿者注册率达到居民人口的 10%。建立社区志愿服务项目管理机制，调节社区志愿服务的需求和供给，促进社区志愿服务互联、互通、互补。鼓励支持驻区单位和社区居民开展邻里互助等群众性自我互助服务，为老幼病残等特殊困难群众提供服务。依托社区志愿服务组织，建立政府倡导、专业社工引领、驻区单位和居民广泛参与的社区志愿服务网络。

三、社区服务人才队伍持续壮大

社区工作者是开展社区服务的主要力量。北京市持续加强社区工作者队伍建设，人员结构进一步优化，服务能力进一步增强。北京将社区工作者队伍建设纳入基层人才发展规划，试点从优秀社区党组织书记中招录公务员和事业编制人员。修订完善《北京市社区工作者管理办法》，明确使用管理、考核奖惩、薪酬待遇、选聘退出等规定。进一步加强社区工作力量配备，扩大招聘范围。公开招聘社区工作者的学历条件从"应届毕业生应为大学本科以上学历"调整为"具有国家承认的大专以上学历"，引导高校毕业生到社区就业，为提高社区治理和服务精准化精细化水平提供人才支撑。提高社区工作者工资待遇，原则上不低于上一年度本市全口径城镇单位就业人员平均工资；根据本市经济社会发展情况，在每个届期内至少调整一次。在社区任职满30年、有突出贡献、群众认可的社区工作者，各区可探索给予特殊补贴；推荐符合条件的优秀社区工作者参选各级党代会代表、人大代表，担任政协委员，参评劳动模范等。

大力发展社区社会工作专业人才。截至2021年底，北京市已有920家社会工作服务机构，专业社工人才7.68万，其中持证社工3.91万人；选拔培养了121名优秀社区社会工作者；区、街（乡）、社区（村）三级社会工作服务体系逐步推进，初步形成了"专业社工+社区工作者""一中心多站点""以所带站"等实践经验。加强社会工作行业发展和规范化建设，在全国率先发布社会工作者职业道德守则，建立社会工作诚信联盟，推动社会工作行业发展进步。组织实施优秀社区社会工作者优才培养计划（"优才计划"），并与街道（乡镇）级社会工作服务中心、社区社工站点建设相结合，引导优秀社区工作者参与基层社会工作平台建设与社区服务管理实践，发挥社会工作在服务困难群众、化解社会矛盾、促进社会动员、优化服务供给等方面的专业优势，推动各领域专业社会工作参与基层民生服务和社会治理的融合发展，进一步增强基层社会治理和服务能力。

加强社区志愿者队伍建设。加强"社会工作者+志愿者"机制建设，推动专业社工机构成立志愿服务组织。在有条件的地方设立社区志愿服务站，累计建成城市社区志愿服务站 2521 个。制定《关于支持和发展志愿服务组织的实施意见》，开展"时间转赠"试点，探索建立志愿服务激励回馈机制，推进社区志愿服务常态化、规范化。截至 2021 年 11 月底，通过"志愿北京"信息平台实名注册的志愿者人数突破 448.9 万人，志愿服务团体 8 万个。

四、社区服务信息化加快实现

大力推进社区公共服务综合信息平台建设，加强一体化社区信息服务站、社区信息亭、社区信息服务自助终端等公益性社区信息服务设施建设，采取多种形式探索推进智慧社区治理实践。依托"北京通""互联网+政务服务"等重点工程，推动实现一号申请、一窗受理、一网通办，强化"一门式"服务模式在社区的应用。实施"互联网+社区"行动计划，加快互联网与社区治理和社区服务体系的深度融合，运用社区论坛、微博、微信、移动客户端等新媒体，引导社区居民密切日常交往、参与公共事务、开展协商活动、组织邻里互助。

12345 热线是北京市加强社区服务信息建设的重要平台。12345 热线即北京市政府非紧急救助服务，最初源于 1987 年设立的"市长电话"，2000 年改为"北京市人民政府便民服务中心"，2007 年成立"北京市非紧急救助服务中心"，逐步建立较为成熟的服务流程与功能体系，通过接听市民来电、宣传政策、解答咨询、受理问题、回应诉求、接受建议等，跟进和妥善解决市民的非紧急类问题。2014 年北京市将 12345 热线调度功能从北京市应急管理中心下放到各区县分中心，由区级分中心接收和调度 12345 热线统一接电分派的诉求件。从 2019 年 1 月 1 日起，12345 热线正式启动"接诉即办"机制，将职责明确、管辖权属清晰的市民诉求直接交由各区委办局、街道或乡镇，基层单位快速回应解决，区政府负责跟进工单的督办和考核。2021 年 9 月，北京市颁布实施《北京市接诉即办工作条例》。自 2019 年 1 月 1 日至 2021 年 11 月 30 日，北京 12345 共受理群众反映 3134 万件，其中诉求 1301 万件，占比 41.5%；咨询 1833 万件，占比 58.5%。群众诉求解决率从 53% 提升到 89%，满意率从 65% 提升到 92%。接诉即办机制是以市民诉求驱动超大城市基层治理的具体举措，从社区层面看，接诉即办以群众诉求为导向、以为民排忧解难为宗旨，从解决群众最关心、最直接、最现实的问题入手，在政府与群众之间架起连心桥，打通了服务居民的"最后一公里"，可以说是社区服务的标杆。

五、创新发展社区服务体制机制

加快推进政府职能转变。改革社区服务管理体制，下放公共服务办理权限，简化优化社区公共服务办理流程，制定公共服务目录清单，实施社区就业、社会保障、养老助残、流动人口管理、便民利民等服务工程。创新社区公共服务提供方式，制定《关于深入推进社区服务社会化的指导意见》，探索建立"政府政策推动、社会力量承接、社区居民参与、全程跟踪评估"的社区服务社会化运营模式。完善政府购买服务制度，制定《北京市人民政府关于政府向社会力量购买服务的实施意见》，推动建立政府购买服务目录，建立购买服务标准化流程等。

建立"三社联动"工作机制。围绕社会工作参与社会救助家庭增能、特殊老年人照料护理等精准救助开展专业化社区服务。截至 2020 年底，市级购买"三社联动"社区服务项目累计投入资金 2400 多万元。动员社会工作者、志愿者、社区居民共同参与，成立"北京社工+志愿服务联盟"，发挥社会工作者专业作用，带动广大志愿者开展精准服务、专业服务，拓展公众参与基层社会治理的力度、深度和广度。

培育发展社区社会组织。建立市级社会组织孵化中心 1 个、区级基地 17 个、街道（乡镇）级基地 138 个，6 家市级"枢纽型"社会组织建立了培育孵化机构，社会组织服务体系进一步完善。北京市民政局出台

《关于大力发展城乡社区社会组织的意见》，加快发展生活服务类、公益慈善类和居民互助类社区社会组织。目前已成立社区社会组织联合会 135家，16 个区均建立"社会组织服务（孵化）基地"。进一步规范社区社会组织备案标准、类型、程序及管理等制度，推动社区社会组织健康发展。发挥行业组织优势，动员各类行业协会积极参与社区服务，有针对性地开展创业就业、心理疏导、法律援助、居家养老等帮扶工作。

第二节　社会工作在社区服务中的应用

朝阳区在北京市中心城区中面积最大、人口最多，是首都功能的集中承载区、全市经济发展的主阵地，也是创新创意的活力区和首都对外交往的窗口区。朝阳区下辖 24 个街道、19 个乡，570 个社区、144 个村，商品房小区、保障房小区、回迁房小区、多合一小区等不同类型的治理主体在这里均有呈现。近年来朝阳区先后获得全国和谐社区示范城区、首批全国专业社会工作服务示范区、全国社区志愿服务示范区、全国社区治理和服务创新实验区等称号，"党政群共商共治工程"和"社区创享计划"先后两次荣获中国社区治理十大创新成果。朝阳区积极实施"社区成长伙伴计划"等，将社会工作理念和方法运用到社区服务中，不断提升社区服务专业化水平，取得很好成效。

一、突出精细化和人性化特点

朝阳区突出精细化和人性化特点，全面推行社区服务和管理。

一是服务重点人群，敢抓难点问题。课题组调研了朝阳区新建商品房小区、村改居小区、老旧小区、单位型社区、保障房小区、经济适用房小区、限价房小区等各类社区，社区的面积、区位、人口结构、发展历程各不相同。社区开展服务和管理工作时，能够根据本社区的人口结构特点，在满足一般居民服务需求基础上，突出满足重点人群的重点需求。针对养老问题，例如劲松中街小区，老年人口所占比重大，社区为老服务需求迫切，朝阳区在全区范围内实施智慧养老民生工程，为有需求的高龄老人免费安装"一键呼"智能养老终端，已经有5.3万名高龄独居老人享受到了智能终端带来的便捷式点单服务。[①] 广达路小区刚刚建立2年多，居民中青年群体居多，0~6岁的儿童所占比例高，社区工作者帮助居民协调幼儿园以及举办亲子活动等。商业楼宇社区服务站主要服务企业以及企业员工，社区工作者从企业员工需求出发解决现实问题。当前社区服务中的难点问题最突出的是在城市发展过程中凸显的交通拥堵问题、外来人口融入问题、环境和治安问题等。"停车难"是社区居民遇到的最突出的难题之一，因为没有足够的停车位，私家车乱停乱放影响了交通和居民生活，因此而产生的居民纠纷层出不穷。广达路社区提出解决社区交通的"微循环模式"，有效缓解了交通拥堵的问题，造福了社区居民。

二是服务模式灵活多样，细致周到。要做到社区服务的精细化，就需要满足不同人群的需求。在来广营的绣菊园社区，社区工作者将老年餐桌和老年人日间照料室结合起来，老人就餐之后，就能在日间照料室休息，不需要往来奔波。在休息室中，社区工作者又为老人在沙发的扶手上安装听书的设备，让老人可以非常便捷地听音乐、听广播，服务得无微不至。在双井社区，社区工作者针对残障人士开展了自助和互助服务。社区为残障居民提供空间和活动设施，残障人士自己组成自助小组，形成互相支持的互助网络。建外SOHO商务楼宇服务管理建立了"534"工作模式，为企业及其员工提供全方位的服务。绿色家园社区提出"邻家邻"和谐社区工作法，注重社区内外和谐关系的营造。

三是服务手段高科技，服务理念创新开放。朝阳区社区工作者非常注重服务的手段创新，运用网络技术，工作思路开放而且先进。社区工作者善于利用社区局域网络和北京市的公共服务平台，搜集信息、交流

---

① 朝阳5.3万老人用上"一键呼"［N］．北京日报，2021-04-26（6）．

互动、善用资源等。广达路绣菊园社区是北京市闻名的"科普社区"，社区工作者建立了数字图书馆，目前的数字图书馆拥有藏书量过万册。在数字图书馆中，社区青少年采用"体验式的学习方法"，学习环保、生态等各类知识。绣菊园将"终身学习"理念引入社区教育，开创性地建立了"来福隆（life long learning）"大学，采用积分卡的方式鼓励居民参与学习。社区工作者将科技、环保、终身学习的理念贯彻到实际工作中，确保工作具有前瞻性。

二、运用专业方法提升服务质量

朝阳区在社区服务中积极运用项目化社会工作专业方法，不断提升服务质量。

一是整合使用社会工作专业方法，强调适用性和实用性。在麦子店街道枣营北里社区，社区工作者创造性地运用小组工作的方法，组织平房区居民参加"庭院议事会"。居民代表通过议事会"遇事则议，一事一议"，充分发挥居民自组织的特点，由居民自我管理、自我教育、自我监督，在较短时间内解决了平房社区环境差的老大难问题。劲松中街社区老年人居多，社区工作者鼓励和组织成立"老年聊天会"，以一种开放小组的形式吸引老年人参加，丰富老人的生活，让老人们在摆脱孤单和寂寞的同时，参与了社区服务。针对重点社区居民和家庭，社区工作者采取个案工作的方法重点解决，一对一地做工作，从接案到最后的结案，有的个案历时一年有余。朝来绿色家园社区是一个典型的村改居新小区，社区居委会采用地区发展的模式，针对社区开展了历时3年多的营建，终于建成了居民安居乐业的优秀社区。翠成社区的社区工作者领会到"助人自助"的含义，鼓励居民参与社区，开展自助和助人活动，受到居民的广泛好评。越来越多的社区工作者接受了社会工作专业的学习和培训，逐步将社会工作专业所学的理论和方法创造性地应用于社区工作实践中，本土经验与专业方法相结合，极大地提高了工作效能，提升了社区服务质量。

二是社区服务管理项目化，注重社区工作的实效性。社会服务项目策划与管理是社区工作的重要工作方法之一。通过项目策划和管理可以集中社区资源，明确服务目标，有计划地完成社区工作，也易于对工作进行评估和进一步的调整。社区工作者与社会工作者立足于本社区，积极开发各类服务项目，例如朝阳区保利社区服务站的特色项目"就地法庭""贴心一键通""百味学社"等项目；南磨房地区办事处双龙社区的"温馨家园"项目等，都是社区服务项目的典范。社区工作者将日常工作和重点服务项目结合起来，有利于社区资金和人力资源的合理配置，逐渐形成本社区的服务品牌和服务优势。

三是社区工作者视角的转变。社区工作事务繁杂，社区工作者压力大，这是课题组所调查社区普遍反映的问题。但是，如何将压力转化为动力，如何从危机与问题中发现机遇和资源？这就要求社区工作者必须改变原有的工作思路和思维习惯。社区工作者要从实际出发，善于发现资源和优势，想方设法解决困扰居民生活的现实难题。社区工作者主动走到社区居民中间，介绍社区情况，了解居民需求，在最短的时间内赢得了居民的认可。社区工作者视角的转变，使社区服务专业化程度不断提升。

三、以需求为导向，提供专业服务

社区服务的基本目标就是解决好居民最关心的利益问题，提升居民在社区的生活质量。而要解决好居民最关心、最直接、最现实的利益问题，就必须从居民的实际需求出发，通过社区服务最大化地满足社区居民的实际需求，这是开展社会服务的根本目的，也是社会工作的重要方法之一。

一是问需于民。课题组在朝阳区调研时发现，有经验的社区工作者能够以各种方式了解居民需求，如通过与居民座谈，与居民聊天，听取居民反映，甚至通过调查问卷等方式，深入、全面了解居民需求。例如，老年人想咨询关于房产处置的法律问题，有的居民反映小区出行难、买菜难的问题，有的居民希望学会通过网上缴费，老年人希望学会使用微信发红包、发消息等大大小小的问题。当居委会干部了解到这些基本的需求，而且这些需求是涉及居民的基本民生、家庭和谐稳定的具体问题时，就要坚持需求导向，从居民的实际需求出发，有针对性地结合本社区的实际，提出解决问题的方案。

RF社工事务所的社工小吴介绍说："我们编制打印了微信学习手册，字大行稀。老年人看着方便。然后我们用图片一张张演示操作流程，并提供专人指导，手把手地教会社区老人学会发朋友圈，学会用微信支付。现在很多医院都采用网上预约的方式挂号，老人们不知道，有的就直接跑到医院，结果没有号，看不上病。现在，我们尽量教会老人家网上预约看病挂号，当然，网上医院的号也不好挂呢。"（对RF社工事务所社工小吴的访谈）

朝阳区各社区充分利用"一刻钟社区服务圈"建设契机，重点解决涉及社区居民的具体民生问题。如一些社区通过"一刻钟社区服务圈"解决了社区居民，尤其是老年人"买菜难"的问题；有的解决了社区居民修鞋、修雨伞、修自行车难的"小大难问题"。解决这些涉及基本民生问题的同时，也带动和促进了就业，可谓一举多得。

二是发掘资源。社区中有各类资源，整合资源不仅是社会工作专业教育实务能力的重要内容之一，也是社区工作者必备的基本能力之一。所谓整合资源，就是指通过各种方式、路径和机制，将众多可及资源梳理综合运用的过程。其目标不仅是获得更多的资源，更重要的是发挥现有资源的最大利用率。这些年来，朝阳区社区干部通过各种方式整合资源，不仅拓宽了获得资源的渠道，而且提高了资源的利用率，让社区居民获得了实实在在的好处，得到了广大居民的高度认可。在本次调研的一些社区，社区干部整合资源不仅成为其工作努力的方向，更形成了一种工作方式。经验丰富的社区书记和主任善于发现和挖掘各类资源，例如，充分利用社区驻地单位这一重要资源，以各种方式进行有机整合，回应社区居民利益诉求，推动了社区发展，最大化地服务了社区居民。再比如，社区通过整合驻地单位资源，为老年人免费体检、举办各类知识和信息讲座、法律讲座等，直接面向居民、服务居民。多方筹措资源，用之于民，这是社区干部整合资源能力的重要体现。

三是集体合作。社区党委领导和统筹社区发展，社区居委会按照法律规定实行居民自治，社区服务站成为政府延伸在社区的公共服务平台。事实上，这种机构设置在实际运作过程中"分工不分家"。正是这种工作方式，非常强调团队合作的重要性。社区工作事无巨细，并且大多涉及基本民生问题，而且是与居民面对面的交流沟通。仅仅靠一个单位、一个部门很难做好社区工作。实践证明，凡是社区建设和服务居民工作做得好的社区，基本都是充分发挥团队精诚合作精神的结果。社区书记、主任发挥"领头雁"的作用，带领社区工作者共同完成繁忙的社区工作。社区建设和服务居民群众取得较好的成绩，是各社区强调团队合作精神的结果。社区建设和服务居民，强调团队合作，这是重要的社会工作方法之一。团队合作是社区建设和创新管理的持续不竭的动力源泉，也是推动社区服务管理创新的重要机制。

四是专业方法。随着社会工作职业资格考试的全面推进，越来越多的社区工作者获得职业资格证书，成为社会工作师，在工作中能够熟练运用专业的社会工作方法，如个案工作、小组工作、社区工作等。随着社会工作知识的不断普及，社会工作专业知识越来越多地渗透到社区建设和服务居民的实际工作中，极大地推动了社区工作和服务居民工作。调研发现，近年来朝阳区不少社区工作者已经取得了初级或中级社会工作职业资格证书，有的还独立成立工作室，成为社区督导。加上他们丰富的一线经验，使得他们对社工理论和实践的运用得心应手，在实践中对经验进行提炼，既能发挥原有的传统社区工作方法的优势，也能够熟练运用社会工作专业视角和方法，有效地发挥了专业引领和示范的作用。

五是培育组织。社区事务非常庞杂，临时性、突发性的工作居多，居民需求多样化、个性化。如果仅仅依靠社区"两委一站"的力量远远不够，这就需要动员社会力量参与其中。课题组在调研过程中深刻感受到了这个特点。朝阳区的各个社区各显其能，通过各种方式培育发展社会组织，有效发挥他们的积极性，让社会组织参与社区服务管理，参与社区治理，不仅减轻了"两委一站"的负担和压力，而且汇集了力量、凝聚了智慧，使社区服务管理工作顺畅推进。在社区服务管理中，朝阳区的各个社区鼓励成立各类社区居民自组织，如社区秧歌队、舞蹈队、合唱团、乐队等。这些社会组织不仅活跃了社区居民的文化生活，更重要的是带动居民参与社区服务管理，有力推动了社区建设。建国门街道、劲松街道、南磨房地区办事处的社区还成立了居民"议事会"，通过多方参与、凝聚共识，共同解决社区服务管理中所面临的问题，如物业问题、小区内停车问题、装修扰民、社区内环境整治、养猫养犬、垃圾分类等问题，极大提高了社区事务处理应对能力，获得了居民的广泛认同。类似这样的社会组织在其他社区也不少见，都成为社区服务管理的重要力量之一。

第三节　将社会治理融入社区服务

社区服务是基层治理的重要内容，党的十八大明确要求"增强社区服务功能"；2021 年 4 月，《中共中央 国务院关于加强基层治理体系和治理能力现代化建设的意见》发布，提出"完善支持社区服务业发展政策，采取项目示范等方式，实施政府购买社区服务，鼓励社区服务机构与市场主体、社会力量合作"。尽管北京市在推进社区服务方面做了大量工作，取得积极成效，但总体上看，仍然存在发展不平衡、不充分的问题，与社区居民的新期待还有一定的差距。需要对标对表党中央、国务院和北京市委、市政府的决策部署，将社会治理融入社区服务中，从群众身边小事做起，发展协商民主，鼓励居民参与，统筹解决群众的急难愁盼问题，让居民在社区服务中有实实在在的获得感、幸福感、安全感。

一、北京市社区服务面临的挑战

从社区服务体系建设本身看，北京市社区服务存在着体制机制不健全、基本公共服务供给不足、便民利民服务效率不高、信息化程度滞后等问题，但从社会治理角度看，制约北京市社区服务发展的主要原因还是社区组织定位和功能发挥问题。

（一）社区工作事多量大，繁忙琐碎

作为社区建设、社区服务管理的主要执行者，社区居委会长期处于"一根针"面对"千条线"的尴尬现状。社区承担的政府委办事项过多、过杂，占用社区工作人员的大量时间和精力，一定程度上干扰了社区工作者的法定工作或本职工作，影响了针对居民的社区服务。调查显示，在被访的社区工作者中，超过65%的人认为"政府下派给居委会的任务太多"。"各项工作进社区"，一方面使得政府各部门将服务重心下移至社区，将服务送到社区；另一方面为了检查工作的进展，总结经验，社区面临政府各部门名目繁多的评比检查。每一类评比的组织者都是抱着"以评促建"的目的或心态，但是当各个委办部局同时面向社区开展某项工作评比的时候，社区工作者忙于应付写总结材料和填写各类表格，令其疲惫不堪。虽然中央一再强调为社区减负，也明确了社区的任务和工作清单，但在压力型现状下，社区的实际工作量依然未减。

（二）社区组织权责不清

在课题组调查过程中，社区工作者说得最多的一句话是，"社区两委一站权力有限却责任无限"。例如，一位居委会主任说，现在不少单位和部门需要居委会出具有关居民居住、生存、财产等方面的证明，但是居委会本身没有任何权力和资格承担这些责任，也没有办法去核实这些问题。居委会处理的社区居民问题往往涉及多家单位利益，居委会很难协

调和处理。另外，居委会和物业公司之间合作关系的密切与否也会影响社区服务水平。社区居委会作为政府的代理人和居民的代言人，这两种角色本身就存在冲突。社区居委会忙于应付各类不属于自己权力范围内的事务，抽不出更多的时间贴近居民、服务居民，不了解居民心声，就很难提供符合居民需求的服务。

（三）社区工作者职业能力和规范服务有待提高

"两委一站"中的社区工作者直接从事社区服务管理，他们的团队合作意识和工作能力直接影响社区工作的服务水平。与十几年前相比，社区工作者队伍已经发生了很大的变化，改变了社区工作者留给人们"年龄老化、知识老化"的陈腐印象。随着社区工作的政策性、专业化程度提高，社区工作者需要提升相应的能力和素质。例如一位社区工作者说，自己必须掌握一些法律知识、心理学知识、社会工作知识、管理学知识才能应对工作的要求；同时还要具备良好的沟通能力、倾听技巧、文字表达能力等，才能很好地与居民和同事合作。如果这些专业知识和沟通能力方面有所欠缺，都会影响整个团队的工作。

（四）社区志愿者队伍动员机制不足

朝阳区的社区志愿服务发展时间长，内容丰富，形式多样，尤其在重大赛事以及重大节日期间，为北京市提供了高质量的志愿服务，获得了政府和社会的高度认同。社区志愿者队伍是社区工作的主要力量之一，他们参与社区工作，为社区工作者献计献策，亲身参与社区居民兴趣活动和各类重大社会活动，提供环境保护、雨雪天气提前清扫积雪、营造安全出行以及社会秩序维护等各方面的志愿服务。但是调查发现，目前朝阳区社区志愿者还存在一些阻碍发展的因素。首先，组织和动员功能还需要提高。社区志愿者功能和特性定位不准，适合搞大型的单项活动，对社区中长期的志愿活动规划、指导不强。其次，服务内容单调，有时流于形式。应该与社区内的各单位和社会组织联合起来，进一步挖掘社区资源、拓宽服务面，提高社区志愿服务的层次与水平。最后，协调沟通不够。社区内各部门、各单位的志愿服务队伍缺乏有效协调，在开展社区服务时往往单独行动，对全面、深入地开展社区志愿服务活动有一定的影响。社区志愿服务组织只有真正成为一个独立的社会法人团体，才能实现自我组织、自我管理、自我激励，才能真正走向社会化的社区志愿服务。

二、推进北京市社区服务发展的意见建议

加强社区服务是贯彻落实党中央决策部署，推进基层治理体系和治理能力现代化的重要举措，是改善社区居民生活品质、促进就业、化解社会矛盾、提高生活质量的具体行动。针对北京市社区服务面临的挑战和问题，课题组提出以下意见建议。

第一，编制并实施社区服务发展规划。2021 年 12 月，《国务院办公厅关于印发"十四五"城乡社区服务体系建设规划的通知》，明确了加强和改进社区服务工作的指导思想、基本原则和主要任务，要求大力推进公共服务体系建设，使政府公共服务覆盖到社区；充分发挥社区居委会在社区服务中的作用；培育社区服务民间组织，组织开展社区志愿服务活动；鼓励和支持各类组织、企业和个人开展社区服务；加强领导和政策指导，强化社区服务监管等。北京市要抓紧制订并实施"十四五"城乡社区服务体系建设规划，结合实际提出具体目标、发展路径、重点任务、时间安排和保障措施。

第二，加强党对社区服务工作的领导。着力构建以党建引领为核心，多主体共同参与的"一核多元"党建引领社区服务新格局。坚持将党的领导贯穿社区服务体系建设的全过程各方面，促进提升基层党组织组织力，发挥党员服务群众带头示范作用，厚植党的执政基础。落实进一步加强和改进社区党建工作的若干意见，以强化社区党组织政治功能、提升组织力为重点，进一步明确社区组织体系、治理结构、党建管理、服务群众等基本规范，健全完善以社区党组织为领导核心，社区居委会为

主导，社区居民为主体，物业企业和社区社会组织广泛参与、协同联动、共建共治共享的社区治理体系。

第三，推进社区服务人才队伍建设。规范社区居委会换届选举，全面落实社区"两委"班子成员资格联审机制。通过选派、聘用、招考等方式，选拔优秀人才充实到社区工作者队伍，鼓励引导高校毕业生、退役军人、就业困难人员到社区就业创业。健全社区工作者职业体系，建立岗位薪酬制度，完善工资动态调整机制，落实社会保险待遇。加强社区工作者职业培训，提高专业化服务能力。鼓励引导社区工作者参加社会工作者职业资格考试，接受社会工作专业能力培训，逐步形成以社会工作者、社区工作者为主体的社区社会工作人才队伍体系。通过政府购买服务等方式，加大对社区社会工作服务机构资助力度，实施社区社会工作"优才计划"，提升社区服务人才队伍专业化水平。鼓励社区工作者在居住社区工作任职。

第四，强化社区服务信息化支撑。信息化是发展社区服务的重要支撑。要利用互联网、区块链、大数据、云计算等现代信息技术，推动"互联网+政务服务"向社区延伸，加强社区基础数据、社区服务需求数据、社区服务供给数据采集，完善社区地理信息、人口信息、房屋信息等基础数据，建设北京市社区服务基础数据库，推动社区服务数据资源共享。根据服务群众需要，政府有关部门要依法依规向社区推送数据资源，实现一次采集、多方利用。充分运用手机 App、微信群等信息工具，探索大数据支持下的"掌上社区"服务管理模式，开发"网上议事厅"，促进社区参与，提升社区服务效能。依托智慧社区建设，根据社区服务需求，改进社区服务设施，拓展社区服务供应商，推进社区惠民服务信息化场景应用。

第五，加强社区综合服务设施建设。实施城乡社区综合服务设施补短板工程，推进新建社区综合服务设施标准化规范化建设，优化布局、提升能力。加大社区服务设施建设投入，加强社区服务设施空间综合利用，鼓励有条件的地方开展城市社区综合服务体建设，促进便民利民服务集聚集群发展。按照老年人、未成年人、残疾人优先的原则，优化社区综合服务设施空间布局，促进各类服务设施功能差异互补、内容衔接配套。优化社区服务站与街道社区服务中心的职责分工，统筹使用社区综合服务设施。探索建立社区综合服务设施社会化运作机制。加大财政保障力度，实现社区综合服务设施的可持续发展。

第六，持续增强社区服务综合供给能力。畅通居民社区服务诉求表达机制，通过"接诉即办"、社区微信群、居民代表、社区自治组织等多渠道全面掌握居民社区服务需求。建立健全社区服务诉求回应机制，由社区基层组织、物业公司等直接回应居民简单诉求，由社区基层组织商政府有关职能部门回应居民复杂诉求，通过政府购买服务等方式回应居民可通过市场机制解决的诉求。夯实政府在基本公共服务供给保障中的主体地位，不断强化为民服务、便民服务、安民服务功能。创新社区服务供给方式，推行"综合窗口""全能社工"等模式，实行全程代办、预约办理、上门服务，构建社区服务供给良性协作机制。强化社区基层组织在社区服务供给中的主导作用，完善社区物业服务供给能力，发展社区社会组织，增强其在社区服务供给中的补充作用。

第六章 依附与合作：社会组织与
政府信任关系的应对策略

近些年，社会组织以及其他社会力量迅速成长起来，开始在社会治理中扮演越来越重要的角色。在这种情况下，社会治理中的行动者就是一个由政府、非政府组织和其他社会力量构成的行动者系统。[①] 社会治理共同体应该是社会治理各参与方在基本利益一致基础上的协同、合作的组合方式和存在状态。正如罗茨（R. Rhodes）所言，作为社会—控制体系的治理，它指的是政府与民间、公共部门与私人部门之间的合作与互动；作为自组织网络的治理，它指的是建立在信任与互利基础上的社会协调网络。[②]

社会组织是参与社会治理的重要力量，与政府信任关系的建立与维系已成为社会组织生存发展的必要保障和重要支持。随着政府购买服务工作的全面推开，用于资助社会组织的资金量也越来越大，财政资金正在成为社会组织重要的收入渠道。与政府建立良好的信任关系，不仅有助于社会组织构建和谐的发展氛围，也将成为稳定的收入来源。社会工作机构是参与政府购买服务的新型力量。深入研究社会工作机构如何与政府建立并维系信任关系，从而为自身发展创造最佳环境，对于促进社会组织在基层社会治理中发挥作用具有重要意义。本章以社工机构 Z 组织为个案研究对象，对社会组织与政府信任关系的依附、契约、平等合作三个变迁过程及其策略进行深入分析。

---

① 张康之. 论主体多元条件下的社会治理 [J]. 中国人民大学学报，2014（2）.
② 俞可平. 治理与善治 [M]. 北京：社会科学文献出版社，2000：3.

第一节　信任关系是社会组织发展的基础

随着社会主义市场经济的发展和政府职能的转变，政府迫切需要创新社会治理模式，吸纳更多社会力量参与社会治理和公共服务，而社会组织的存在与发展能够在一定程度上帮助社会建立起一套弥补政府和市场"失灵"的替代性反应机制。截至 2017 年底，全国共有社会组织 80.3 万个，同比上年增长 14.3%，数量激增;[①] 从 2018 年开始，社会组织逐渐从追求数量增长的高速度发展阶段向追求质量和效益的高质量发展阶段转型。[②] 社会组织已经成为新时代全方位参与社会建设的一支重要力量。社会组织的专业性、灵活性与民主性等优势得到肯定，但处理好与政府的关系仍是社会组织生存与发展的前提。

在一切社会关系中，信任被认为是最基本的维度，信任问题也是人类社会的基本问题。帕特南（Robert D. Putnam）在《使民主运转起来》（1993 年）一书中指出，社会资本指的是社会组织的特征，例如信任、规范和网络，它们可以通过促进合作行动而提高社会效率；社会资本包含的最主要的内容就是社会信任、互惠规范以及民众参与网络。从"信任"的维度探索我国社会组织发展过程中需要关注的关系、网络、参与等问题，能够比较好地回应政府与社会组织从依附到合作关系的转变。关于信任的内涵，翟学伟认为，人类生活中的依赖是必需的，人们之所以能够生存是建立在彼此依赖的基础之上，作为依赖形式之一的信任，则带有更多的社会构成和文化观念的特点。[③] 社会组织与政府信任关系的建立也是基于相互间的依赖，没有依赖，就无所谓信任，由此生成的依

---

① 黄晓勇，等. 社会组织蓝皮书：中国社会组织报告（2018）［M］. 北京：社会科学文献出版社，2018.
② 黄晓勇. 社会组织蓝皮书：中国社会组织报告（2019）［M］. 北京：社会科学文献出版社，2019.
③ 翟学伟. 信任的本质及其文化［J］. 社会，2014（1）.

附型信任是双方信任关系形成的起点，这是信任关系建立的基础。当前我国社会组织发展尚未完全成熟，制度机制仍不够健全完善，政社合作的路径与方式仍有待探索与创新，政府对社会组织仍然存在一定的不信任态度，同时社会组织也担心因政府过多干预失去独立自主的权利。在政府与社会组织相互磨合的过程中，双方信任关系经历了哪几个阶段的演变与发展？社会组织先后面临了哪些困境？采取怎样的行动策略来解决问题，从而建立和维系双方的信任关系？这些都是需要重点关注的问题，学术界对此也进行了一定的探索，取得了一些研究成果。

　　社会组织与政府的信任关系研究主要从宏观和微观两个层面展开。在宏观层面，主要以"国家−社会"为分析框架探讨社会组织的生存发展，揭示政府力量与社会力量间的博弈过程，展示双方信任关系的发展和演变。该层面研究的主要观点是，通过国家干预，能够将社会团体吸纳到国家决策结构中，从而实现国家与社会的有机整合。总的来看，在政社双方互动过程中依次递进产生三种信任关系。首先是依附型信任关系，社会组织因对资源的依赖而形成对政府的依附，政府支持是社会组织发育成长的前提条件。这种关系下，社会组织未能得到独立自主权。[①]之后社会组织逐步呈现出从强依附到弱依附，以及从分类控制走向嵌入性发展的明显转变的特征。其次是制衡型信任关系，强调社会组织对政府的监督制衡和决策影响作用，以及政府与社会组织的"竞争"与"对立"关系。这是随着社会发展、政府职能转变，政府与社会的"二元性质"促成的。最后是契约型信任关系。契约主义理论强调契约与合同是政府协调自身与社会的重要工具。契约型信任关系是政社双方基于市场交换原则进行的互动，双方之间通过契约明确各自的权利与责任，进而开展项目活动。此外，社会治理理论突出强调多元参与，主张政社双方建立平等且稳定互信的合作伙伴关系，这种合作伙伴型信任关系是指双

---

　　① 康晓光，韩恒．分类控制：当前中国大陆国家与社会关系研究［J］．社会学研究，2005（6）．

方产生较为稳固互信的长期性合作伙伴关系。但是同为合作关系，也会表现出不同的状态。当然，不少研究者认为，如果能够形成合作伙伴型信任关系，则将会达到双方都认可的政府与社会组织关系的最佳状态。

在微观层面，主要聚焦社会组织的行动实践，对信任关系建构过程中的行动策略开展研究。不少学者认为，对政社信任关系的研究不应仅依照政府权力与制度构建出互动场景，也应当从社会组织自身的发展背景、际遇处境、实践经历等微观的生活实践层面入手。学者们对社会组织解决发展困境所采取的策略研究主要集中在以下几个方面：第一，扎根基层做实事，提供专业有效的服务；① 第二，坚持组织理念与社会责任；② 第三，不断反思，提升组织自身能力建设；③ 第四，学习与政府间的合作。此外，还有学者从其他角度展开研究，张紧跟、庄文嘉认为，民间组织的非正式政治行动策略在一定程度上也形成对地方政府的监督。④ 林磊从"先社会，后政府"的理念出发，指出社会组织应当采用促进社区居民获得感及拥有感的行动策略。⑤ 龚志文、李万峰提出，政府与社会组织的互动策略因制度规则、政府层级、社会组织活动性质、资源关系等因素的差异表现出很强的权变性。⑥ 朱兴涛、李琳琳（2019）在个案研究的基础上，具体分析了社会组织通过主动寻求正式注册、积极参与政府活动、依托高校联建、拓展社会关系等策略推动社会组织合法性身份建构的过程。⑦

① 邓国胜. 中国草根 NGO 发展的现状与障碍 [J]. 社会观察，2010（5）.

② 姚华. NGO 与政府的合作何以可能？——以上海 YMCA 为个案 [J]. 社会学研究，2013（1）.

③ 朱健刚. 草根 NGO 与中国公民社会的成长 [J]. 开放时代，2004（6）.

④ 张紧跟，庄文嘉. 非正式政治：一个草根 NGO 的行动策略——以广州业主委员会联谊会筹备委员会为例 [J]. 社会学研究，2008（2）.

⑤ 林磊. 在地内生性：社会组织自主性的微观生产机制——以福建省 Q 市 A 社工组织为例 [J]. 中国行政管理，2018（7）.

⑥ 龚志文，李万峰. 我国社会组织与政府的互动：策略、逻辑及其治理 [J]. 新疆社会科学，2018（4）.

⑦ 朱兴涛，李琳琳. 合法性建构：民办社会组织的行动策略研究——以吉林省 Y 志愿者协会为例 [J]. 社会工作，2019（3）.

研究发现，从宏观层面上看，社会资本是社会组织与政府信任关系变迁过程中一个重要的理论视角。社会资本是一种附带"资本"属性的社会资源，组织间的资源互换、共享能够提升彼此间的信任，产生一定的社会效益。社会资本的表现形式多样，文化、互惠规范、参与网络等都是形成社会资本的重要元素，信任是社会资本的核心，相关要素的发展能够促进信任的形成与维系。从微观层面上看，社会组织在具体行动实践中，需要有目的地建构与政府的信任关系，这就需要采取必要的策略和方法，而不是消极等待。社会组织需要从自身需求出发，结合自己的实际情况，通过积极主动的努力，建立并维系与政府的信任关系，进而为自身稳定发展奠定良好的基础。

第二节　信任关系的变迁与策略

Z 机构成立于 2003 年，先在北京市工商局注册为"企业"，实际上是一个秉持"团结协作，助人自助"服务理念的社会服务组织。Z 组织的主要服务对象是农民工、流动儿童和孤寡老人等困境人群。组织初创时期，因其"企业的身份"难以得到政府和社会的认可与信任。在发展过程中，Z 组织与政府、企业、社会组织以及志愿者广泛合作，逐步构建起"服务创新—研究倡导—专业支持"三位一体的社会服务体系。截至 2018 年底，Z 组织为超过 92 万人次的农民工及其子女、孤寡老人提供了专业服务，逐渐得到社会各界的关注与认可。Z 组织建立了理事决策—专家支持—首席统筹—各部门执行的组织管理架构，组织工作人员总计 49 人，理事团队 12 人，核心管理团队 15 人，核心人员与 Z 组织建立了稳定的信任合作关系。Z 组织凭借专业的社会服务能力和较高的管理运作水平，连续多年被北京市评为"5A 级"社会组织，成为北京市民政局重点合作的社会组织之一。其组织模式已被成功复制推广到南京、珠海等地，同时获得多项政府、学术界的嘉奖①。Z组织在行动研究中传播基层声音、在政社交流中促进社会对话、在政策倡导中引领专业建设，已经形成了自己的声誉和品牌，营造了与政府之间良性的合作与信任关系。

课题组之所以选择Z组织作为研究对象，是因为与该组织建立了良好的合作关系，能够无障碍地深入了解该组织的发展历程，并能够深度参与该组织的内部运作。通过对Z组织的参与式分析，课题组所获得的资料具有较强的可信度。课题组在以Z组织为个案探索社会组织与政府信任关系的变迁过程中，注重从微观层面分析社会组织在不同发展时期所采取的行动策略，以及这种策略是如何促进双方信任关系发展的。当然，课题组之所以选择Z组织作为课题研究的个案对象，还有其他几方面重要原因：第一，从组织自身来看，作为北京市第一家由市民政局直接主管的民办社会工作专业机构，Z组织扮演着行业领头羊的角色，其专业的服务品质、较为清晰的组织定位也成为同类组织效仿的标杆，被视为社会组织示范基地和孵化器，具有良好的经验研究价值。第二，从Z组织与政府信任关系发展历程来看，双方经历了从"弱关系"到"强关系"的转变，且这种信任关系有明显的涟漪效应，北京市其他政府部门也将其纳入可以信赖的合作伙伴，市民政局、妇联、社工委等政府部门与Z组织的合作紧密且全面。第三，从Z组织与政府信任关系的形成策略来看，Z组织注重内部治理、助力政府职能转变，能够结合自身专业支持实践，发布相关研究报告与指导手册，为行业的专业建设与规范发展提供指引等。Z组织的发展历程轮廓清晰地呈现了过去近二十年来与政府信任关系的建构过程，从最初的不信任、磨合、依附到逐渐信任与合作，双方的你来我往、互为补充的行为和细节足以发掘内在的发展逻辑，非常有意义。

---

① 2004年该机构被北京市政府部门授予"首都创业青年教育服务先进单位"称号；2010年荣获北京大学和香港理工大学联合颁发的"林户杰出社会工作贡献奖"；2012年荣获"北京市社会组织示范基地"称号；2016年获"首都最佳慈善组织"称号。

首先，课题组成员亲身参与 Z 组织的项目实施和评估工作，深入实地体验组织生活，通过与被研究者之间的经常性互动，理解其行为逻辑与意义解释；其次，课题采用多种资料收集的方法。一是访谈法，在 Z 组织做项目和调研期间，与 Z 组织的创始人、理事长、总干事、一线社工、服务对象、志愿者，以及政府工作人员等 20 余人展开半结构式访谈，充分了解 Z 组织的内部结构和管理、服务项目的酝酿和实施、危机处理和公共关系的建设等；在组织发展和服务实施过程中，详细观察和了解与信任关系相关的个人和组织的观点和感受。二是实物分析法，Z 组织的创始人 LT 转行自传媒行业，善于文本的撰写和归纳，尤其是大量的影像资料的整理使得该组织的历史文档和年鉴非常丰富。Z 组织成员自己撰写发表的研究文章、案例汇总等也为笔者提供了一个观察社会组织自我反思与成长的独特角度。这些访谈和原始资料包含的细节和内容使得 Z 组织与政府信任关系的建立过程显得立体且真实。因此，结合质性研究的理念与方法，更加符合研究者对研究对象的了解与认识。

一、先天形成阶段：权力不对等形成的依附型信任

2003 年，Z 组织创始人与志愿者们开启了抗击"非典"农民工紧急救援服务，由此 Z 组织诞生。之后，通过与政府、企业、志愿者们的广泛合作、构建系统完整的服务体系，终于在 2010 年 6 月，Z 组织突破了双重管理制度限制，在北京市民政局正式注册，获得了合法性身份，成为北京市第一家兼具服务性与支持性的市级民办社会工作专业机构。但在初期，政府与社会组织之间形成的是一种单向的、依附型的忠诚关系——政府以对待下属事业单位的管理方式对社会组织进行管理，社会组织在人力资源、项目和资金等方面几乎完全依赖于政府的拨款和项目支持，其发展的关键在于政府资源的给予。资源给得多，发展得就又稳又快，反之则很难健康发展，甚至生存都成问题。如果人的生活没有依

赖，就无所谓信任。① 正是因为有了依赖，就会产生信任。社会组织与政府之间也是因依赖而形成信任关系，这种信任关系就是先天性的依附型信任关系。在这种关系中，呈现出政社双方的"弱关系"状态，社会组织独立性弱、决策力小，政府对社会组织的信任度低、影响力大。

（一）面临困境：政社双方权力不对等，社会组织面临可替代性难题

依附型信任关系或称依附型合作的基础是权力和权威，合作双方存在不平等的依附关系，合作依靠的手段是强制性的命令、资源分配的制约以及管理人员的行政性更替等。依附型合作随意性比较大，不够规范，合作具有不平等性和不稳定性。② 从实际运作情况来看，政社双方关系中存在一定的资源不对称性。资源不对称性的核心是权利的不对等，互动主体之间掌握资源多的一方拥有更多的支配权与话语权，而被动接受资源的一方话语权少，处于被支配的地位。由于政府掌握了社会组织的资源分配与项目获得，因此也就拥有了对社会组织的控制权。Z 组织的收入与项目资源多依赖于政府，以 2016 年为例，其总收入中政府购买服务收入 584 万元，占总收入的 80%；捐赠收入 59.6 万元，连同其他收入仅占总收入的 20%，此前的捐赠收入占比更低。随着公益众筹法律法规的逐步完善、社会捐赠模式丰富、捐赠数量增加，再加上 Z 组织自主发展与创收能力的增强，一直到 2018 年，Z 组织才勉强做到捐赠收入与服务收入的基本持平。

（二）信任策略：形成与政府契合的组织理念，双方产生文化认同

在依附型信任关系中，社会组织由政府统一领导，行政化色彩浓厚，同一服务领域资源竞争激烈，社会组织面临可替代性难题。在这种形势下，社会组织如何凸显其竞争优势，从而获取政府方面更多的信任与支

---

① 翟学伟. 从社会流动看中国信任结构的变迁 [J]. 探索与争鸣，2019（6）.
② 倪永贵. 政府与社会组织合作治理模式创新趋向研究——以温州市为例 [J]. 北京交通大学学报（社会科学版），2019（4）.

持呢？Z组织认为，"文化认同"策略能够帮助其解决信任难题。

　　福山（Francis Fukuyama）认为，信任是在一个群体之中，成员对彼此常态、诚实、合作行为的期待，基础是成员们共同拥有的规范，社会资本最终呈现为信任，信任又以文化为基础，因此文化成为社会资本的重要条件。① 文化认同则是指人们对文化表现出的具有倾向性的认可，这是人们形成文化归属感的基础。对社会组织而言，组织理念与文化是组织发展的风向标，也是其社会资本的重要体现，建立一定的文化认同是社会组织与政府之间信任关系产生的前提。Z组织从建构文化认同入手，推动建立与政府之间的信任关系。

　　一是形成与政府服务思路相契合的组织理念。Z组织"团结协作，助人自助"的组织理念，外在表现为相信每个个体生命的尊严，每个"弱者"的力量。组织的行动目标致力于赋权"弱者"、增能基层。

　　"（我们）将政府当作我们的服务对象之一。起初政社双方还存在很多不了解，但我们认为绝不能将政府置于对立面，而是需要用同理的理念去理解政府，这也是助人自助的理念。"（Z组织倡导部副主任WLH访谈记录）

　　由此，Z组织找到了与政府合作最重要的基础，即将自己的专业助人服务与政府愈加强化的"服务型治理"的思路保持一致，形成同向发力的共同目标。其致力于服务政府最为关注的困难群体，也非常符合政府对相关领域专业化社会服务的要求，以及对于此类社会组织的设定，从而逐渐获得了政府的认可，建立了良好的信任关系。在依附型信任关系的磨合阶段，政府与社会组织的合作关系模式可以分为三种：协同增效、服务代替和拾遗补阙。② 这三种模式都突出了社会组织参与社会治理过程中对政府应该有的积极作用，社会组织在初期的关系建构过程中如果能

---

① 弗朗西斯·福山. 信任——社会美德与创造经济繁荣［M］. 海口：海南出版社，2001.
② 倪永贵. 政府与社会组织合作治理模式创新趋向研究——以温州市为例［J］. 北京交通大学学报（社会科学版），2019（4）.

做到这些，则会非常有利于促进双方信任关系的发展。需要强调的是，"契合"是双向的理解与合作，对政府的一味迎合与遵从容易导致组织迷失方向、失去初心，社会组织需要在坚持自身专业服务的基础上不断探寻与政府合作的切入点与平衡点。

二是建立可传承发扬的组织文化。Z组织将"注重人性、勤奋刻苦、精益求精、专业务实、团队合作"这五大文化要素融于自身血脉和发展历程。文化的意义不在于起步创立，而在于传承发扬。

"社工专业性体现在两个层面，一是专业的服务技术，二是专业的精神，做到精益求精。这是从建立之初就要延续下来的，督导的作用很关键。"（Z组织创始人LT访谈记录）

社会工作者对组织文化的理解、共享、改进、传承的过程也是其产生组织归属感与满足感、与组织建立信任关系的过程。社工们以其专业的服务能力帮助社会困难群体，以"协作者"的身份协助政府解决社会问题，通过实际行动实现了自我价值，由此得到政府的肯定和认同，有利于组织与政府建立信任关系并得到政府的更多项目资金支持，进而支撑组织的未来发展。

二、逐步磨合阶段：政府主导下的契约型信任

自2010年开始，Z组织以协办单位的身份协助北京市民政局等政府部门开展系列工作，政府对Z组织的关注度与认可度进一步提升，双方合作不断增强，契约成为政府管理过程中的重要工具。政府运用正式的契约与竞争机制引导社会组织的行为，建立了双方信任关系的纽带。[①] 政社双方以契约或合同为基础，严格按照契约办事，明确边界，保持距离，既合作又制约，打破了原来单纯依附型的单向义务关系，逐步转化为法定的权利义务关系，进而实现了权利与义务对等的契约关系。契约型信任关系实际上是对依附型信任关系的超越，以法治代替人治，双方逐步

---

① 马全中. 论政府与社会组织关系从协作到合作的转型［J］. 理论与改革，2017（3）.

磨合，具有明显的工具理性主义色彩。

（一）面临困境：自主发挥空间不足，社会组织自我管理缺位

在契约型信任关系中，从契约关系本身来看，这是一种以理性计算为前提、以资源交换为基础的计算式的信任。Z组织在项目开展前需与合作方签订契约，明确甲乙双方的权利、义务与责任后，方可开展合作。契约既是彼此间的承诺、信任，也是活动开展的重要前提和风险防范的基本保障。契约促进了政社双方信任关系的转变。

"我们与政府的合作都有契约保障，不能随意违背合作协议的有关规定，不是我们想怎样合作就怎样合作的。"（Z组织创始人LT访谈记录）

契约虽然明确了双方的责权利，但是政府在发布项目、资金支持、组织审核、项目验收等程序性实施过程中依然居于主导地位，社会组织自我发挥与自主管理的空间仍然有限。Z组织更多是在执行和完成政府的项目，没有参与制定政策、设计项目等权力，未能获得独立发展、自我管理、平等合作的权利与机会。社会组织在前期通过理念塑造和文化积累，一定程度上得到了政府的尊重与认可，但随着双方契约关系的形成，Z组织获取政府支持、谋求合作的策略重心开始从抽象层面的"文化认同"转向具体层面的"资源交换"。

（二）信任策略：以专业服务换取项目资源，促进政社双方共同发展

布迪厄（Pierre Bourdieu）将社会资本看作是一种与社会成员和社会网络联系在一起的资源，这些资源必须通过社会关系、与他人互换才能获得，不可被人直接占有。[1] 在政社契约关系中，政府的目标是对公共资源进行公平有效的分配；社会组织扎根基层，关怀困境人群，以服务对象利益最大化的服务原则，使公共资源得以有效配置，[2] 能够比较好地达

---

[1] 布迪厄. 文化资本与社会炼金术［M］. 上海：上海人民出版社，1997.

[2] 李涛. 社会组织在政府购买社会工作服务进程中的功能与角色——北京协作者参与政府购买社会工作服务经验总结与思考［J］. 社会与公益，2012（8）.

成政府的目标。政府发挥行政力量分配资源并做好评估与监管；社会组织发挥专业力量提供具体服务，双方能够从合作中实现共赢。值得注意的是，在资源交换过程中，社会组织一定要始终保持底层意识，肩负社会责任，不可过分强化创新性建设、规模化发展等上层思维。优质的社会服务一定要做到扎根基层、持续发展、不断改进、精益求精，避免一次性、表面化、完成任务性质的社会服务。

2013—2014 年，受北京市民政局委托，双方签订合作协议后，Z 组织建立了以社区为资源配置平台，以社会组织为实施载体，以社会工作人才队伍为专业支撑的"三社联动"机制，契约合作过程中最重要的条件也取决于能否形成有效的资源互换。在此过程中，政府发挥"行政引擎"的关键功能，社会组织提供专业服务，政府加深了对社区问题的认识、对社会组织专业服务的体验，项目合作也成了双方资源互换、相互支持的载体。然而，即便是在良性发展的过程中，双方也难免会产生意见与分歧。

"项目初期，（政府和社区）都认为我们工作效率低，但我们在开展项目前期的确需要做充分的准备和规划。还是要坚守原则，最终我们用专业服务和项目成果证明了自己。"（Z 组织倡导部副主任 WLH 访谈记录）

Z 组织的个案说明，依托契约协议的资源交换与共享的合作关系在一定程度上弥补了政社双方工作理念与做事方法的差异性。社会组织注重过程，讲求制度的规范性；政府部门注重结果，追求公平效率为先。但是，信任能够有效减少机会主义行为的产生，进而降低双方的交易成本，使政社双方关注共同目标和长远利益，并进一步增进信息交换和资源共享，促进社会组织的学习与创新。政社双方彼此之间的信任有助于形成较为包容的工作氛围，有利于组织和政府间的有效沟通并维护关系的正常发展。

三、全面发展阶段：多元主体参与促成平等合作型信任

2015 年，北京市民政局将原为事业单位的社会组织发展中心委托给 Z 组织管理运营，对全市社会组织提供年检辅导、政策咨询、培育孵化等服务，由此开启了政社合作推动社会治理的创新之路。社会治理主体由"政府单一主体"逐步嬗变为"多元主体参与"，政府逐渐改变传统的管理模式，尝试开展政社合作共治，即政府部门设定总体目标、提出需求，社会组织发挥自身优势积极开展专业服务，响应政府与社会需求，帮助实现政府目标，构建形成平等合作型信任关系。政社双方既相互独立又相互依赖，就项目展开深度合作。① 相较于契约型信任关系而言，平等合作型信任关系是政社关系的进一步升华，双方由此进入全面发展新阶段，逐步实现了从"弱关系"到"强关系"的转变，社会组织独立发展的空间与机遇大大增加，双方相互促进、互利互惠、合作共赢的局面进一步形成。

（一）面临困境：信任关系如何长期维系，面临不可持续发展难题

在平等合作型信任关系中，社会组织的身份逐渐从"服务者、被领导者"转变为"倡导者、发起者"，在专业服务基础上开展行动研究，一定程度上可以参与社会政策制定，甚至可以基于基层社会或者特殊困难群众实际需要提出有效的制度设计或开展有针对性的服务项目。社会组织有效的社会响应与专业的政策倡导能力是其赢得政府信任的关键。

"平等合作的关系，就是我们可以合作，也可以不合作，双方是平等的，专业服务是合作开展的核心，保持底线是合作开展的前提。"（Z 组织社工部主任 LJY 访谈记录）

因应基层社会治理创新的需要，政府实施简政放权，社会组织得到了一部分自主选择和独立承接公共事务的机会。2020 年初，新冠肺炎疫情全面暴发，Z 组织开展了"困境流动家庭抗疫救援行动"，尽其所能协

---

① 句华. 社会组织在政府购买服务中的角色：政社关系视角 [J]. 行政论坛，2017（1）.

调资源，帮助有困难的家庭和务工人员渡过难关。这样及时有效的回应和服务，得到了政府更多的信任和支持。

在平等合作型信任关系中，政社双方合作意识进一步增强，政府购买社会组织服务的能力和水平显著提升，这在一定程度上解决了契约关系中的不对等问题。但是，随着社会组织承担公共事务的增多，也容易出现社工职业倦怠、社会服务低效、社会关系网络疏散、志愿者流失等问题，极易造成政社双方信任关系的波动，面临不可持续发展难题。如何维系双方间平等合作型信任关系是社会组织需要思考的重大问题。

（二）信任策略：构建服务网络，政社双方互惠互利稳定发展

帕特南认为，社会资本是指社会组织的特征，诸如信任、规范以及网络，它们能够通过促进合作行为来提高社会的效率。其中"网络"和"互惠"是社会资本的基本组成部分，能有效促进信任水平的提升。[①] 这里的"网络"不仅指组织本身建立起来的服务网络，也包括与组织发展有关的"关系"网，包括服务对象、资源提供方、志愿者、潜在的服务提供者等。"网络"的构建不仅能够提升服务能力，而且有利于成员之间的沟通和协调，同时也进一步扩大了组织声誉，增强了组织的谈判能力，解决集体行动的困境。这里的"互惠"是指合作各方的利益都能从合作中得到一定程度的满足，各方的目标都能在一定程度上得到实现。"互惠"是信任关系得以稳定发展的基石。构建起服务及发展"网络"，形成与政府部门的"互惠"格局，将会极大提高社会组织的社会资本，这对于社会组织自身的动员能力以及与政府合作型信任关系的长远发展至关重要。Z 组织构建起"以服务对象为核心"的服务网络，涵盖了流动儿童、困境家庭、农民工、孤寡老人、志愿者、社会组织和政府等主体。服务网络将有需求的服务对象和提供服务的社会组织、政府联系起来，形成需求、服务、资源链接的系统。这一服务网络使 Z 组织的服务能力

和谈判能力有了极大提高，同时也能够使政府部门设定的服务目标得以实现。

"十多年前，当时看到他们做的事情很扎实，与服务对象之间建立了持续性的联系，（我们）就挖掘出来开展合作。"（政府部门工作人员WQY访谈记录）

服务网络需具备较强的系统性和整合性才能持续稳定发展。组织将面向个人和家庭的经济资助、陪伴服务、能力建设以及最后的政策倡导整合在一起，形成完整的"以服务对象为中心"的服务网络，稳定的服务网络是信任关系得以维系的基础保障。

如果说"网络的构建"是信任形成的基础，那"互惠"就是信任形成的核心，"互惠"也是政社信任关系维系的核心要素。从理论上讲，互惠是指人们同时交换对彼此有价值的东西，但并不一定在第一时间取得回报。从现实经验来看，Z组织与其他各主体之间并不是单向性的付出，而是双向互利互惠的过程。在服务网络建构的基础上，互利互惠的合作机制能够帮助组织与服务对象建立持久稳定的联系。以Z组织志愿者培育为例，16年来，Z组织已培育超过14000名志愿者，其中，从受助者成长为助人者7900名，培育47个志愿者社团。志愿者们能够在付出时间、精力的同时汲取专业知识，提升社会服务、项目管理、宣传倡导等能力，使志愿参与变成一种自发性的、长期稳定的行为，这是Z组织与志愿者建立信任关系的精髓所在，展现了双方之间互利互惠的合作机制，由此形成长效稳定的志愿参与，同时，这也是Z组织完成其他政社合作项目的坚实基础。同样地，Z组织与政府之间也是互利互惠的信任关系，一方面政府为Z组织提供必要的资源与政策支持，加强宏观引导与监督管理；另一方面Z组织扎根基层开展社会服务，通过实践经验所得为政府建言献策，双方共同推动行业发展。至今，Z组织已开展政府委托课题研究在内的38项调查研究，参与14项社会政策与行业标准的起草、制定工作，为社会组织与社会工作事业发展作出了突出贡献，这样的互利互

惠、相互促进、合作共赢使得双方信任关系得以维系。由此看出，构建
服务网络与互利互惠的合作机制是社会组织维系与发展志愿关系、提升
服务质量、促进与政府间信任的重要策略。

Z 组织与政府部门信任关系的发展经历了从依附型到契约型再到平等
合作型的发展过程。其中，依附型信任关系和契约型信任关系都在不同
程度上限制了社会组织的独立与自由发展，而平等合作型信任减少了权
力的强制与约束，社会组织一定程度上得到了自我发挥的空间与权利，
双方经历了从"弱关系"到"强关系"的转变过程。文化认同、资源交
换、网络构建与互利互惠策略在双方信任关系发展的不同阶段发挥了不
同作用，促进双方信任关系的转变与社会资本的提升。需要强调指出的
是，Z 组织在政社信任关系发展过程中采取的信任策略并不是固定不变
的，同一策略可能在不同组织、组织发展的不同阶段、与不同政府部门
合作过程中得以体现与运用，根据组织发展的特定环境与实际需要灵活
使用，并非一成不变。

第三节　从平等合作到"能促"发展

Z 组织的个案研究呈现出政社信任关系变迁过程中社会组织的发展困
境与行动逻辑。可以看出，随着社会组织合法性身份建立、政社双方合
作增强、社会治理模式转变、政府简政放权等事件的发生与推进，双方
间信任关系必然"从弱到强"。纵观其整个发展过程，社会组织面对各阶
段困境的应对策略既主动又被动，既有权宜之计，又有长远考虑。在社
会资本理念的指引下，Z 组织以专业的服务理念与组织文化取信政府，以
资源的交换维护政府，以网络构建与互惠合作维系政府，通过较高水准
的服务质量和长期积累的行业口碑得到政府与社会的信任。政府在与组
织互动的过程中亦表现出积极回应，探索更多的政府购买社会服务方式，
提供更多的服务项目和资金支持。这些连环的举动极大地减少了双方的

交易成本，最终形成以信任为纽带的合作，达成双方乐意看到的局面。

政社双方在建立了平等合作型信任关系之后，社会组织通过自身的进一步发展以及与政府的博弈获取更多自主发展的空间，政社之间能促型信任关系得以实现。"能促"就是"使之能"，指通过赋权增能为组织提供保证选择和自由的真实能力，通过促进这些能力的成长来达成社会治理的目标。^① 但社会组织在起步阶段很难与政府达到能促型信任，只有在进入成熟阶段后，拥有了对"责任与道义""专业性服务水平""规范的组织管理制度"等理念的秉持与发展，才能使其在政社关系中能促发展。对于 Z 组织而言，"能促"发展主要体现在两个方面。第一，政府对Z 组织的赋权增能。政府给予 Z 组织高度的信任与支持，通过项目支持、资源供给、权力赋予等方式，使组织能够高效地承担政府转移出来的公共服务，展现了政府权力向社会权力转化与传导的过程。第二，Z 组织对其他社会组织的孵化增能。Z 组织提供专业支持，助力那些仍处于"初创期""成长期"的社会组织向"成熟期"稳步发展，促进了社会组织之间的合作与信任，增强了社会组织的自治性力量。这样的能促型信任是对平等合作型信任的进一步提升，政社双方达到高度信任关系，方能构建出一种政府与社会组织基于不同功能发挥而相互增权、彼此信任、共同形塑的治理格局。

需要指出的是，课题组选取的 Z 组织个案代表了处于"成熟期"且具备良好的内部治理、专业服务、政社合作能力的社会组织，具有一定的经验研究价值。但该类组织在各方面的能力要远高于那些仍处于"初创期"和"成长期"的社会组织，各类社会组织与政府信任关系的发展并不局限于本章提出的"依附型""契约型""合作型"的变迁过程。课题组提出的信任关系类型难以全部解释处于不断变动的具体场域情境中的政社关系，双方关系会随着时代背景、政策变化、社会冲突与发展的

---

① 林闽钢，战建华. 社会组织的自主性和发展路径——基于国家能力视角的考察 [J]. 治理研究，2018（1）.

不同而变化，政社信任关系间的循环往复、类型叠加、跨越式发展等复杂的变化也是该领域值得研究与思考的问题。但无论如何，通过 Z 组织个案，我们也能够大体归纳出社会组织建立与政府稳定信任关系需要重点关注的几个方面。

第一，能力建设是社会组织构建与政府信任关系的根基。赢得政府部门的信任，不仅需要制度层面从"单向管理"向"双向合作"的转变，更需要社会组织练好"内功"。对于自身能力不够强的社会组织，抛开一些私人利益因素，是很难从政府部门获得项目或服务委托的。政府部门不愿也不敢将社会服务项目委托给无能力的社会组织。北京市民政局等政府部门之所以信任 Z 组织，最主要的因素还在于相信其具备承接服务的能力，能够较好地实现其设定的目标。因此，社会组织要想与政府部门建立信任关系，无论依附型信任、契约型信任还是平等合作型信任，都必须加强自身能力建设，使自身具备与政府谈判的基础。这里的能力建设包括信任网络建设、资源筹集及整合能力、机构运营能力、服务能力以及组织内部治理能力等。

第二，积极参与社会治理是社会组织构建与政府信任关系的重要策略。社会组织能不能作为"第三部门"独立存在？能不能不受政府部门的"控制"？显然在任何一个国家都是不可能的。从理论上讲，社会组织是人们为了有效达到特定目标按照一定的宗旨、制度、系统建立起来的共同活动集体。但由于社会组织成立的目的是实现人们更有效地参与社会治理、整合社会资源、实现某种权利等，因此不可能"独善其身"。在我国，社会组织之所以能够产生并快速发展，正是由于政府以构建"有效政府、有序市场、活力社会"体制为目标，[①] 向社会组织不断让渡制度空间的结果。因此，社会组织不能为了维持自身的独立性而有意保持与政府的距离，而应当及时填补政府让渡的制度空间，在政府领导下积极参与社会治理。在这一过程中，社会组织既要强调其专业性，更要理智

---

① 李培林. 我国社会组织体制的改革和未来［J］. 社会，2013（3）.

对待与政府的依附关系。依附关系本身不是问题，问题在于不能因依附而失去社会组织建立的"初心"。只有这样，社会组织才能从依附逐步增强独立性，最终实现能促发展。社会工作关注基层民生、服务特殊困难群众，是社会治理的重要方面，也是政府部门最为关注的内容。社会工作机构要发挥专业优势，积极参与基层社会治理，在参与中赢得理解和支持，进而构建与政府部门良好的信任关系。

第三，由依附而合作进而实现能促发展是社会组织构建与政府信任关系的方法路径。构建与政府部门的信任关系是一个长期过程，不可能一蹴而就。基于中国文化的特殊性，信任的产生与关系的建立是密不可分的。在政社互动中，社会组织通过正式或非正式方式与政府部门先建立组织或个人政治关联，之后获得政府信任。从本质上讲，依附关系就是社会组织与政府部门之间的资源交换关系。当信任产生后，社会组织就可以作为政府提供公共服务"补缺者"的角色而存在。由于社会组织提供了单靠政府无法提供的公共服务，满足了社会治理的需要，双方都产生了合作的需求。Z组织的案例说明，我国社会组织生存发展模式的独特性在于，社会组织始终依赖于政府职能转变并为政府的优先事项提供服务，特别是基层社会治理方面。几乎所有的社会组织都或多或少需要与政府建立一种信任关系，这样才能得到稳定的发展。对于服务于基层社会的社会工作机构而言，更是须臾离不开政府部门的支持。从依附型信任到契约型信任，再到平等合作型信任，既是社会工作机构与政府部门建立信任关系的逻辑，也是自身发展的逻辑。

第四，稳定的政策制度环境是社会组织构建与政府信任关系不可或缺的因素。我国的社会组织是在国家与社会关系发生根本性转变的情况下发展起来的，改革开放以来，社会建设得到重视，社会组织拥有了发展空间。社会组织的每一步发展都与服务型政府的推进息息相关。党的十六届六中全会对健全社会组织、充分发挥社会组织作用作出明确规定；党的十七大明确要求"重视社会组织的建设和管理"等；党的十八大后社会组织在我国现代社会治理体系中的地位进一步提升，要求加快形成"政社分开、权责明确、依法自治的现代社会组织体制"；党的十八届三中全会将"激发社会组织活力"纳入"创新社会治理体制"的重要范畴。伴随着政府职能转变和更多权力向社会的转移，社会组织发展有了一个有利的制度环境。由于社会组织与政府信任关系的建立以政府逐步简政放权为基础，因此稳定的政策制度环境就有了举足轻重的地位，社会组织与政府的信任关系就能够得以稳定发展。

第七章 身份与行动：服务型 社会治理中的"社工"

社区是社会治理的基本单元，事关党和国家大政方针最终贯彻落实，事关居民群众切身利益，事关基层社会和谐稳定。社区工作者是基层社会治理的直接参与者和主要推动者，社区工作者队伍建设状况，直接影响着社区工作的目标和方式，影响着社区内部治理主体之间的关系，进而影响着基层社会治理的能力和水平。服务型社会治理与社区工作者队伍建设状况有着密切的关系。党的十八大以来，党中央高度重视社区工作者队伍建设，习近平总书记多次就社区工作和社区工作者队伍建设作出重要指示。北京市认真贯彻党中央、国务院决策部署，将社区工作者建设为承担基层社会治理和服务的主干力量，以社区为单位，在解决社会矛盾、缓解利益冲突、凝聚社会共识等方面发挥了重要作用。社区工作者不完全等同于专业社工，但具备社工知识的社区工作者能够极大地提升其专业能力，是服务型社会治理中不可或缺的重要素质要求。

第一节 北京市社区工作者队伍建设现状

在社区，越来越多的居民知道"有困难，找社工"。但"社工"这个词在不同场景中应用时语义含混。有人认为是社区工作者，有人认为是专业社会工作者，还有人认为只有通过社会工作者职业资格考试，获得社会工作师证书的社区工作者才能被称为"社工"。一般来说，广义的社区工作者是指所有参与社区工作的人员，包括社区党组织和居民自治组织成员、职业社区工作者、社区志愿者、社区中介人员以及高校的社区理论工作者等。狭义的社区工作者包括社区党组织、居民委员会干部和专职的社区工作者。从专职的角度看，社区工作者大体可分为以下三类：一是社区居民自治组织的专职工作者，主要指社区居委会专职人员；二是由党政部门工作者组成，包括社区党支部书记、社区民警和社会保障协管员等；三是从属于社会单位或社会组织，为社区居民提供某项专业性服务的从业人员。① 从专业的角度看，社区工作者特指那些受雇于政府机构或非营利社会福利机构，在社区中运用社区工作方法组织社区居民动员社区资源，解决社区问题，促进社区进步和发展的专业社会工作者。② 社区工作者与传统居委会干部不同的是，社区工作者具有专业角色特征，③ 职业的社区工作者可以包括专业的社区工作者，但不是所有的职业社区工作者都是专业的社区工作者。④

一、社区工作者队伍建设的政策环境

我国社区工作者队伍建设的政策发展大体可以分为三个阶段，分别以三个重要文件为标志。

第一阶段：2000 年 11 月，中共中央办公厅、国务院办公厅转发《民政部关于在全国推进城市社区建设的意见》，第一次提出"社区工作者队伍"的概念，要求采取向社会公开招聘、民主选举、竞争上岗等办法，选聘社区居委会干部，努力建立一支专业化、高素质的社区工作者队伍，尤其是从下岗职工和大中专毕业生中选聘政治素质好、文化程度高、工作能力强、热爱社区工作的优秀人才，经过法定程序，充实到社区工作者队伍中去。

第二阶段：2010 年 8 月，中共中央办公厅、国务院办公厅印发《关

---

① 庞剑萍. 分门别类建设社区专职工作者队伍 [J]. 社区，2004（20）.

② 钟莹. 城市和谐社区建设中的主要问题与对策回应——论社区工作专业化是解决社区建设问题的重要途径 [J]. 科技进步与对策，2006（6）.

③ 李少虹. 社区工作者与传统居委会干部之专业比较 [J]. 长沙民政职业技术学院学报，2001（2）.

④ 李芹. 职业化社区工作者与专业化社区工作者的关系 [J]. 社会，2003（1）.

于加强和改进城市社区居民委员会建设工作的意见》，进一步明确了壮大城市社区居民委员会工作队伍的方向，从扩大社区居民委员会工作人员的来源渠道、加强对社区居民委员会工作人员的教育培训、关心社区居民委员会工作人员成长进步等方面提出多项具体措施。文件要求，社区居民委员会一般配置 5 至 9 人，辖区人口较多、社区管理和服务任务较重的社区居民委员会可适当增加若干社区专职工作人员；社区专职工作人员面向社会公开招聘，优先安排符合岗位要求的就业困难人员，其配备比例、招聘办法及专业服务机构的设置标准由市（地）级人民政府或各省、自治区、直辖市人民政府确定；鼓励党政机关和企事业单位优秀年轻干部到社区居民委员会帮助工作或建立经常性联系制度，鼓励高校毕业生、复转军人等社会优秀人才到社区担任专职工作人员，鼓励党政机关、企事业单位在职或退休党员干部、社会知名人士以及社区专职工作人员参与社区居民委员会选举，经过民主选举担任社区居民委员会成员。

第三阶段：2017 年 6 月，中共中央、国务院印发《关于加强和完善城乡社区治理的意见》，明确提出要建设一支素质优良的专业化社区工作者队伍。提出加大从社区党组织书记中招录公务员和事业编制人员力度、注重把优秀社区党组织书记选拔到街道（乡镇）领导岗位、推动符合条件的社区党组织书记或班子成员通过依法选举担任基层群众性自治组织负责人或成员、对获得社会工作者职业资格的给予职业津贴等一系列具体政策。文件要求，将社区工作者队伍建设纳入国家和地方人才发展规划，地方要结合实际制订社区工作者队伍发展专项规划和社区工作者管理办法，把城乡社区党组织、基层群众性自治组织成员以及其他社区专职工作人员纳入社区工作者队伍统筹管理；加强城乡社区党组织带头人队伍建设，选优配强社区党组织书记，加大从社区党组织书记中招录公务员和事业编制人员力度，注重把优秀社区党组织书记选拔到街道（乡镇）领导岗位，推动符合条件的社区党组织书记或班子成员通过依法选举担任基层群众性自治组织负责人或成员；社区专职工作人员由基层政府职能部门根据工作需要设岗招聘，街道办事处（乡镇政府）统一管理，社区组织统筹使用。加强对社区工作者的教育培训，提高其依法办事、执行政策和服务居民能力，支持其参加社会工作者职业资格评价和学历教育等，对获得社会工作者职业资格的给予职业津贴。

党的十九大以来，党中央、国务院反复强调社区工作者队伍建设的重要性，并就加强城乡社区工作者队伍建设提出明确要求。2019年5月，中共中央办公厅印发《关于加强和改进城市基层党的建设工作的意见》，要求建设一支数量充足、结构合理、管理规范、素质优良的社区工作者队伍；健全社区工作者职业体系，设立岗位等级序列，按规定落实报酬待遇，形成正常增长机制。2021年4月，中共中央、国务院印发《关于加强基层治理体系和治理能力现代化建设的意见》，要求研究制定加强城乡社区工作者队伍建设的政策措施，探索将专职网格员纳入社区工作者管理，加强城乡社区服务人才队伍建设，引导高校毕业生等从事社区工作等。

二、北京市加强"社工"队伍建设的政策措施

随着北京市政府强调民生建设，服务重心下移，越来越注重社会服务，与社会建设相关的社会组织培育、社会政策实施和评估以及专业化、个性化社会服务等均需要在社区层面得到落实。如何适应社区建设的新局面，提供更完善的社会服务成为社区工作者面临的新挑战。北京市委、市政府高度重视社区工作者队伍建设和社会工作发展，出台了一系列政策措施鼓励促进社区人才队伍建设，包括2007年，中共北京市委、市人民政府印发《关于加强社会工作人才队伍建设的意见》（京发〔2007〕27号）；2008年9月，北京市委办公厅、市人民政府办公厅印发《北京市社区工作者管理办法（试行）》；北京市民政局等部门印发《关于进一步加强社区专职工作者队伍建设的指导意见》（京民基发〔2005〕298号）、《关于做好2006年—2008年全市社区专职工作者教育培训工作的意

见》《关于贯彻执行〈社会工作者职业水平评价暂行规定〉和〈助理社会工作师、社会工作师职业水平考试实施办法〉的通知》《北京市贯彻落实民政部〈社会工作者职业水平证书登记办法〉实施意见》《北京市社会工作者继续教育实施办法（试行）》等，为社区工作者和社会工作者发展提供了政策保障。《首都中长期社会工作专业人才发展规划纲要（2011—2020 年）》（京组发〔2012〕5 号）是促进北京市社会工作人才队伍建设的纲领性文件，文件规定社会工作者的岗位指标体系由品德修养、行为操守、职业素质和专业知识等内容共同组成，并明确规定了首都社会工作人才队伍建设的目标：即未来 5~10 年，北京要建设一支数量充足、结构合理、素质优良、充满活力的专业化、职业化人才队伍。特别是人才素质要不断提升，即社会工作专业人才思想素质、专业素质、职业能力要有显著提升，人才结构不断优化，基本形成以初级为主体、中级为骨干、高级为引领的人才梯队。"十二五"期间，北京市还实施了"1234 专业人才培养计划"，即到 2015 年，规划社会工作员达到 4 万人、助理社会工作师达到 3 万人，社会工作师达到 2 万人，高级社会工作师达到 1000 人；实现一校（学校）一站（社会工作服务站）一社工，一院（医院/社会福利院/光荣院）一站一社工，一社区一站一社工、一所（军休所）一站一社工的目标。根据北京市《关于进一步规范社区工作者工资待遇的实施办法（2018 年修订）》，社区工作者工资总体待遇平均水平由不低于本市职工平均工资的 70% 提高到 100%。

北京市民政局等相关部门认真落实市委市政府决策部署，进一步完善政策措施，规范加强社区工作者和社会工作者管理，围绕社会工作专业人才队伍建设关键环节，研究制定了《首都社会工作专业岗位开发设置标准体系》《首都社会工作专业人才薪酬指导标准》《首都社会工作专业人才表彰奖励办法》《首都社会工作专业培训质量评估指标体系》《关于进一步做好社会工作专业人才继续教育工作的意见》等，建立健全培养、评价、使用、流动、激励保障等方面的政策措施；围绕优化社会工作专业人才发展环境，研究制定《首都社会工作专业人才职业道德守则和专业行为规范》《首都社会工作专业实习督导制度》《政府购买社会工作服务办法》《关于促进民办社会工作服务机构发展的意见》《关于社会工作专业人才队伍建设试点评估工作的意见》《关于进一步加强社会工作专业人才队伍建设宣传工作的意见》等，建立健全信息披露、专业督导、服务评估、行业自律、违纪处置、职业道德规范、社会工作研究宣传等配套政策；围绕社会工作专业人才队伍建设国家标准和行业标准，研究制定具有首都特色、适应社会需求的《首都社会工作职业标准》等。

北京市各区也都结合实际，相继完善促进社区人才队伍建设的相关政策措施。大兴区出台了《关于在大兴区儿童福利院开展社会工作实践活动的意见》《关于在社区和福利机构设置社会工作专职岗位的意见》；顺义区出台了《顺义区民政局社会工作岗位设置方案》《关于进一步加强社区专职工作者队伍建设的实施意见》；朝阳区出台了《社区工作者管理办法（试行）》；市捐赠中心出台了《社会工作师使用管理办法》；等等。日益健全完善的政策法规体系为社区人才队伍建设提供了制度保障。这些政策措施对社区工作者和社会工作者发展的必要性、发展阶段和目标、发展规模等作出了清晰的界定，为在实践中推动社区人才队伍建设提供了行动依据。

三、"社工"与北京市社区工作

根据北京市民政局的统计，截至 2018 年 10 月，全市共有社区 3209 个，社区工作者 3.69 万人，平均年龄 39.7 岁，92.4% 具有大专以上学历，党团员占 52.9%，女性占 77%，男性占 23%，31.5% 取得国家社会工作者职业水平证书。2021 年上半年北京市圆满完成全市 7164 个村（社区）换届工作，共选出 5.3 万余名"两委"干部。其中，新当选的 3127 名社区书记平均年龄 46 周岁，大专及以上学历达到 94%；新一届社区党组织成员平均年龄 43.4 周岁，年龄结构更加优化，专业化程度进一步加强。他们是首都城市服务管理和社会治理创新的坚强保障。

自 2008 年全国首次举行社会工作者职业水平考试以来，"持证社工"已经成为社会工作者的身份证。北京市获得助理社会工作师、社会工作师证书的人员已有 30552 人，居全国第三位，社工专业人才培养已经有了一定的规模。但是，北京持证的社会工作者仍受限于可以选择的岗位不多、社会认知度较低、工资待遇不理想等因素的影响，在社区就业的人数并不多。有不少人流动到非社会工作部门或岗位，一定程度上阻碍了社区优秀社会工作人才的培养、积累，也影响了社区工作者人才队伍建设。目前北京市 3200 多个城乡社区平均每个社区社会工作持证者数量还不够多，难以适应社区人才队伍建设的需要。从调查看，即使目前在社区从事服务管理工作的社会工作持证者，也因为缺乏岗位要求以及与之相对等的保障待遇，未能有效地运用社会工作专业知识和能力为居民服务，服务的专业性体现不足，不能充分展现专业社会工作方法的优势和独特性。同时，传统社区工作者与持证社会工作者，或者说没有接受过相关培训的社区工作者与持证社会工作者对社会工作专业的理解不同、经验不同、工作方法不同，在开展社区工作的时候难免会产生不理解和不合拍的现象，这也给社区工作的创新开展带来影响。

从社会角色来看，社区工作者直接面对和服务社区居民，是党和政府联系基层群众的"桥梁"和"纽带"，被称为"小巷总理"，是实现基层治理不可或缺的一支重要力量。这些年，在一些重大事件中人们总能看到社区工作者的身影。2020 年新冠疫情肆虐，居民封闭隔离在家里，与外界直接联系和依赖最多的是所居住的社区。社区工作者冲在抗疫第一线，为居民提供贴心服务。习近平总书记总结武汉抗疫经验时，特意表扬社区工作者、志愿者等群体功不可没，值得全社会的尊重。

从社会功能来看，社区工作者对社会工作知识与方法在社区的运用，可以有效地改善和提高居民的生活方式与生活质量，引导居民关心和参与社区发展，帮助困难人群解决问题与困难，提升居民的社区意识和社区归属感，缓解社会矛盾，维护社会的秩序和稳定。社区工作是整个社会工作体系的一个重要组成部分，是社会工作知识、技能与方法在社区中的应用，因此社区工作者是社会工作者队伍中的重要分支。由于社会工作的对象、场地多数在社区，故社区实际上是社会工作最重要的载体。①

从综合素质来看，社区工作者应具备以下七方面素质。第一要有社会责任感，社区工作者应具备崇高的理想，以务实的方法服务社区，贡献社会；第二是政治意识，社区工作者要具有清醒的政治头脑，善于从政治高度观察问题、思考问题；第三是道德伦理素质，道德伦理素质对社区工作者具有重要作用，是开展社区工作应具备的基础素质；第四是知识基础，包括社区工作的理论体系和实务模式、相关行为科学及社会科学的知识方法，以及社区背景知识等；第五需要有沟通能力，社区工作者要遵循沟通与合作的原则，运用相应的知识技巧，建立信任关系；第六是组织能力，社区工作者应当熟悉各种资源，能够平衡社区工作中的供求关系；第七是管理能力，应当掌握社区管理理论，学习现代管理知识，提高管理水平。②

第二节 社区工作者的身份建构与行动逻辑

为深入了解社区工作者在服务型社会治理中身份建构、行动逻辑、作用发挥等情况，课题组选择北京市朝阳区 Z 街道 A 社区作为调查点。这主要有以下几点考虑：首先，A 社区是北京市建设和谐社区的示范单位，也是北京市社区规范化建设的示范单位，而且市委组织部和市委社工委多次组织社区建设培训班学员到该社区进行参观学习，A 社区具有

---

① 徐永祥．试论我国社区社会工作的职业化与专业化［J］．华东理工大学学报（社科版），2000（4）．

② 徐永祥，孙莹．社区工作［M］．北京：高等教育出版社，2004：157-162．

一定的代表性和典型性；其次，课题组成员在 Z 街道办事处实习，负责"两新"组织团建工作以及暑期青少年工作，与 A 社区以及社区工作者有过密切接触和工作上的合作，能够深入了解相关情况，这非常有利于相关资料的收集和研究工作的深入开展。

一、案例基本情况

A 社区隶属于北京市朝阳区 Z 街道，是街道下辖的 9 个社区之一，位于北京市的东北方向，社区占地面积 0.26 平方千米，共有居民住宅楼 44 栋，155 个楼门，3969 户，9726 人，流动人口 3000 余人，驻社区社会单位 12 个。社区基础设施较为完备，建立了一站式服务大厅，社区办公用房达到 350 平方米以上，已实现集中办公。社区内设有市级残疾人"温馨家园"、社区文化中心、安全教育基地、托老所，还有卫生服务站和党员活动中心。

A 社区共有社区工作者 17 名，其中社区党委 5 名，社区居委会 5 名，社区服务站 7 名。女性占到了总数的 58.8%。从年龄分布来看，最大的 50 岁，最小的只有 21 岁，年龄跨度较大，平均年龄为 39.5 岁。从学历层次来看，大专及本科以上学历占 58.8%，主要分布在社区服务站，专业背景涉及社会工作、社会学、国际政治、材料科学等类别。17 名社区工作者中有 6 名通过了社会工作者职业资格水平考试，获取了助理社会工作师的职业资格，但占比仅为 35.3%。

课题组观察社区工作者在社区场域的日常工作和生活情况。在个案研究的过程中同时综合运用了访谈法、观察法和文献法等。访谈内容涉及个人基本信息、家庭结构、从业经历、当前职业以及当前职业评价（受访者、家人、亲戚、朋友、邻居等的评价）、社会交往、文化娱乐以及今后的打算等情况，但访谈内容不局限于访谈提纲。课题组通过研究发现，社区工作者的身份及行动受到来自社工、居民、政府、社会的互动关系和期望的影响，在行动上有所呼应或通过互动以形成自己的身份，并采取与之相称的行动逻辑和工作策略。在这些因素的影响下，社区工作者在基层社会治理中的身份、角色、行动是会发生变化的。

二、社区工作者的身份建构

社会学家和社会心理学家提出的角色理论揭示了人们是如何按照社会期望的脚本去行为的，并且将社会的脚本与自己的脚本相互协调，适应性和创造性地担当角色。"身份"是与角色相关联的一个概念，在很多场合和语境下，这两个概念常常被混用。与角色相比，"身份"概念专注于在一个社会结构中，特别是在社会形成一定的分层之后，个体被赋予的地位意义，以及社会类别化之后，个体被赋予的尊卑、高低、贵贱、价值大小等认知和评价上的意义。约翰·肖特认为，社会身份的建构本来就是在一个充满对立的、矛盾的、不确定的时空中协商建构起来的。①社区工作者在社区场域中的身份建构主要有三个维度：社区工作者群体内部的身份区分；社区工作者与社区居民互动中的身份协商；以及社区工作者与政府之间的身份协议。

（一）社区工作者内部的身份区分

身份区分指的是在现有治理体系中，同一个社区的社区工作者身份、角色和承担的责任是有区分的。社区党委、社区居委会和社区服务站在社区管理体制中被称之为新形势下的"三驾马车"，集体构建了社区党的领导、社区自治和行政管理相结合的基层治理组织体系。社区党委在组织体系中处于核心领导地位，对社区内的工作负全责；社区居委会作为代表社区广大居民和社会单位利益的群众性组织，承接政府剥离出来的部分社会事务；社区服务站是政府公共服务延伸到社区的工作平台，承担政府公共服务职能，并且要接受社区党组织的领导和社区居委会的监督。

---

① 约翰·肖特. 心理学与公民身份：认同与归属 [M] //布赖恩·特纳. 公民身份与社会理论. 郭忠华，蒋红军，译. 长春：吉林出版集团有限公司，2007.

A 社区党委一共 5 个人，除了 L 书记和 W 副书记，还有 3 位党委委员，他们分别负责组织工作、宣传工作、统战工作等。社区居委会也是 5 个人组成，除了 W 主任和 Z 副主任之外还有 3 位居委会委员，他们分别负责社区治安和人民调解、社区文化教育和体育、社区共建和协调等工作。社区服务站目前总共有 7 人，站长和副站长各 1 名，其余 5 人安排在了服务大厅的专职岗位上，分别负责人口计生与公共卫生、社会福利与劳动保障、社区环境与环保、社区公共服务与社会组织、社区综合事务管理等。A 社区的 17 名社区工作者可以说是各司其职，按 L 书记的话说，"现在连社区的职位都是一个萝卜一个坑了"，必然在日常工作中会出现更注重手头工作而忽视社区整体事务的情况。

"现在什么事儿都是来找服务站，我们总共才 5 个人，有 3 个又经常需要入户，剩下 2 个人，自己的事儿还忙不过来呢。居民呢，有些事也不知道应该找谁，都是先来服务站，如果我们能办就办，不能办的我们再告诉他去找谁，街道的也是，什么工会要数字啊，也是来服务站，这些群团工作应该去找党委和居委会嘛，反正挺乱的……"（A 社区服务站 HCY 访问记录）

（二）社区工作者与社区居民之间的身份协商

身份协商指的是在社区工作者和社区居民日常互动关系中，双方都逐渐形成了对彼此身份的认同，社区工作者是服务的提供者，社区居民是服务对象。A 社区的办公楼总共上下两层，一楼是社区服务站，分别设置了一站式服务大厅、办公室、活动室、会议室等；二楼是社区党委和居委会办公场所，分别设置了书记室、主任室、党委办公室、居委办公室、议事厅和会议室。新办公楼解决了以往社区分散办公的弊端，社区居民有任何诉求现在都只需要来这里，由于社区其他居民楼都是红色的砖墙，而社区办公楼却是很醒目的白色墙面，所以社区居民很亲切地把这里称为"小白楼"。

一站式服务大厅是社区服务站的主体部分，提供的公共服务主要包括社保、福利、计生、房产税缴纳、外籍人口管理、流动人口管理等内容。按照北京市关于社区服务站的主要职责规定，社区服务站主要履行以下职责：开展社区劳动就业、社会保障和社会事务管理工作；参与社区治安维护工作；提供社区法律服务；协助开展社区健康管理与服务工作；做好社区计划生育服务；配合开展社区教育和文化体育活动；组织开展社区公益服务；组织开展社区便民服务；培育和壮大社区社会组织；畅通民意诉求渠道；协助开展社区基础管理工作以及其他工作等。但就A社区服务站而言，由于人员和办公场地的限制，日常服务窗口只设置了5个，加上站长和副站长轮流在大厅值班，所以每个工作人员的工作内容涵盖的范围都比规定岗位要宽泛得多，一人提供多项服务、做多项工作的情况是经常性的。

"虽然我们把服务内容已经上墙了，而且也把每个岗位都明确了，但其实在实际操作中很多时候都是看情况的。"（A社区服务站站长YZY访谈记录）

"小白楼"内没有想象中的那样门庭若市，在课题组驻服务站观察的时间段里，从上午9点到下午3点，除了3位街道办的工作人员来访以及一位商品推销人员外，真正的社区居民走进小白楼的也只有7位。

"……我们上班的时候，其他的社区居民特别是年轻人也在上班，服务站有固定的服务电话和社区网站，现在社区居民有问题反映或者有事情要办，很多时候都是通过电话和网络了。你想，打个电话方便多了，谁还愿意跑来跑去的呀，我们社区覆盖范围还挺大的，从最远的三环边上走过来也得要二十来分钟，没人愿意跑了，其实这样也省事些……"（A社区服务站站长YZY访谈记录）

正如社区服务站站长描述的那样，现代通信工具的日渐方便、网络虚拟社区的日趋成熟，已经逐渐改变了社区工作者与社区居民互动的空间，互动的时间也大大缩短。日常办公中与社区居民的互动部分越来越多地向虚拟社区转移。

社区工作者在"小白楼"里办理或代办相关事务、调解纠纷这些日常性工作，是社区工作者与社区居民接触和互动的基本形式，还有一种重要的形式就是社区工作者走出"小白楼"，主动地走进社区居民家中进行上门服务，这是一种"走动式办公"的办法。对社区居民基本情况的了解是社区工作者开展工作的前提和基础，无论是深入了解社区居民，还是设法获取社区信任，对社区工作者而言，开展工作的第一步无疑就是熟悉社区里的人和事。

"刚开始我根本分不清东南西北，是 W 叔叔（社区党委委员）带着我把社区的每一栋楼都走遍了。后来我专职负责低保和福利后，才逐渐清楚了哪一家需要重点关注，哪一家需要打电话，哪一家比较好说话，哪些居民是需要经常联系的……"（A 社区服务站工作人员 FF 访谈记录）

了解和熟悉社区是像 FF 这样新进社区工作的社区工作者的第一堂课，但这也不是一天两天就能解决的，只有在每天重复甚至枯燥的工作中才能逐渐地厘清。在与 FF 的谈话中，可以感觉到她对社区里的低保户等困难群众一清二楚，基本上每提到一家，她都能在脑袋里形成一个印象。其他社区工作者也都是这种情况。

"1 号楼的 W 老和 8 号楼的 S 老是我们社区的老党员，我们逢年过节都是上家里慰问了的。S 老今年 81 岁了，身体不好、行动不方便，我们都是把像高龄津贴呀什么的送到他家里去了的，有时候我们工作上的事还需要上家里去请教人家……"（A 社区党委委员 WLZ 访谈记录）

"社区里毕竟住着三四千户人呢，熟悉的也就平时关系近的那些，大部分都还是不了解、不认识，但我们得想办法认识呀，得尽量了解情况呀。像这次人口普查，就是一个认识他们的机会，有些来社区办事的我不一定都能记住是谁，但只要是上谁家一次，我基本上都能有印象了……"（A 社区居委会委员 YM 访谈记录）

（三）社区工作者与政府之间的身份协议

按照《北京市社区工作者管理办法（试行）》的规定，无论是选任还是招录的社区工作者，都需要与街道办事处签订服务协议。虽然文本上写的是"服务协议"，但其实质上就是"劳动合同"。据 Z 街道社区办 W 科长介绍，这个"协议"有两个版本，一个适用于社区党委和居委会的工作人员，一个适用于社区服务站，两个版本大致内容都是相同的，只是针对不同的岗位和类型有些许差别而已。例如，社区服务站的岗位有试用期，社区党委和居委会就没有。

"签了的，我们两个新来的一起去街道签的。当时是提前一天街道社区办把这个合同给我们看了，然后第二天再去的街道，就是和一般的劳动合同一样，工资呀、职位呀、职责呀等，很多内容，六七页呢，我也没怎么仔细看，就看了工资那一条，然后问了一下户口的事儿就签了。"（A 社区服务站工作人员 CXY 访谈记录）

"协议"的签订一方面形成了街道办事处与社区工作者之间的雇佣关系，另一方面也决定了社区工作者需要时刻围绕着合同规定的条款开展工作，自然奠定了以完成街道下派任务为中心的工作基调。

"协议里面规定了工资支付是以完成工作情况来定的。我们每个月都是有任务指标的，你要是没完成就扣你工资呗，完成得好与坏都一样，钱又不会多给你，只要做了就行。如果领导觉得好，也就是表扬表扬，没有多的奖金……"（A 社区居委会副主任 ZZQ 访谈记录）

对社区工作者来说，签订"协议"只是走了一个形式，大家都不怎么在意这个"协议"，大家更多在意的是"协议"中所提及的《北京市社区工作者管理办法（试行）》。"协议"是一个法律意义上的保障，而保障的内容就是管理办法中规定的关于社区工作者的待遇问题。《北京市社区工作者管理办法（试行）》是北京市委办公厅、市政府办公厅 2008 年 9 月印发的，详细规定了职责、选任及公开招录、待遇、管理等，2022 年 8 月北京对这个办法进行了修订。

实际工作中，社区工作者除了贯彻落实政府部署安排的工作外，在资源分配中是有"一席之地"的，可以实质性参与决策。一般情况下，街道社区办每周一会召集各社区负责人召开社区例会，有 3 个日常的议程，一是汇总各社区前期的工作，二是强调一下本阶段的中心工作，三是部署和安排新的工作任务。例会通常由街道社区办 S 科长主持，9 个社区各派出 1 名负责人参加会议，会议时长一般在一个半小时左右。比如某次例会的主题是关于"一刻钟社区服务圈"第二阶段建设的特色服务队组建问题，会议三分之二以上的时间都是社区工作者在发表看法、表达观点、质疑等。9 个社区负责人都将对特色服务队进行细化，把这些队伍一下子就分为了大学生社工志愿服务队、居民事务调解服务队、文化宣传服务队、精神关怀服务队、爱心送餐服务队、居家应急维修队、医疗健康服务队、社区环境监督队等，其中 A 社区 Z 副主任提出了组建"爱心送餐"服务队和小件应急维修队的想法得到了大家的赞同，同时 Z 副主任还就这两支队伍运作的细节也作了一些说明，其他社区负责人也向 Z 副主任提出了很多可操作的建议等。整个会议过程中的主角是参加会议的社区工作者。社区工作者"争取"到了主要发言人的位置，实质性参与了社区工作的决策和资源分配。

"说真的，一方面我虽然在社区办任职，但我对社区的工作还不是很熟悉。咱们的社区工作者却是这方面的专家，这方面我必须听他们的意见；另一方面，像我们去区里开会回来，只是说把区里的精神跟他们传达一下，但这些东西得变成实打实的事情，得落实呀，得做出看得见的东西来，对吧？所以这里面就有一个转化的问题，而这方面咱们的社区工作者更是专家了。像刚才会议中的关于特色服务队的事情，9 个社区都提出了很多有特色的东西，这些都是我们值得总结的。"（Z 街道社区办 S 科长访谈记录）

三、社区工作者的行动逻辑

"身份"一定程度上决定了人们的行为规范和行动模式，社区工作者也不例外。在基层社会治理过程中，社区工作者积极履职尽责，认真完成政府交办的各项任务，做好服务社区居民有关工作，并努力为社区争取利益，在这一系列行动的背后有着自己的行动逻辑。从这个意义上讲，社区工作者是有关理性思考的行动者，是理性行为人。他们对自身采取的行动策略和行动逻辑既有自己的偏好，也受到制度、规范以及个体经验等方面因素的制约。

（一）以丰富的工作经验为基础

目前 A 社区的 17 名社区工作者年龄在 21 岁到 50 岁，年龄跨度较大，平均年龄约为 36 岁，基本上是老中青三代的有机结合，社区工作者队伍的年轻化趋势比较明显。从理论上说，社区工作者年轻化是社区工作发展的必然要求，年轻人知识结构新，学习新技术快，有年龄上的优势。从实际的工作观察和访谈中，我们发现这种年龄的优势不只是体现在年轻人身上，而是更多地体现在了相对年长的工作经验丰富的社区工作者身上。

"……现在挑大梁的还是我们的一些老同志，也不是说老，至少说是40 岁的。年长的做事踏实，有办法。你看年轻的，有时候看上去像小孩儿似的，还是要我们的老同志去带着他们，我们想的就是一对一比较好……"（Z 街道社区办主任 SW 访谈记录）

"我也觉得自己还是像小孩儿一样，还是没有生活经历吧。上次有两位居民跑进来吵架，我都不知道怎么办，说起来还不好意思呢，那次差点哭了出来，后来还是老书记来安慰我。"（A 社区服务站工作人员 CXY 访谈记录）

"其实我也不觉得自己小呀，可能是居民们觉得我们小吧，总是感觉和他们说话都不是在一个水平上，要矮一截。W 叔叔（党委委员）带着我的，在他面前始终觉得自己说不上话，好像自己说了也不管用似的。"（A 社区服务站工作人员 HTT 访谈记录）

社区工作者更倾向于从具体的每一件事中去总结经验和积累人脉，社工理论知识可能在目前的社区工作者实践中还不能得到充分运用和体现。在实践中不断积累经验，迅速准确完成上级分派的任务是衡量社区工作者水平的重要标准之一。

"经验自然是很重要的，没有这个肯定不行，你不知道怎么做呀，完不成任务呀……"（A社区居委会副主任ZZQ访谈记录）

所有被访问的社区工作者都谈到了经验的重要性，而且强调需要长时间扎根社区才能吃一堑长一智慢慢积累。经验的积累主要体现在三个方面。一是对社区情况的熟悉程度。要熟悉社区的地理情况、人口特征、驻社区企业单位等基本概况，做到数据清楚、信息准确，就只能依靠长期工作的积累，依靠经验，基本信息必须熟记于心，张口就来。不仅如此，要把数据和每个楼门联系起来熟记于心，就需要社区工作者自己躬身实践，敲门入户社区随访，用双脚去踏足每栋楼、每个楼门、每家企业单位，这项工作不是一朝一夕能完成的。二是对社区内特殊人群的掌握程度。除了日常的工作之外，社区工作者更多的精力和时间必须投到社区内的特殊人群身上，包括社区内的积极分子、社区内的困难人群、社区内"难缠"的个案等。居民骨干和积极分子是社区工作者最需要的人力资源，开展一些大型社区活动更是离不开他们的支持、宣传和参与。社区内的困难人群是社区工作者服务的主体，除了一些基本的款项和物资发放之外，还需要针对特别的个案进行上门服务，如孤寡老人、残障家庭等。社区工作者对"难缠"的个案也要做到心中有数，必要时提供帮助或有应对的预案。三是对社区工作技巧和方法的熟练掌握程度。解决问题、提供服务是社区工作者的工作内容。当遭遇社区居民反映突发的、临时性的难题或者窘况时，就需要社区工作者具备危机处理能力、临场应变的智慧和及时有效的工作方法，这些更是需要在实际中积累。

（二）以日常的规范管理为主线

北京市在贯彻落实国家法律法规和民政部及相关部门关于社区建设有关政策文件的同时，也根据北京市社区实际工作的需要制定了一系列具有地方特色的实施性政策文件，内容涉及社区管理和社区建设的方方面面，比如《北京市社区服务站主要职责》（试行）、《北京市社区党组织主要职责》（试行）、《北京市社区居委会主要职责》（试行）、《北京市社区服务中心管理暂行办法》、《北京市社区专职工作者管理意见》等。这些政策文件为北京市社区规范化建设立了规矩，推动各社区基本形成了以社区党组织为核心、以社区自治组织为基础、以社区服务站为依托、以社区社会组织为补充、驻社区单位密切配合、社区居民广泛参与的现代社区治理结构。社区工作者日常行动有章可循、有规可依，规范管理程度有了极大的提高。

社区党委是社区内一切事务的领导者，负责社区居委会和社区服务站的指导工作，而社区居委会一方面负责社区居民的自治工作，另一方面对社区服务站的工作实施监督之责。社区党委、社区居委会与社区服务站在社区管理体制中被称为"三驾马车"，构建了社区党的领导、社区自治和行政管理相结合的三个组织体系。社区党委在组织体系中处于核心领导地位，对社区内的工作负全责；社区居委会作为代表社区广大居民和社会单位利益的群众性自治组织，承接政府剥离出来的部分社会事务；社区服务站是政府公共服务延伸到社区的工作平台，承担政府公共服务职能，并且要接受社区党组织的领导和社区居委会的监督。

在新型社区治理结构中，社区工作行政化趋势是否得到遏制呢？根据课题组的观察和访谈，对这一问题的回答是否定的。在实际工作中，社区工作者感到与居民自治紧密相关的社区工作体系不健全，居民议事会、居务公开、社区群众文化教育活动等日常工作往往能简则简、能省则省。社区工作者与居民交往多为就事论事，全面了解少，静态把握多，动态跟踪少。"常规性""突击性"的工作占用了社区工作者的绝大部分时间和精力。行政化的社区管理与复杂的社区服务往往难以协调，成为社区工作者主要的工作内容。一方面，政府职能部门和派出机构给社区工作者下任务、定指标；另一方面，社区工作者习惯于借助政府部门力量，采取强制手段去完成上级交办的工作。如此一来，导致社区中介组织、志愿者队伍发展不足，社区文体活动形式较为单一，社区凝聚力不强，社区自治有名无实，困难群体帮扶机制也不完善。

（三）以制度政策为依据

建章立制是目前社区工作规范化建设的基本方向，虽然 A 社区总共才 17 名社区工作者，但都是各司其职，且每名社区工作者所承担的任务和职责非常繁重、非常饱满。经初步统计，社区党组织承担了约 30 项工作，社区居委会承担了约 5 大类 70 项工作，社区服务站承担的项目更多。虽然这些工作项目繁多、内容详杂，但都是有章可循的，都是根据《北京市加强社会建设实施纲要》《北京市社区管理办法（试行）》《北京市社区工作者管理办法（试行）》等文件细化而成，并且将责任落实到人。一方面，上级可以根据项目的分工找到直接的负责人方便管理；另一方面，社区工作者也是循章办事，逐步出现了前面所论述的各司其职甚至各自为战的情况。

不管年龄大小、工作经验多少，社区工作者历来强调以完成任务为标准。因为任务涉及考核，考核涉及自身的工资待遇等问题。考核"指挥棒"的作用非常明显。作为个人待遇保障的"劳动合同"中关于任务考核已经作出了明确的规定，具体到每一项任务又有具体的考核表，所以这是社区工作者最关心的大事。

"每个月都有指标，一般情况下还是都能完成的，就怕有临时的一些活动，很花时间的，但也得抽时间把自己的事做完呀，这是最重要的……"（A 社区服务站工作人员 GZH 访谈记录）

"有些任务实在没办法完成，又有时间限制，那也没办法，实在不行，那就只能敷衍了……"（A 社区居委会委员 YM 访谈记录）

第三节　社区工作者向社会工作者的转型

专业化是社区工作发展的重点方向之一。早在 2000 年就有专家指出，在社区建设中，政府和社区组织要重视社区工作的专业化问题。① 而要推进社区工作的专业化，就需要社区工作者认同社会工作理念、具备社会工作专业知识，并在社区工作中进行实践，最终实现"身份转换"。② 在建构主义看来，身份决定利益，而利益影响行动，行动者的行动受身份的影响；当然，行动者行动逻辑的转换不仅影响着行动者身份的转换，而且也将促使行动者新身份的建构。因此，社区工作者行动逻辑向社会工作者行动逻辑的转换是社区工作者向社会工作者身份转换的关键，也是社区工作专业化发展的关键。

一、从经验为主到专业主导

（一）社工专业价值观的导引

价值观是认知和评价事物的重要依据，也是一个人乃至一个群体身份的深层次体现。同时，价值观也作用于个人及群体的社会行动，促使其社会行动趋于符合价值观的体现，从而塑造和完成个人及群体的身份转换及身份建构。对社区居民的重视及对社区问题的回应可以看作社区工作者价值体系的核心，尽管少数社区工作者从事这项工作是迫于生活压力，但绝大多数社区工作者从事社区工作是自我愿意，能够将为社区居民解决问题以及获得社区居民的认可作为自身工作最根本的出发点。

"忙是忙，累也累，想一想能为居民解决问题还是很高兴的，特别是有些居民特意来感谢时，是最令人欣慰的。有时候他们还专门送点小东西，你看（指了指窗户旁的花），看到这个花我就想起那个女孩儿，还是很有成就感的。"（A 社区党委委员 YJH 访谈记录）

"当然还是要居民满意啦，时间长了有些还成了好朋友，过节啊什么的有些还要走动，自己也觉得朋友多了，在社区里感到都很有面子。"（A 社区居委会副主任 ZZQ 访谈记录）

---

① 徐永祥. 试论我国社区社会工作的职业化与专业化［J］. 华东理工大学学报，2000（4）.
② 王思斌. 体制转变中社会工作的职业化进程［J］. 北京科技大学学报，2006（1）.

"别人找你办事，你帮他解决了，你以后开展活动什么的也可以找他嘛，他也满意了，我们开展工作也要顺利些，一举两得嘛……"（A社区居委会委员YM访谈记录）

社区工作者与社会工作者的不同在于，社区工作者在实践中更多的是凭借自己处理问题的经验，是以经验为基础的。社会工作者将社区居民视为一个与自己有平等价值的人，是有潜力改变且有能动性的个体；充分相信社区居民自身所具有的优势，并在工作过程中注意倾听社区居民的声音，将他们视为合作伙伴，确立与服务对象的专业工作关系。社会工作者坚持专业的立场，在实践中努力提高专业服务的质量，强化专业服务的标准。从这些方面看，A社区的社区工作者已经在有意无意地运用专业社会工作的价值理念来开展社区工作。社会工作的专业价值观正在成为社区工作者遵循的重要工作理念。

（二）职业资格的推动

职业是与现代社会以及现代社会分工相联系的一个概念，由工业化推动的社会分工造就了大量专门从事某种特定活动的工作岗位，这就形成了某种职业。每一种职业都有自己独特的工作领域、工作任务和工作方法，形成了独特的知识体系、行为规范和职业文化，从而形成职业共同体。马克斯·韦伯指出了现代社会中认证资格在职业获得过程中的重要性，[①]另外一些社会学家则指出了资格认证在社会地位获得和在社会分层中的作用。某种职业之所以需要认证资格，源自它对于人类生活的重要性及其技术获得的非自然性。从这一角度看，职业资格获取就是社区工作者转换为社会工作者最直接的体现。

A社区的17位社区工作者中共有6位获取了助理社会工作师职业资格，职业资格获取比例为35%。

"我们也想考取那个证，毕竟有那个证还有钱嘛，每年街道都组织我

---

① 王思斌. 体制转变中社会工作的职业化进程［J］. 北京科技大学学报（社科版），2006（1）.

们报名，可还是没有通过。"（A社区居委会副主任ZZQ访谈记录）

"哪有时间去看书呀，上次街道专门组织老师给我们考前培训了。老师说了，不看书是绝对过不了的，现在肯定是看不进去的，还有一摊事儿要做呢，哪有时间呀。就说去年吧，报了名也没时间去考试。"（A社区服务站副站长ZLM访谈记录）

"社区工作职业化与专业化是趋势，的确需要一批专业化人才来开展工作。我们也积极组织我们的社区工作者参加辅导和培训，也每年组织他们集体报名参加考试。我们的社区工作者，实务工作做得都不错，是绝对很有能力的，但考试还是差一些，不会考试，今年还是没人过，有几个差几分，我们也没办法。"（Z街道社区办主任SW访谈记录）

从访谈中我们得知，无论是政府还是社区工作者自身，都意识到了职业资格获取对社区工作未来发展的重要性，但在职业资格获取上似乎存在着几个很重要的偏差。一是社区工作者自身，部分社区工作者获取职业资格的目的是为拿更多的工资补助，还有部分社区工作者积极转换身份却无法获得成功，苦于无奈只能放弃；二是政府积极组织社区工作者获取职业资格的背后却是任务指标的作用，是为了完成政府部署的任务，而不是出于社区工作者自身转型的需要；三是社会工作者职业资格获取仅仅依靠单一考试，而且一年只有一个固定的考试时间。这些认识上的偏差以及存在的现实困境对社区工作者来说要实现自身职业化、实现向社会工作者的转型存在一定的难度。

二、从管理为主到服务至上

社区工作者是社区公共服务的执行主体，但社区公共服务不同于一般意义上的政务工作或服务工作，它兼具公共性和服务性的双重特征，因此社区工作者需要走出"小白楼"，走近居民，获得居民从内心对社区工作者的认可。

A社区根据社区居民规模、人员结构、地域特点等实际情况，遵循便于联系、便于服务、便于资源整合的原则，按社区工作者人数将社区合理划分成 17 个网格状责任区，确保每位社区工作者都有一个责任区。各责任区坚持分"区"不分家，责任区与责任区之间实行责任互担、工作互动、优势互补、信息互通、资源共享。同时要求社区工作者在熟悉社区的各项业务知识、办事规程和相关法律政策的基础上，既有责任做好自己分管的业务工作，也有责任配合和协助其他业务的社区工作者开展责任区内的各项社区管理、社区服务和政策宣传等工作，及时回应居民诉求。

社区将这种主动联系居民的方法以制度形式列入社区工作者的日常工作安排，每位社区工作者走访责任区的居民家庭平均每月不少于 30 户。原则上，在一个工作年度内必须对责任区的所有居民家庭至少进行一次走访。对责任区内的特殊居民群众，要额外增加走访频率。其中，对生活困难家庭、独居老人、残疾人、失业人员、重点上访人员、精神病患者、军烈属、统战对象以及居民代表、楼道小组长等，一般每月至少走访或通过其他方式联系一次。

社区工作者对联系居民工作开展情况应及时、客观地记录在案。记录内容包括责任区每户居民家庭的基本情况（如住址、人口、职业等）及其动态，走访、联系居民的具体情况（如走访对象、时间、方式、工作内容等），居民群众的需求、意见和建议，回应居民诉求、管理居民事务、处理居民矛盾情况等。

在实际的访谈过程中，课题组发现部分社区工作者的助人理念逐渐被口号化、表面化和形式化了，服务者的角色意识还有不少待提升的空间。

"我们的社工（社区工作者）当中的老一辈人，还是很有服务意识的，我们有些年轻的社工就稍微差一点儿，可能有意识，但就是与社区居民接触少，很少有交流，还有居民来向我们反映说有些社区工作者根本联系不上……"（Z 街道社区办主任 SW 访谈记录）

之所以会出现交流时间少、无法联系到社区工作者等情况，主要原因是一些社区工作者没有发自内心地、设身处地地去体谅社区居民的烦恼和困境，虽然社区工作者与社区居民双方之间在日常办公与些许社区活动中有交流，但很缺乏真诚的沟通。这和当前"重实务培训、轻价值引导"的社会工作队伍建设模式有着必然的关系，这正是社区工作者向社会工作者转型需要加大工作力度的重点。

从 A 社区的 17 名社区工作者来看，多数在进入社区开展工作之前并没有接受过是否具备助人这一基本价值理念的考核，进入社区工作之后也没有就"助人观"的培养进行专门的理论培训和实践引导，而每年开展的工作考核中，也没有科学的指标体系能够客观充分地反映社区工作者的助人理念。如此以完成指标和任务为目标的社区工作者，是无法真正品味到社会工作的精髓所在的，实现向社会工作者身份的转换自然也就存在一定的难度。

三、从政策实施到需求为本

社区工作者在向居民传递政策过程中起到了至关重要的作用，任何一份文件的落实都需要社区工作者将这些文件进行自我消化，并转化为看得见、摸得着、能落实的具体措施。在这个转化过程中，社区工作者自然就承担了社会政策传递者的角色。

"上面说什么就是什么呗，你还有理由不做呀，只管做就是了，就算有意见也只是自己清楚。也反映过呀，没用，人家领导还忙呢。"（A 社区服务站副站长 ZLM 访谈记录）

但问题在于，社区工作者在这一过程中的角色过于单一，"下达"基本上能够实现，可"上传"却没有了踪影。如果是这样的话，社区工作者则仍然是倾向于政府这一边，仍然是政府的"脚"，社区工作者的工作仍然只是被动地执行政府下派的任务，社会服务仍然跟不上居民需求发展的需要。社区工作者要完成向社会工作者的转型，就必须要实现社区工作中角色的多元化，在实现"下达"的基础上还需要实现"上传"。

满足服务对象需要是社会工作的核心原则。具体到社区工作来说，社区居民的需求就是社区服务以及社区工作者一切工作的出发点，社区工作者要完成向社会工作者身份的转型，就需要格外注重政策落实和满足居民需求的关联。A 社区推行"全程代办服务制"，一幅全程代办服务流程表上清楚地印着为居民办理"困难群体医疗救治""城市低保"申领事项，以及《求职登记证》《流动人口暂住证》的办理流程和所需资料。社区居民需要办什么，只要备齐相关材料留下联系方式，交给社区受理服务窗口，就可以由社区工作人员全程代为办理，避免了许多不懂办事程序的居民跑东跑西又办不成事的情况。

"缴纳水费、电费呀，申请廉租房呀，办理小额担保贷款呀，我们都争取给帮助办理完成，经过这两年多的摸索，已经取得了很不错的效果，只要是居民有需求，就是我们全程代办的内容和服务信号，所以我们想尽一切办法。"（A 社区服务站站长 YZY 访谈记录）

在满足社区居民需求方面，社区工作者在过去的社区服务实践中也探索出了不少好方法，这为实现身份转型奠定了基础。面对社区居民需求的日益多元化和个性化，社区工作者仅仅停留在社区公共服务上还是不够的，还需要进一步深化社会工作理念，实践社会工作方法的创新，加快实现社区工作的专业化。

第八章　建议与策略：加快推进
北京市服务型社会治理

2020年7月22日至24日，习近平总书记在吉林省长春市考察时指出："一个国家治理体系和治理能力的现代化水平很大程度上体现在基层。基础不牢，地动山摇。"要不断夯实基层社会治理这个根基。基层社会治理是国家治理的重要方面，是国家治理体系不可或缺的组成部分。基层社会治理是国家治理的基石。中国特色社会主义进入新时代，社会主要矛盾发生变化，社会结构和利益结构深刻调整，繁多复杂的各种矛盾和利益冲突存在于基层社会。服务跟上了，社区居民情绪稳定了，基层社会就稳定了。服务型社会治理是适应社会转型发展的必然要求。进入新时代，我国社会迈入快速转型期，社会结构、价值观念、社会需求、生活方式、心理结构、价值观念等都在发生深刻变革。广大社会成员生活居住在社区，社区居民身份成为最常见的生活模式。在基层社区，居民之间、居民与环境、居民与社会、居民与政府之间能否和谐相处，直接影响着基层社会治理的成效。服务型社会治理就是通过实施某种公共服务或社会服务，对利益受损者或困境人群进行帮助，预防和减少社会问题，进而实现一定社会秩序的治理活动。开展服务是基层社会治理的重要内容，很多矛盾和利益冲突都集中体现在基层社区，需要通过服务型社会治理来解决，社区和谐了，基层社会就和谐了，社会就稳定了，国家才能长治久安。

社会工作在服务型社会治理建设中发挥着重要的作用。实践证明，社会工作无论参与公共服务还是实施社会服务，都向工作对象、合作伙伴展示了正向力量，是深入和从源头上解决社会矛盾和社会问题的促进者。因此，社会工作在建构社会治理共同体、推进共建共治共享的社会治理制度、建设服务型社会治理模式方面的作用是不可替代的。为了更好地推进北京市服务型社会治理建设，课题组根据田野调查和深度参与情况，结合对相关问题的思考，从服务平台建设、社会组织培养、多元主体合作、资源整合机制、社区工作者、社会工作者培养等方面，提出有关政策建议。

一、健全社区服务平台，规范服务流程

数字化、信息化、智能化、综合化是基层治理的发展趋势，也是服务型社会治理的路径方向。中共中央、国务院《关于加强基层治理体系和治理能力现代化建设的意见》明确要求，要构建网格化管理、精细化服务、信息化支撑、开放共享的基层管理服务平台。社会工作参与的服务型社会治理基本上都需要在社区落实，既是社区服务的重要内容，也是社区服务的支撑载体。近年来，北京社区组织和社区工作者的辛勤工作和不懈努力，为社区服务奠定了良好的发展基础，也赢得了广大居民群众的信任，在促进社区和谐、增强社区凝聚力、解决居民群众急难愁盼问题等方面发挥了重要作用。随着经济社会发展和基层社会形势变化，社区直接承担社区服务呈现出越来越多的弊端。比如，社区服务的领域不断拓宽，卫生、教育、就业、保险、救助、维稳等，再加上近年来的新冠疫情防控，社区有限的人力捉襟见肘，承担这些公共事务力不从心。再比如，社区服务的专业化要求不断提高，社区传统的工作方式和人员素质对此很不适应。社区服务站的建立以及后续的社区党群服务中心等平台的建立就是为了突破局限，将社区服务的人力和资源统一整合在服务平台上。服务站和党群服务中心的建立是社区服务的新探索，积累了不少创新的经验，但仍然面临着不少亟须解决的难题和困境，需要认真研究解决。

第一，进一步整合街道—社区两级服务平台。目前，街道一般设立

有便民服务大厅或便民服务中心，社区设立服务站或后来的党群服务中心。从街道角度看，两级配置虽然增强了社区的人力，但是也使得街道能够直接指挥的力量更为分散。建议将社区服务站和街道的便民服务大厅力量适度整合，进一步强化街道的社区服务功能，将一部分下沉社区服务站的人员培养成"全科社工"，梳理为民服务职责事项，明确办理权限。在街道层面继续推广"一站式"服务、首问负责制等好的工作经验，完善街道受理诉求、社区提供服务方式。明确服务内容和形式，制定并规范服务标准和服务流程，扩大服务范围，既有面向全体居民的普适性便民利民服务，也有针对老弱病残等特殊群体的专业服务。进一步增强社区承接街道转办服务的能力，对于居民直接提出的服务诉求，也能够及时办理或转办，使街道和社区层面的服务平台进一步增强上下联动、形成合力。

第二，进一步拓展服务平台信息化场景应用。当前，社区居民的服务需求及参与意愿越来越复杂和多样化，及时回应的愿望也越来越强。依靠传统手工方式无法满足居民的社区服务需求，这就要求必须加快推进社区服务信息平台建设。近年来北京市抓住互联网等新兴技术广泛普及的契机，不断整合数据资源、开发智慧应用线上服务平台，同时加强与线下服务的协同，进而努力回应居民的多样化服务需求，提高服务精准度，取得一定成效。建议进一步拓展社区服务数字化场景应用，比如开发社区场景App，动员居民以随手拍等形式将社区服务问题及时上传服务平台，街区两级工作人员收到平台信息后精准研判并迅速办理，处理进度和办理结果可随时查询，形成系统化问题解决流程。还可以开发社区服务线上平台，打造线上服务智慧大厅，将社区公共服务、基础设施、社会资源、区域管理等服务和治理资源，以统合化方式在"云"上呈现，极大提高社区服务效率，实现精准化服务、精细化管理。

第三，加快推进智慧社区建设。智慧社区是基层社会治理的新样态，其内涵是通过运用现代信息技术促进社区治理能力现代化，为社区服务赋能、赋新、赋智，促进社区服务提质增效，使社区服务更加精准化、个性化。智慧社区建设要与民生服务紧密结合，聚焦养老、安全、治疗、托幼、救助、保险等居民身边的"小事"，切实增强群众的获得感、幸福感、安全感。要在社区基础资源数据整合共享上下功夫，推动智慧社区与社区智能设施、家庭智能终端等互联互通。海淀区通过引入社会资本，采用市场化运作方式，建设智慧便民服务亭，打造"i家园"智慧社区服务驿站，互联网技术创新社区服务形式，为社区居民提高全民阅读、健康驿站、公益养老、儿童成长、工会服务、政务服务等9大服务，是智慧社区建设的一个样板。用智慧社区建设倒逼社区服务的标准化、规范化，形成良性互动。

二、培养专业社会组织，提升服务效益

基层社会治理离不开社会组织的参与，服务型社会治理更是需要社会组织的广泛参与。社会组织具有非政府性、非营利性、公益性和独立性等特征，这就决定了社会组织在社会治理过程中具有独特的价值、优势和地位。在社会治理方面，社会组织具有多种功能，择其要者，一是服务功能，可以满足社区居民多样化的服务需求；二是调节功能，可以化解和消除居民对社会的不良情绪，通过沟通和解释也可以解决一部分纠纷，促进社区和谐；三是发展功能，可以丰富社区居民的生活，增强居民的社会融入，进而提升自身社会发展能力；四是动员功能，在政府不能进入、市场不愿进入的公共领域，社会组织可以积极整合社会资源和力量，填补社会治理的空白，弥补政府和市场的不足；五是咨询功能，社会组织是公众参与社会管理和社会服务的重要载体，是居民自治的社会空间，居民可以借助其参与公共政策制定和社会治理。从调研情况看，北京市从市级层面到各个区都在大力推进社会组织发展，尤其是东城、西城、朝阳、海淀、丰台等区，不仅在努力建设区级层面的社会组织协会，而且还在街道层面建立社会组织服务中心。根据街道各社区居民的

需求，社会组织服务中心联系专业社会组织进驻各社区，通过服务项目立项的形式，充分发挥社区居民自治，鼓励社区居民自发组织与专业社会组织积极协调和沟通。当然，北京市社会组织还存在着规模不大、专业性不强、独立性不够、社会功能发挥不够充分等问题，在推进服务型社会治理过程中还需要大力加强。

第一，培育发展枢纽型社会组织。枢纽型社会组织是指在同类别、同性质、同领域的社会组织中能够发挥行业引领、业务指导、服务提供、孵化培育等作用的社会组织，有的是行业公认的、拥有较强权威的社会组织，有的是社会组织联合会等。枢纽型社会组织在行业号召、资源动员、业务能力以及内部管理等方面都有较突出的表现，具有标杆意义。发展社会组织，必须将枢纽型社会组织的培育发展放在重要位置，予以大力支持。尽管北京市早在 2008 年就在《关于加快推进社会组织改革与发展的意见》中提出了"枢纽型"社会组织的概念，但缺乏针对性支持政策。建议进一步完善促进枢纽型社会组织发展的针对性政策举措，为其提供相应的资源和支持，比如可以开展枢纽型社会组织的认定，赋予其一定的行业社会组织指导权和规则制定权，在政府购买服务时优先考虑，委托其开展社会组织孵化和培训等。枢纽型社会组织可以分级建设，在市级层面和区级层面都可以培育发展枢纽型社会组织，为区域内社会组织发展助力续航。北京市的实践证明，培育一些重要的枢纽型社会工作机构，在其示范带领下，对于推进服务型社会治理建设有着不可替代的作用。

第二，大力发展服务类社会组织。服务型社会治理要求基层治理必须能够满足社区居民的日常服务需求。社会组织类型多样，从服务型社会治理出发应当重点发展服务类社会组织，特别是社会工作等社会服务机构。坚持服务优先，重点支持为孤、老、病、残、困等群体提供服务的社会组织，逐步发展面向全体社区居民、覆盖不同层次、满足各类社区服务需求的社会组织，使社会组织在居民的日常生活和需求保障中发挥重要作用，使政府提供的各类公益性社区服务能够找到具体实施的服务机构。对于那些贴近居民生活、与居民保持良性互动、能够有效解决群众急难愁盼问题的社会组织，要给予重点支持。对于服务类社会组织，政府要做好资源提供或对接，通过政府购买服务等方式发挥其外联资源、内培居民、需求导向、项目落地等功能。既要避免社区服务的碎片化，也要充分满足居民的实际需求，高效整合社会资源。积极支持和鼓励服务类社会组织深入基层群众之中，放手让社会组织多接触居民群众，了解群众诉求、倾听群众呼声，提升社会组织服务水平。积极在全市推广和介绍优秀街道的工作经验，如建国门街道、朝阳门街道、劲松街道、东风街道等社会组织培育模式和经验，提高街道层面整体培育社会组织的水平，促进服务类社会组织成为提供社区服务的有效载体。

第三，大力发展社区社会组织。社区社会组织是指以社区居民为主要成员，以满足社区居民多元需求为目的，由居民自发成立并自觉参与，以备案管理为主要形式的社会组织形态，是整合社区资源、加强社区建设、完善社区自治、服务社区居民的重要载体和力量。社区社会组织在提供社区服务、扩大居民参与、培育社区文化、促进社区和谐等方面发挥着重要作用。培育发展社区社会组织，有利于增强社区自治功能，引导居民有序参与基层社会治理；有利于提高社区管理水平、提升社区服务能力，畅通服务路径，满足居民多样化、个性化服务需求。一是完善备案制，使社区社会组织有适当的身份和地位，从而能够"合法"开展活动；二是发挥枢纽型社会组织的作用，让专业社会组织帮助运营管理社区社会组织，借助专业社会组织的专业性积极引导和培育社区社会组织；三是加强社区社会组织的统筹整合，建立社区社会组织联合会，共享资源、整合力量；四是允许社会工作机构在社区设立服务站点，加强服务力量；五是鼓励发展社区基金会，为社区慈善提供载体；六是引导社区社会组织参与基层协商，反映居民合理诉求，协商解决社区事务。

三、优化"五社联动"机制，提高合作效率

自新中国成立以来，我国的基层治理经历了从单位制到社区制的转变。社区制发展过程中又陆续经历了社区服务、社区建设以及社区治理等阶段。服务型社会治理是新时期社区治理模式的创新，"三社联动"正是在推进社会治理过程中提出的。"三社联动"是指社区、社会组织和社会工作专业人才之间的联结与协调，在社会治理实践中具有较强的工具性和操作性。从基层社会治理角度看，"三社联动"提升了民生服务质量、减少了社会矛盾、增强了群众幸福感、促进了社会和谐和社区安定，实现了基层政府"社区管理"的目标。前述对北京市"三社联动"进行的个案分析就较好地展现了其取得的积极成效。但是，"三社联动"在实现过程中也存在着资源配置不足、服务质量不高、社会动员乏力、无法满足社区居民不断增长的个性化需求等问题。为此，近年来各地不断进行新的探索。2014 年山东省民政厅印发《关于推进"四社联动"创新社区治理和服务的意见》，率先提出建立以社区为平台、社区社会组织为载体、社会工作专业人才为支撑、社区志愿者为补充的"四社联动"机制。2021 年 4 月，中共中央、国务院《关于加强基层治理体系和治理能力现代化建设的意见》强调，要完善社会力量参与基层治理激励政策，创新社区与社会组织、社会工作者、社区志愿者、社会慈善资源的联动机制，正式提出"五社联动"的要求。

从"三社联动"到"五社联动"，反映了我国基层治理理念的不断进步，也是我国社会工作不断发展壮大的现实写照。多元治理是应对现代社会阶层分化与利益复杂化态势的一种重要治理模式，"五社联动"是适应多元治理要求的实践操作机制。"五社联动"的内涵是坚持党建引领，社区居委会发挥主导作用，以社区为平台、以社会工作者为支撑、以社区社会组织为载体、以社区志愿者为辅助、以社区公益慈善资源为

补充的现代社区治理行动框架。[①] 在实务层面，各地不断探索推进"五社联动"机制建设，进而优化基层治理、提升专业服务，创造了不少好的经验。比如安徽合肥探索"五社联动"助力基层社区治理，注重基层服务平台与核心人才建设，将服务项目化、标准化，吸纳社会资本多方联动；河北石家庄注重在服务项目品牌化建设上发力，精心打造有资源支撑、有服务特色的"小社九助"品牌项目，解决基层群众急难愁盼问题，推动"五社联动"在基层落地；山东日照将"五社"主体界定为社区、社区社会组织、社区社工、社区志愿者、社区"两代表一委员"，推进基层政治生活与基层治理目标有机结合。北京市也在积极推进"五社联动"，"五社联动"已经成为基层社会治理行之有效的工作机制。虽然"五社"在具体实施过程中，所呈现出来的联动效果有所不同，但是这个联动确实为社区提供了与专业机构合作的渠道，为亟待生存发展的社会工作机构提供了嵌入社区的最佳渠道，为处在发展初期的社会工作者提供了展现专业素质、提高专业能力的社会实验场域。

第一，精细化有序推进"五社联动"。使"五社联动"的内容更加精细化，分类型、分问题、分阶段有序开展。所谓精细化就是指"五社"之间的联动需要更加细致的指导，彼此之间的关系是协作、合作还是联合关系需要精准确认，并明确具体形式。所谓分类型指的是根据社区类型、社区空间、居民人口结构，以及居民需求的特殊性和共性等要素，更加有针对性地开展"五社联动"，或者"三社联动""二社联动"，或者"三社+义工的联动"等，形式灵活，不局限于"五社联动"的限制。分阶段指的是根据社区发展的不同阶段有序推进，有些社区的社区自组织发育充分，社区居民参与意识高，另一些社区的居民则有可能不愿意参与，或者社区自组织发育不充分。处在不同发展阶段的社区开展"五社联动"应当根据社区实际情况，制定具体策略。

---

① 任敏，胡鹏辉，郑先令. "五社联动"的背景、内涵及优势探析［J］. 中国社会工作，2021（3）.

第二，进一步强化街道社工站建设。社工站是"五社联动"的有效载体，也是服务型社会治理的创新性探索。社工站是广东省的首创，早期的社工站主要是为了盘活街道社区服务设施，将家庭综合服务中心、社区党群服务中心、社区综合服务中心等委托社工机构运营，为居民提供专业服务。2017年广东启动社工"双百计划"，开始部署在全省乡镇（街道）建立社会工作服务站，目的是打通社会服务"最后一米"，为特殊困难群众提供专业社工服务。湖南省紧随其后，2018年启动"禾计划"，部署在乡镇（街道）全面建立社会工作服务站。2020年8月，中共中央办公厅、国务院办公厅印发的《关于改革完善社会救助制度的意见》明确要求，"通过购买服务、开发岗位、政策引导、提供工作场所、设立基层社工站等方式，鼓励社会工作服务机构和社会工作者协助社会救助部门开展家庭经济状况调查评估、建档访视、需求分析等事务，并为救助对象提供心理疏导、资源链接、能力提升、社会融入等服务"。随后，民政部将社工站建设纳入重点工作，印发《民政部办公厅关于加快乡镇（街道）社工站建设的通知》。北京市将"优才计划"与街道（乡镇）级社会工作服务中心、社区社工站点建设结合起来统筹推进，效果不错，但总体进展有待加快。一是要进一步提高对社工站的认识，把社工站作为服务型社会治理的重要支撑，将治理寓于服务之中，通过服务实现善治；二是要发挥北京市社工机构和社工人才集中的优势，引导优秀社区工作者参与基层社工站建设和社区服务管理实践；三是鼓励基层探索创新，示范推广"专业社工+社区工作者""一中心多站点""以所带站"等实践经验；四是加强基础保障，适度整合各部门在基层落地的社会服务资源、项目、资金等，委托社工站一体化运作，将社工站建设资金列入财政预算，加大财政资金支持力度，同时建立资金投入的多元机制。

第三，不断提升社区居民的参与度。服务型社会治理离不开社区居民的参与，"五社联动"更是要把居民参与放到突出位置。社区治理和服务的主体是居民，"五社联动"的最终目标和成果必须得到社区居民的认同。一是要健全居民社区参与机制，完善基层群众自治组织相关制度，包括居民会议、居民代表会议制度等，尽最大可能保障居民的知情权和参与权；二是要完善社区议事机制，建立规范的"征询—议事—决策—告知—执行—监督—评估"等全流程议事规则；三是要充分发挥社区权威的带动引领作用，使退休老干部、社区名人等发挥积极作用，将单元楼门组长和居民代表纳入社区日常治理队伍，加强培训，探索建立"社区顾问团"；四是依托移动互联网平台强化社区互动，让居民群众和社区党员、人大代表等更加有效地参与社区治理。

四、改善资源整合体系，加强服务保障

在基层社会治理中，服务既是手段也是目的。服务型社会治理的过程是一个涉及多元化服务主体、多层次服务对象以及多样性服务内容，多种要素与多个主体之间相互作用、相互制约、相互促进的过程。通过建立以基层党组织为领导，社区组织为主导，各种社会力量共同参与的服务网络与运行机制，满足社区居民对多样性、综合性服务的需求。服务型社会治理是一项系统工程，需要充足的资源作为保障。这些资源分布在政府、社区、市场、企业、居民、社会组织等各个方面。目前街道和社区居委会的关系还没有完全理顺，社区组织和社工机构之间还没有建立充分的信任关系，无法做到相互接纳，市场、企业等蕴含的服务资源因为缺乏机制而不能很好地输送到有需求的社区和居民手中。就北京市而言，调研发现，几乎所有的社工机构在与街道或者区政府联系的时候都不是十分顺畅，影响最大的就是经费支持问题。参与政府购买项目的社工机构普遍反映资金拨付延宕，工作开展过半，资金未必能到位，社工机构只能自己筹措或垫付，对项目的质量以及社工机构及社会工作者的积极性有很大影响。资金少支出、项目受限制也是社工机构推进服务项目时面临的重要问题，其余类似项目竞标困难、管理程序烦琐、缺

乏协调和沟通机制等也都严重制约了服务保障。

第一，建立公共服务供需对接机制。服务型社会治理的重要标志之一就是基层治理有效运转，公共服务能够得到高效传递。要充分发挥基层党组织作用，加强"五社联动"，实现供需对接，动态衔接社区需求与服务资源。持续提升社区服务资源动员能力，使社工机构、社区社会组织、志愿者、慈善力量都能在社区服务中找到自己的位置、发挥应有的功能。要建立服务评估制度，依托社区自治网络和利益相关方，对基层治理和社区服务效能及时进行评估，并建立相应的信息档案数据库，通过评估筛选最佳合作单位，奠定质量提升基础。要加强相关制度建设，从收集、整理、分析居民需求到对接、提供、监督服务情况，实现全过程规范服务。

第二，培育发展社区社会资本。社区社会资本是提高服务保障能力的重要依托。要充分利用互联网信息技术，挖掘服务型社会治理各类资源，将智慧信息机、社交平台 App 等智能终端设备或应用引入社区治理，逐步培育基于社区、楼宇的社会熟人圈，逐步打破社区居民之间、本地居民与外来人口之间、居民群众与社区组织之间的信息交流障碍，拉近居民的感知距离，为社区积攒社会资本，改变陌生化、原子化的社区社会结构。利用网络优势，建立基于全区或者全市范围的服务型社会治理资源共享大数据平台，收集数据、分析数据，精准评估需求，提出科学服务方案。要尽力减少碎片化的服务，避免浪费，缩减中间环节，直接面向广大社区、社会组织、社工机构等，做到真正的资源共享、数据分析和信息流动。要减少人为阻滞或者信息垄断，坚持公平和公开的原则，进而加快治理和服务资源的流动和使用效率，同时也能尽快、较充分地满足社区居民服务需要。

第三，加强高素质社区工作者培养。服务型社会治理的基础在社区，只有拥有一批高素质的社区工作者，才能实现高质量的社区服务、形成高质量的社会治理，服务才能有保障。一是要加强社区人才队伍培养，通过社会招聘、政府购买服务等渠道，引进或培养社区专职工作人员；二是要加强社区党组织负责人队伍建设，将社区作为培养锻炼干部的重要阵地之一，选拔高素质的优秀人才到社区工作，打通其晋升为街道干部的通道；三是将专业社会工作者纳入社区工作中来，提高社区专业社会工作人员在社区全体工作人员中的占比，进而提升社区人才队伍专业化水平；四是加强培训，从整体上提升社区工作者的能力素质。

第四，进一步完善政府与相关组织的多元共治合作架构。加强政府与社工机构的联系与合作机制建设，减少沟通成本；研究出台政府购买社工服务的具体措施，加强资金保障，在合理范围内允许机构根据实际情况对资金使用进行适当调整；简化竞标程序，注重项目实际内容。要高度重视多元合作的重要性，采用市场机制，激励并引导社会力量提供服务，从而满足复杂多样的社区居民需求。要通过协商对话、沟通交流、相互合作等方式，不断加强政府与相关服务主体的协同，持续提高社区服务供给的质量和水平，促进服务型社会治理高质量发展。

五、建设专业人才队伍，提升服务质量

壮大社工人才队伍、提升社区工作专业能力是推进服务型社会治理的基础性工作。社区居委会、社区服务站以及各类社区社会组织的正常运作是保证社区治理有效开展的重要支撑，而社工又是这些组织的重要人才资源。从课题组在北京市的调研来看，社区普遍面临人员流动性大、人力资源不足、专业能力不强等问题。人才的缺失，特别是社工骨干人才的缺失，难以为服务型社会治理提供可靠的人才支撑。北京市服务型社会治理在社区的实施主要依靠两支队伍，即社区工作者和社会工作者，这两个群体的身份和角色有重合也有差异。在开展社区工作、推进服务型社会治理过程中，迫切需要加强社区工作者的能力素质培训，建立适合首都社会和社区治理所需要的能力素质模型，也就是根据社区工作者不同的岗位和职级确定相对应的知识、能力、素质模型。根据这个模型，

社区工作者能够清楚地了解岗位能力素质要求以及自己未来发展方向，同时政府也可以根据明确的能力素质要求开展专业培训和能力提升计划，这样就能够不断提高专业培训的目标以及效率。因此，优化激励、强化培训，为基层社会治理吸引人才，建设一支能够满足新时期服务型社会治理需求的社工人才队伍就成为提升社会治理能力的关键。

第一，进一步强化社区专业人才力量。一是要着力提高社工专业化水平。可以采取加强社工队伍培训、制定社工工作激励机制等措施，增强社工对于社区工作的积极性，保证社工队伍人才储备充分，建构良好的社工队伍梯队。可以分级分类开展社工专业培训，建立与现代社区治理、社会组织治理等相适应的社工人才队伍，持续优化社区工作者队伍结构，保持社工师持证率逐年递增。继续实施社工队伍建设"优才计划"，培养不同层级的社工领军人物。在市级层面建立社会工作培训中心，强化社工专业培训阵地建设，开展通识类、岗位技能类和专业社工方法类经常性培训，提升社区工作者能力水平。二是要逐步规范社区工作者招聘录用、考勤考核、奖罚评优等相关管理制度。建立较为规范的社区工作者职业发展体系。要以"五社联动"机制为依托，大力发展志愿者队伍，推广各区经验，逐步在全市建立针对社区志愿者的各种激励措施，包括社区志愿者评级、志愿者奖励等，组织开展针对志愿者的专项活动等，充分调动社区居民参与志愿活动的积极性，强化服务型社会治理的公益性基础。三是要不断优化社工职业发展路径。着力提升社工职业的社会认可度，破除社工职业发展的天花板，构建合理的社工梯度发展制度，从薪酬待遇、职业发展等方面拉开优秀社工和普通社工之间的差距，为优秀社工打通发展上升渠道，将从优秀社工中选拔事业单位工作人员或公务员的人才选拔方式制度化，提升社工队伍工作的积极性，保证充足的社工队伍人才储备。

第二，进一步开发建设社工专职岗位。可以按对象设岗位、以需求定数量等原则，综合衡量街道、社区的社会工作岗位需求，根据服务对象、工作难易程度等因素，设置相应的社工专门岗位。根据社会工作岗位设置，有计划、有步骤地在社区建设、社会福利与救助、医疗卫生、社区矫正、监所管理、禁毒、残障康复、人口发展、外来务工人员服务、婚姻家庭服务等领域推进专业社会工作。社会工作服务领域专岗设置要坚持试点先行、示范带动、以点带面、协调发展。根据现有工作基础和服务需求，可以先选择部分社区在养老服务、救助福利、青少年教育、禁毒、残障康复、帮扶助困等领域开展社会工作试点，在总结试点经验的基础上，逐步扩展其他社会工作服务领域。建议明确社区社会工作岗位应该具备的社会工作从业资格、知识、能力、素质等，要求从业者拥有与社会工作业务相关的业务知识，受过社会工作的专业训练。社区工作者的任用要按照德才兼备的原则，注重社区工作者能力、操守、业绩为主要考核评估内容，结合政治素质、思想品德、职业素养、专业水平和聘期内的工作表现等给予考核意见。

第三，进一步加强社工专业培训。培训是提高社区工作者专业素质的有效办法，即使是社工专业培养出来的社区干部，也需要根据社区实际情况和服务型社会治理的要求接受培训，不断更新知识结构。加强社工专业培训，要着重从两个方面开展。

（一）培训内容的体系化

1. 理念的培养。社会工作优势的核心在于具有专业的理念，社会工作的价值理念决定了社会工作的性质、目标与意义。社会工作的核心价值在于对"人"的尊重，相信人是独特的个体，并相信人具备学习和改进的能力，这是问题能够解决的价值基础。在操作层面，社会工作价值观的原则包括接纳、尊重、个别化、自决与知情同意、保密、不批判等。要通过各类培训不断向社区工作者传递此理念；适时地将这一理念与社区工作者的原有理念相结合，使其认同此价值理念。要注意结合社区工作者在现有工作中形成的关心居民、工作热情高等特点，将社会工作理念与此相结合，形成具有本土意义的价值观，从而将社工专业理念更加顺畅地传递给社区工作者。

2. 专业知识的培训。知识的传递强调理解及实际工作效率的转化。在专业知识的培训方面需要注意以下几个问题。一是与实际工作结合。虽然社会工作具有完整的知识体系，但相对于现有的社区工作者而言，系统学习各类知识的现实可能性较低。因此，知识传授的重点在于结合实际工作，不断推进。要选取日常工作中最急需的、最有用的知识先行培训；在此基础上不断推进知识结构的完善。二是提倡社区工作者的参与。目前，社区工作者大都会接受各类培训，但是培训大多以工作任务布置为核心，重点在于工作技巧培训，大部分时候"以会代训"，并不能达到真正的培训目标。为了有效提升社区工作者的业务水平，建议使用参与式学习的方式，运用社会工作团队工作技巧，带领社区工作者参与学习过程，更牢固地掌握各类知识。三是服务技巧。服务技巧的培训与知识的培训是相辅相成的，服务技巧的核心在于独特视角下的服务策略。在社区工作者培训中要综合使用各类视角的服务策略，从而使培训更有成效。

3. 服务策略的培训。社会工作服务策略的培训主要包括四个方面。一是政策视角的服务策略。社会工作者强调政策的重要性，并积极影响政策，通过政策的改变造福有需求的群体。社区居民、社区组织与政府形成三角关系，社区居民对政府存在需求，向社区组织反映个体需求，社区组织通过与政府的沟通互动，将需求信息传递至政府。政府收集需求信息后将信息转化为相应的公共政策，满足居民需求。二是特殊人群视角的服务策略。社会工作者对社区居民的认识从外到内依次为全体居民、危机的人士和家庭及困难群体。社区居民作为社会工作者的工作对象，社会工作者的目标在于为其提供发展性的服务；危机的人士及家庭和困难群体是社会工作者的服务对象，通过治疗性及预防性的服务期望能够帮助其解决问题。三是家庭与个人视角的服务策略。社会工作强调家庭对个人的影响力，认为个人的成长与家庭的发展密不可分；通过解决家庭的问题，能够有效地缓解个人的问题；同时个人成长有助于促成家庭的发展。在工作策略方面，以处理家庭问题为基础，以建立家庭抗逆力作为目标。四是过程视角的服务策略。过程视角从时间维度定义社会工作的工作过程，以需求为本的工作策略。当发生社会问题或服务对象产生需求时，社会工作者应从社会问题需求出发，首先了解需求、界定需求，并分析发生的原因及产生的影响，然后提出解决问题或满足需求的策略。过程视角是一种逻辑思考问题的方式，强调解决问题或满足需求策略制定的逻辑性，保证所有策略通过理性思考获得，而不是单凭经验或感觉。

4. 相关领域技能知识的培训。社区工作者在工作实践中面临的是不同的人与家庭，一方面是个性化需求的不断提升，另一方面是突发性事件应急处理的紧迫性。因此，针对社区工作者的培训不能仅仅停留在社会工作专业领域之内，相关领域的技能知识也应当得到重视和充实。例如心理疏导、谈判技巧、安全生产等一些可以作为生活和工作常识性的技能知识都是目前社区工作者所需求的。

（二）培训方式的多元化

目前针对社区工作者的培训，大多是以会代训的单一模式，这种单一模式的培训难以达到预期的效果，因此需要使用多样化的培训方式，以期达成更好的培训效果。具体的培训方式可以包括以下三种。

一是专家培训。由于缺乏相关的技巧服务经验，社区工作者需要从根本上完善服务技巧；因此可以通过邀请专家培训的方式帮助其快速学习基本的服务技巧，获得最基本的认识。在培训方面也需要结合工作实际，从社区工作中最棘手的问题入手，提供解决难点的技巧培训。

二是同行交流。在专业培训的基础上，社区工作者之间的沟通交流能够有效地促进对各类服务技巧的掌握。通过举办同行交流会、训练营、焦点研讨等，利用工作例会等机会，为社区工作者创造交流机会；通过相互的交流沟通，使其对服务技巧有更进一步的理解和熟练。

三是专业督导。服务技巧的掌握和提升，关键在于不断地使用，仅凭培训并不能实现完全掌握服务技巧的目标，需要为社区工作者提供专业督导。通过示范、交流、答疑、情感支持等督导方式及时解决技巧使用过程中遇到的问题，不断更新认识、积累经验，提高技巧使用的熟练程度，最终收到内化于心及理性分析、科学使用各类技巧的良好效果。

参 考 文 献

一、著作

[1] 方然. "社会资本" 的中国本土化定量测量研究 [M]. 北京：社会科学文献出版社，2014.

[2] 詹姆斯·科尔曼. 社会理论的基础 [M]. 邓方，译. 北京：社会科学文献出版社，1992.

[3] 弗朗西斯·福山. 信任——社会美德与创造经济繁荣 [M]. 彭志华，译. 海口：海南出版社，2001.

[4] 罗伯特·帕特南. 使民主运作起来 [M]. 王列，赖海榕，译. 南昌：江西人民出版社，2001.

[5] 翟学伟，薛天山. 社会信任：理论及其应用 [M]. 北京：中国人民大学出版社，2014.

[6] 林闽钢. 现代社会服务 [M]. 济南：山东人民出版社，2014.

[7] 俞可平. 治理与善治 [M]. 北京：社会科学文献出版社，2000：41.

[8] 孙选中. 服务型政府及其服务行政机制研究 [M]. 北京：中国政法大学出版社，2009：112.

[9] 布尔迪厄. 文化资本与社会炼金术 [M]. 上海：上海人民出版社，1997.

[10] 王浦劬，等. 政府向社会组织购买公共服务研究 [M]. 北京：北京大学出版社，2010.

[11] 徐家良. 社会组织蓝皮书——中国社会组织报告（2016—

2017）［C］．北京：社会科学文献出版社，2017.

［12］史明正．走向近代化的北京城——城市建设与社会变革［M］．北京：北京大学出版社，1995：31.

［13］窦泽秀．社区行政——社区发展的公共行政学视点［M］．济南：山东人民出版社，2003：189.

［14］康晓光．依附式发展的第三部门［M］．北京：社会科学文献出版社，2011.

［15］布赖恩·特纳．公民身份与社会理论［M］．郭忠华，蒋红军，译．长春：吉林出版集团有限公司，2007：131.

［16］珍妮特·V. 登哈特，罗伯特·B. 登哈特．新公共服务：服务，而不是掌舵［M］．丁煌，译．北京：中国人民大学出版社，2004.

［17］B. 盖伊·彼得斯．政府未来的治理模式［M］．吴爱明，夏宏图，译．北京：中国人民大学出版社，2001.

［18］理查德·诺曼．服务管理［M］．范秀成，卢丽，等译．北京：中国人民大学出版社，2006.

［19］宋贵伦，冯虹．北京社会建设分析报告（2015 年）［C］．北京：社会科学文献出版社，2015：12.

［20］李万钧，李四平．北京社会建设分析报告（2019 年）［C］．北京：社会科学文献出版社，2019：15.

二、学术论文

［1］王思斌．发挥社会工作在建设社会治理共同体中的积极作用［J］．中国社会工作，2019（33）：1.

［2］王思斌．社会治理结构的进化与社会工作的服务型治理［J］．北京大学学报（哲学社会科学版），2014，51（6）：30-37.

［3］王思斌．社会工作参与社会治理的特点及其贡献——对服务型治理的再理解［J］．社会治理，2015（1）：49-57.

［4］王思斌．"三社联动"的逻辑与类型［J］．中国社会工作，2016（4）：61.

［5］王思斌．民族地区的社会治理与社会工作参与研究［J］．广西民族大学学报（哲学社会科学版），2017，39（5）：92-98.

［6］张康之．论主体多元化条件下的社会治理［J］．中国人民大学学报，2014，28（2）：2-13.

［7］张康之．我们为什么要建设服务型政府［J］．行政论坛，2012，19（1）：1-7.

［8］徐宇珊．服务型治理：社区服务中心参与社区治理的角色与路径［J］．社会科学，2016（10）：99-106.

［9］冯元．新时期社会工作参与社会治理：理论依据、动力来源与路径选择［J］．社会建设，2017，4（6）：29-38.

［10］刘祖云．历史与逻辑视野中的"服务型政府"——基于张康之教授社会治理模式分析框架的思考［J］．南京社会科学，2004（9）：48-53.

［11］穆光宗，张团．中国人口老龄化的发展趋势及其战略应对［J］．华中师范大学学报（人文社会科学版），2011，50（5）：29-36.

［12］李升，黄造玉．流动人口的"被歧视"问题研究——基于一项对北京城中村的调查［J］．北京社会科学，2017（3）：56-65.

［13］张利涛，赵正全．论我国社会治理的价值取向［J］．大庆社会科学，2016（6）：95-98.

［14］张晓红，宁小花．服务型社会治理模式下的公共决策价值取向［J］．中国行政管理，2011（2）：31-34.

［15］张博．合作共治视角下的现代服务型政府建设［J］．行政论坛，2016，23（1）：58-61.

［16］周军，黄藤．合作治理体系中志愿者及其行动的组织与吸纳［J］．江苏大学学报（社会科学版），2019，21（6）：44-51.

［17］陶鹏．多中心治理模式下的网络舆情应对——基于服务型政府

建构的逻辑 [J] . 长沙大学学报, 2015, 29 (4) : 45-48.

[18] 袁方 . 多中心治理下城市边缘社区治安管理模式探析——基于北京市 B 村的调查 [J] . 中州学刊, 2011 (3) : 130-134.

[19] 曾凡军, 韦彬 . 整体性治理: 服务型政府的治理逻辑 [J] . 广东行政学院学报, 2010, 22 (1) : 22-25.

[20] 杜锦文 . 转变政府行政理念构建服务型社会治理模式 [J] . 人民论坛, 2014 (20) : 39-41.

[21] 张皓 . 面向后工业社会的公共行政——基于与历史的比较 [J] . 天津行政学院学报, 2009, 11 (1) : 51-54.

[22] 谢治菊 . 服务型社会治理模式下行政伦理建设研究 [J] . 广西社会科学, 2011 (6) : 100-103.

[23] 叶淑静, 戴利有 . 社会工作介入社会治理何以可能? [J] . 江西师范大学学报 (哲学社会科学版), 2016, 49 (6) : 103-110.

[24] 俞洪霞 . 网络社会组织参与社会治理的困境和对策研究 [J] . 山东行政学院学报, 2017 (5) : 62-66.

[25] 施雪华 . "服务型政府" 的基本涵义、理论基础和建构条件 [J] . 社会科学, 2010 (2) : 3-11.

[26] 朱光磊, 薛立强 . 服务型政府建设的六大关键问题 [J] . 南开学报 (哲学社会科学版), 2008 (1) : 47-54.

[27] 姜明安 . 建设服务型政府应正确处理的若干关系 [J] . 北京大学学报 (哲学社会科学版), 2010, 47 (6) : 110-119.

[28] 谢庆奎 . 社会治理时代必须管控政府成本——评《论政府成本: 政府成本管控的策略与路径》[J] . 中国行政管理, 2015 (5) : 151-152.

[29] 高富锋 . 服务型政府建设过程中的政府回应性分析 [J] . 华北电力大学学报 (社会科学版), 2009 (3) : 81-84.

[30] 张劲松, 万金玲 . 论和谐社会视角下服务型政府的构建 [J] . 新视野, 2007 (5) : 60-62.

［31］丁冬汉.从"元治理"理论视角构建服务型政府［J］.海南大学学报（人文社会科学版），2010，28（5）：18-24.

［32］张成福，李丹婷.公共利益与公共治理［J］.中国人民大学学报，2012，26（2）：95-103.

［33］杨宇.21世纪的公共治理：从"善政"走向"善治"［J］.改革与开放，2011（20）：70.

［34］滕世华.公共治理视野中的公共物品供给［J］.中国行政管理，2004（7）：90-94.

［35］朱竞若.街乡吹哨 部门报到——北京市推进党建引领基层治理体制机制创新纪实［N］.人民日报，2018-12-10（9）.

［36］叶南客，陈金城.我国"三社联动"的模式选择与策略研究［J］.南京社会科学，2010（12）：75-80.

［37］杨贵华.社区、社会组织、社会工作"三社联动"助力基层社会服务和社会治理研究——基于厦门市的调研［J］.发展研究，2015（11）：85-89.

［38］徐永祥，曹国慧."三社联动"的历史实践与概念辨析［J］.云南师范大学学报（哲学社会科学版），2016，48（2）：54-62.

［39］陈伟东，吴岚波.从嵌入到融入：社区三社联动发展趋势研究［J］.中州学刊，2019（1）：74-80.

［40］纪莺莺.从"双向嵌入"到"双向赋权"：以N市社区社会组织为例——兼论当代中国国家与社会关系的重构［J］.浙江学刊，2017（1）：49-56.

［41］钱坤.从"管理"走向"服务"：枢纽型社会组织的实践困境、功能转型与路径选择［J］.兰州学刊，2019（11）：134-145.

［42］王才章.嵌入式共治："三社联动"中的政社关系——基于国内多个城市实践的分析［J］.地方治理研究，2019（4）：29-39.

［43］张汝立，陈淑洁.西方发达国家政府购买社会公共服务的经验

和教训［J］．中国行政管理，2010（11）：98-102．

［44］王明，孙伟林．我国社会组织发展的趋势和特点［J］．中国非营利评论，2010（1）：1-23．

［45］庞剑萍．分门别类建设社区专职工作者队伍［J］．社区，2004（20）：12．

［46］钟莹．城市和谐社区建设中的主要问题与对策回应——论社区工作专业化是解决社区建设问题的重要途径［J］．科技进步与对策，2006（6）：34-35．

［47］李少虹．社区工作者与传统居委会干部之专业比较［J］．长沙民政职业技术学院学报，2001（2）：22-24．

［48］李芹．职业化社区工作者与专业化社区工作者的关系［J］．社会，2003（1）：25-27．

［49］翟学伟．从社会流动看中国信任结构的变迁［J］．探索与争鸣，2019（6）：20-23．

［50］杨晓红．社会组织参与社会治理模式及其动因分析［J］．行政科学论坛，2017（4）：41-46．

［51］张博．新时代走向服务型政府的政社互信建设研究［J］．理论探讨，2018（4）：164-169．

［52］田凯．政府与非营利组织的信任关系研究——一个社会学理性选择理论视角的分析［J］．学术研究，2005（1）：90-96．

［53］句华．社会组织在政府购买服务中的角色：政社关系视角［J］．行政论坛，2017，24（2）：111-117．

［54］姚华．NGO与政府的合作何以可能？——以上海YMCA为个案［J］．社会学研究，2013，28（1）：21-42．

［55］何艳玲，周晓锋，张鹏举．边缘草根的行动策略及其解释［J］．公共管理学报，2009，6（1）：48-54．

［56］张紧跟，庄文嘉．非正式政治：一个草根NGO的成长策

略——以广州业主委员会联谊会筹备委员会为例［J］.社会学研究，2008（2）：133-150.

［57］林磊.在地内生性：社会组织自主性的微观生产机制——以福建省Q市A社工组织为例［J］.中国行政管理，2018（7）：79-86.

［58］龚志文，李万峰.我国社会组织与政府的互动：策略、逻辑及其治理［J］.新疆社会科学，2018（4）：149-155.

［59］马全中.论政府与社会组织关系从协作到合作的转型［J］.理论与改革，2017（3）：104-113.

［60］李涛.社会组织在政府购买社会工作服务进程中的功能与角色——北京协作者参与政府购买社会工作服务经验总结与思考［J］.社会与公益，2012（8）：31-36.

［61］林闽钢，战建华.社会组织的自主性和发展路径——基于国家能力视角的考察［J］.治理研究，2018，34（1）：58-64.

三、外文著作

［1］KAHN A J. Social Policy & Social Services［M］. New York：Random House，1973.

［2］HALLETT C. The Personal Social Services in Local Government［M］. London：George Allen & Unwin LTD，1982.

村改居社区的空间重构与整合[①]

——以三里社区为例

传统乡土性的公共空间凝聚着村民共同的情感和群体记忆，其在推动社区整合方面发挥着不可替代的作用。城市化进程中"撤村建居"政策的实施解构了村落传统的公共空间，新社区的公共空间因功能弱化、缺失而难以有效发挥作用，社区整合面临前所未有的挑战。基于农村社区的传统，村改居社区重构了"内生型"的菜园子与"外塑型"的菜市场这些物质性的公共空间，并从中发展出以"菜园子文化""种子交情""菜市场合作"为联系纽带的公共性交往方式，有效推进了社区整合。因此，村改居社区的整合路径不能简单、片面地停留在城市化发展中，而要综合考虑其根源、性质与特征，遵循其由农村社区到城市社区的自然过渡逻辑，适当地从其初始形态中找寻整合动力。

一、从"村"到"居"的空间整合困境

村改居社区是"将原来的农村居民委员会撤销，改为城市居民委员会，用城市的管理模式去治理被城镇化的原农村社区"，[②] 它是一种介于农村社区与城市社区之间的过渡型社区，是由村委会向居委会转变的产物，这种转变表现出社区管理的复杂性与过渡性、公共服务产品供应不足，以及城乡接合部的社区地理特征，同时具有"村民委员会"的内核

---

① 本文与吴玲共同完成，原载《社会建设》2020 年第 3 期，有删改。

② 张子昂．近十年来我国"村改居"社区研究述评 [J]．当代经济，2016（15）．

与"社区居民委员会"的形式这一双重表现。① 在我国，村改居社区是政府主导模式下城市化发展的必然产物。② 截至 2019 年末，中国常住人口城市化率达到 60.06%，相比上一年增长 1.01%。③ 根据诺瑟姆对城市化率的界定，当前我国正处于城市化发展的加速期，其加速发展将会使村落快速消失、村改居社区不断增加。

拆"村"建"居"不可避免地会导致村落传统公共空间的消失，带来社会资本的流失，出现社会信任难以建立、互惠规范比较匮乏、邻里关系网络不够密集④等问题，进而导致各种矛盾在新社区集中爆发，社区整合难以实现。此外，村改居过程中的"时间性"效应导致失地农民自我认同的转换滞后于物质的变迁，"空间性"效应则会带来强烈的相对剥夺，⑤ 这种生存空间、交往空间和生产空间的巨大变化解构着回迁农民的社会认同，也给社区整合带来巨大挑战。⑥ 虽然政府也意识到了这些问题，并补偿性地在村改居社区中配建了一些新的公共设施与公共空间，但因多数此类设施、空间与现有小区严重不配套而基本成为摆设，⑦ 一些由于传统功能的缺失而未能获得村民认同，⑧ 功能与形式分离，⑨ 以及自上而下的规划空间与村民"自主选择"的空间错位⑩等而面临失败的

---

① 席军良. 村改居社区有效治理的关键 [J]. 社会科学家，2018 (9).

② 屈群苹，孙旭友. "非城非乡"："村改居"社区治理问题的演进逻辑——基于浙江省 H 市宋村的考察 [J]. 东南大学学报（哲学社会科学版），2018 (5).

③ 国家统计局. 2019 年国民经济和社会发展统计公报 [EB/OL]. (2020-02-28) [2022-10-22]. http://www.stats.gov.cn/tjsj/zxfb/202002/t20200228_ 1728913.html.

④ 吴晓燕，关庆华. "村改居"社区治理中社会资本的流失与重构 [J]. 求实，2015 (8).

⑤ 张海波，童星. 我国城市化进程中失地农民的社会适应 [J]. 社会科学研究，2006 (1).

⑥ 崔波. 城市化中失地农民空间感知与身份认同——以西安城乡结合部被动失地农民为例 [J]. 城市观察，2010 (5).

⑦ 徐琴. "村转居"社区的治理模式 [J]. 江海学刊，2012 (2).

⑧ 吴莹. 空间变革下的治理策略——"村改居"社区基层治理转型研究 [J]. 社会学研究，2017 (6).

⑨ 王东，王勇，李广斌. 功能与形式视角下的乡村公共空间演变及其特征研究 [J]. 国际城市规划，2013 (2).

⑩ 王勇，李广斌. 裂变与再生：苏南乡村公共空间转型研究 [J]. 城市发展研究，2014 (7).

命运。

村改居社区是政府主导模式下急速城市化的一种产物，是一种断裂式的发展，并不是自然而然形成的社区。"撤村建居"政策解构了农村社区的传统公共空间，而新社区的公共设施与空间因功能的缺失、异化而未能有效发挥现实作用，这给社区整合带来巨大挑战。立足村改居社区的特殊性质及自然过渡顺序，探究传统乡土性公共空间的重构及其对村改居社区整合的影响和逻辑机制，具有重要的学理意义与实践意义。

二、个案选取与研究方法

（一）个案选取

本研究的个案三里社区是河南省蔡县一个典型的村改居社区，由当地政府于 2012 年撤木村而正式建成，位于蔡县城乡接合部地带，周边农贸市场、商场、医院等社会服务设施配套齐全。按照吴莹基于城市化的推进模式和建设安置方式对村改居所作的类型划分，[①] 三里社区属于城市扩张中单独安置地回迁社区。在单独安置的方式下，一些地方政府因财力有限，会在村改居社区配建一定量对外发售的商品房以获取"撤村建居"的项目资金，因而造成回迁村民与商品房业主混居于社区的状况。蔡县政府在三里社区建设过程中就配建有不少商品房（包括门面房和商品居住房），既对回迁的木村村民发售，也对外来人员发售。随着外来购房人员的进入，三里社区演变成一个掺杂着回迁村民与外来陌生人的混居社区。

笔者之所以选择三里社区作为研究个案，一是因为在三里社区仍保留有一些村落传统的乡土性公共空间，这刚好契合本研究的主题；二是因为三里社区是蔡县城乡接合部较早建成的村改居社区，回迁村民有完

---

① 吴莹认为，依据城市化的推进模式，村改居社区可以划分为城市扩张型、新城开发型与土地流转型三种不同类别；依据建设安置方式的不同，则主要有本村单独安置与多村合并安置两种方式。

整的居住体验和感受，在时间线索上具有较大的研究价值。综合考虑以上两点因素，笔者选择三里社区作为本研究的个案。

（二）研究方法

为了获得研究对象对一些行动、事件意义建构的解释性理解，本文主要采用定性研究方法开展研究。由于本研究的田野调查点在社区，笔者一方面采用了参与式观察法，参与体验回迁的木村村民在村改居社区的菜园子与菜市场这些物质性公共空间中的实践活动，获取了有关回迁木村村民及其活动事件的相对真实的第一手资料。无结构式访谈能够给予研究对象较充分的自由发挥空间，能够尊重研究对象思考问题的角度、对事实的理解和对有关概念的表达方式。因此另一方面，笔者使用无结构式的访谈法，对涉及"菜园子文化""种子交情""菜市场合作"这些活动事件的关键人物进行访谈，获取回迁村民对相关事件的看法、态度及价值观念等方面的重要信息，进一步阐释参与式观察所获得的资料。

三、三里社区乡土空间的重构实践

社会学意义上的公共空间可以界定为以特定的空间相对固定下来的、具有某种公共性的人际交往与社会联结的方式。[①] 它大体上包括两个层面：一是指社区内的人们可以自由进入并开展各种交往活动的公共场所，例如在中国乡村聚落中的庄稼地、寺庙、集市、水井附近等；二是指社区内普遍存在着的一些制度化组织和制度化活动形式，比如乡村文艺活动、村民集会、红白喜事仪式活动等。[②] 也即是说，公共空间包含"空间性"和"公共性"两种属性，空间性体现出物理属性，表现为公共场所及其物质形态；公共性则体现出社会属性，表现为空间与社会和人之间

[①] 曹海林．乡村社会变迁中的村落公共空间——以苏北窑村为例考察村庄秩序重构的一项经验研究［J］．中国农村观察，2005（6）．

[②] 曹海林．村落公共空间与村庄秩序基础的生成——兼论改革前后乡村社会秩序的演变轨迹［J］．人文杂志，2004（6）．

的关系。① 由此可见，作为一个供人们交流互动的平台，公共空间尤其是传统乡土性的公共空间不仅发挥着信息沟通、交往互动等功能，并在维持社区秩序、促进社区整合方面发挥着不可或缺的作用。

本文中，笔者依据社区公共空间型构动力的不同，将社区公共空间划分为"内生型"与"外塑型"两种公共空间理想类型。"内生型"公共空间是指以村落内部的习惯、关系和情感等为动力而形成的空间，其型构动力来源于村落内部，乡土情感色彩较浓厚；"外塑型"公共空间是在"他群体"介入下以"我群体"共同的需求与利益等为动机而形成的空间，其型构动力主要来源于村落外部，具有明显的利益－团结意识倾向。三里社区的村民以村落共同的情感与关系作为联系纽带，基于日常的生活实践重构了回迁社区的"内生型"与"外塑型"公共空间，解决了农转居社区公共空间衰败的现实，促进了村民的交往互动，推进了社区的整合。

（一）"内生型"空间的重构

在笔者调查研究的三里社区，木村村民基于日常的生活实践重构出村落的菜园子这一"内生型"的公共空间，并从中发展出以"菜园子文化"和"种子交情"为联系纽带的交往方式，促进了回迁村民的交往互动，并推动了社区的整合。

1. "菜园子文化"：空间性实践形塑下的交往文化

木村村民一直有种植蔬菜的生活习惯，村改居之前，基本上家家户户都有一到两亩的菜园子。菜园子的首要功能是通过在菜市场售卖来获取家用补贴，其次是满足日常生活最基本的需求。如果说菜园子这一物质存在使村民之间的交往成为可能，那么在菜园子开展的诸如除草、松土、浇水、播种等一系列活动则使村民在同一时间与空间的交往成为必然。浇水的时候，菜地相邻的村民会互相帮着给蔬菜浇水；除草的时候

---

① 张诚，刘祖云. 失落与再造：后乡土社会乡村公共空间的构建［J］. 学习与实践，2018（4）.

看到邻家的菜地里有杂草也会顺手帮着除去；松土的时候遇到菜地交界的地方，会格外谨慎，以防止除掉邻家菜地里正在成长的幼苗……这里，除草、松土、浇水不仅仅是活动本身，村民更是以菜园子为基本的物质空间载体，围绕日常的蔬菜种植活动形成了以分享、互助、信任为联系纽带的一套文化体系——"菜园子文化"。这一文化产生于村民蔬菜种植的生活实践，因其真切、朴实的特征被村民接纳、认同，同时又通过一系列蔬菜种植活动影响形塑着村民的行为选择。

"以前我都是上午干家里活，洗衣裳、做饭、收拾屋子，等小孩儿放学了接他们回来，吃完饭还得送学校去。下午有空都会找她们打会儿麻将，等到傍晚了去菜地里看看，看到她们在浇水，等她们浇完了顺便把管子挪过来也浇个菜，那个时候（村民）基本上都在菜园子忙活，不是浇菜就是刨地、拔草。"（访谈对象 WY，女，原木村村民，40 岁，自由职业者）

"从土里长出过文化，也长出过光荣的历史"，[①] 土地之于农民，是物质也是文化，是交往也是交情。基于土地劳作形成的"菜园子文化"虽"土里土气"，但却最真切、朴实，成为影响木村村民日常活动的重要因素。

回迁住进楼房之后，对于村民来说，蔬菜种植的主要功能已不再是一种副业，而是村民基于共同的习惯、共同的情感与关系形成一种群体记忆的自发行动，因而当建成的回迁社区较之前的规划多出来两亩左右土地时，基于对土地的理性使用主义倾向[②]及"菜园子文化"的影响，村民集体又重新拿起农具刨地、种菜，"一家家划着小小的一方地依旧种植起来"，[③] 通过在菜园子的交往活动重构出新社区的"菜园子文化"。

"平时做饭得用青菜，自己种点吃划算些也干净，还方便，像那葱、

---

① 费孝通.费孝通选集（第四卷）[M].北京：群言出版社，1999.

② 陈成文，鲁艳.城市化进程中农民土地意识的变迁——来自湖南省三个社区的实证研究[J].农业经济问题，2006（5）.

③ 费孝通.乡土中国：生育制度[M].北京：北京大学出版社，1998.

蒜苗、香菜之类的，（做饭）也少不了，总不能老是去街上买。以前都种菜也习惯了，真是闲了也闲不住，没事总想种点菜啥的。所以那时候村里说多出来两亩空地，后来就一起商量说每家分点种菜。种菜也好，以前不都是自己种菜吃。"（访谈对象 DYY，女，原木村村民，65 岁，街道环卫工人）

村改居后，木村村民大多有了在城市的工作，但早晨他们仍然会习惯性地到自家菜地"逛一下"，或者查看蔬菜的种子有没有发芽，或者采摘新鲜蔬菜食用；傍晚时分，他们会到菜地浇水、施肥、除草……闲暇之余，村民会聚在一起交谈着关于蔬菜的"家长里短"。在城市社区的居住环境下，菜园子被一幢幢楼房环绕，诸如浇水、施肥等活动的开展变得不那么容易，村民就选择于同一时间、空间在自家菜园子劳作，由此，一种合作式的互助交往得以实现，管理菜园子从个体行为逐渐成为一种集体性的合作活动。

"现在种菜不像以前，以前菜园子边上就是水沟、池塘，现在住楼房浇水都是问题。所以村里集体出钱打了口井，浇菜都一起浇，这家用完了去叫那家，轮换着来，效率也高。"（访谈对象 ZW，男，原木村村民，45 岁，小学教师）

回迁之后的村民虽然"脚已离地"，但在"菜园子文化"的影响下，他们发展出一种以"我群体"的情感为联系纽带的新"菜园子文化"，其在形塑村民行动的同时，以一种群体团结的形式推进着新社区的整合。

2. "种子交情"：人情与情感的统一体

"种子交情"是木村村民以蔬菜种子为媒介、围绕日常的蔬菜播种形成的一种分享、互助与信任的关系。它是一种关于种子的交情，更是一种超越人情的友好互助的情感。

自古以来，农民耕种庄稼都是"靠天收"，[①] 种菜也不例外。有些时

---

① "靠天收"是河南一些地区的方言，指农作物收成如何主要依赖气候和天气。

候，虽然天时、地利、人和具备，但有的蔬菜长得就是那么"不排场"，①
所以也就"没资格"成为下一年的好种子。长得"排场"②的蔬菜，其
未来成熟的种子会被认定为"良种"，其主人会被认为拥有高超的种植技
术。之后村民纷纷串门向其取来"良种"，村民也乐意主动分享蔬菜种植
的技术与"良种"，这样一种人情与情感也就在"良种"的分享中得以
结合并维系着村民之间的关系。

"刚开始种菜的时候都是去城里高杆灯那一家买菜籽，一小包都要好
几块钱，后来小邓他们都是自己'休菜籽'。③有一年夏天我也休一点荆
芥籽，等到第二年种了，那荆芥叶子又窄又小，还老得快。我看小邓她
家的（荆芥）长得可排场，菜叶子可大，也不长'猫狗子'。④我就问她
来着，她就给我留了一些菜籽。后来菜能摘着吃了我也拿给她家一点尝
尝，人情往来嘛，是吧。"（访谈对象 XJ，女，原木村村民，55 岁，自由
职业者）

搬迁住进楼房之后，村民虽告别了过去的农耕生活，但没有丢掉诸
如犁耙、钉耙等传统种菜工具，也把蔬菜种子精心保存起来。因而当村
民准备复垦自己所分得的那一块土地之后，就开始翻找留存的种子，或
者去邻居家里借他们精心留存的菜籽。回迁村民在筛选菜籽的间隙畅聊
着过去与现在的生活。

"我这种的上海青是（用）前两年休的菜籽，还是用棉布包裹着放衣
柜里才能保存到现在，时间这么长了也不知道还能不能发芽，你不种一
下也不知道，所以就撒地里了。平时上海青吃得多些，红燕说她家没留
上海青籽，我就给她分一点种，后来她还给我送点自己种的蘑菇过来。"

① "不排场"是河南一些地区的方言，在形容蔬菜时指长势不好、不茂盛、不好看。
② "排场"与"不排场"互为反面，形容蔬菜长势茂盛、喜人。
③ "休菜籽"是指看哪个菜长得好，吃菜的时候绕过它，并适当地培养一下，等到成熟了就
把其种子留下来作为下一年的种子。
④ "猫狗子"是河南方言，指蔬菜在成熟的过程中长出来的结。长出来结的蔬菜不能食用，
说明蔬菜质量不高。

（访谈对象 WY，女，原木村村民，40 岁，自由职业者）

这里，"良种"虽是一颗颗肉眼可见的种子，但却已经超越其实体意义而成为一种符号，象征着村民之间只能用内心感悟的人情往来，更是一种情感的表征，蕴含着村民之间最朴实、最真切的群体记忆与情感。

"搬家的时候有的菜籽我还没休好，只留了点荆芥籽和苋菜籽。后来找小邓拿了点小白菜籽，她常年种菜，菜籽保存得好、种类也多。我撒完菜籽她又用钉耙帮我搂一遍，这样菜籽种得均匀些，之后菜长得也好些。后来没事我也跟她学种菜，她在庄子里种菜是出了名的。"（访谈对象 XZ，女，原木村村民，60 岁，无业农民）

乡土性的公共空间必须依赖现实的空间或者物质，这是实现沟通和交流的物质基础，但其本质是一种人际信任和获取各种资源的社会关系，是在一定物质基础上发展起来的稳定、信任、共享和获取资源的社会关系。[①] 这一粒粒蔬菜种子不仅在实体意义上维系、巩固着村民之间分享与互助的关系，更通过一种关于种子的交情上升到人情与情感的统一。

无论是作为物质性空间的菜园子，还是以"菜园子文化"和"种子交情"为表现形式的公共性交往，都是基于村庄内部的传统、习惯，共同的情感、记忆与关系的自发行动而形成的现实产物，是一种典型的"内生型"空间，它形塑着村改居之后村民的交往实践，同时也通过一种群体情感的有效链接推进着新社区的整合。

（二）"外塑型"空间的重构

在乡村社会，乡村集市作为地方社会的公共空间，通过空间的拓展、信息的交汇、话语的传递、情感的调适等对乡村社会起着国家不可替代的整合作用。[②] 并且，乡村集市的参与者来自周边多个村庄，而不仅仅是一个村庄的村民，当"他群体"介入"我群体"并对"我群体"的交往

---

① 曹海林. 乡村社会变迁中的村落公共空间——以苏北窑村为例考察村庄秩序重构的一项经验研究 [J]. 中国农村观察，2005（6）.

② 吴晓燕. 农民、市场与国家：基于集市功能变迁的考察 [J]. 理论与改革，2011（2）.

实践带来可能的威胁时，一种基于所属群体共同的需求与利益的道德约束就会于无形中促动着村民团结起来，共同维护"我群体"的利益。

村改居之前的木村，卖菜是获取生活补贴的一种副业，村民都想把自己辛苦种植的蔬菜卖个好价格，但是菜市场上其他村庄卖家的存在及其与木村卖家的竞争使木村村民意识到"我村"和"他村"的分化，这种"我村"和"他村"的明确分界和竞争，强化着村民对于"我村"这一自我群体的认同感和归属感。因此，木村村民之间在菜市场的竞争并未到一种"害红眼病"①、"互为仇人"的恶性竞争状态，村民之间基于"菜园子文化"、"种子交情"、建立在熟悉和信任基础上的情感及已经内化于心的乡规民约，反而发展出一种互助合作的关系。村改居之前，由于木村距离县城较远，为了能占个卖菜的好位置，② 村民会在天还未亮的时候就出发去菜市场，出于安全的需要，村民多会结伴前往。在菜市场，村民如果有事离开，同村的村民会帮忙照看摊位和售卖蔬菜，虽然他们自己的菜篮子里也有能满足顾客需求的蔬菜，但他们绝不会为了"抢生意"而推销自己的蔬菜。

"以前俺们都是天不亮就起来整菜，还不是想着去占个好位置。那时候也不嫌累，俺们几个人一根扁担担两大篮子，走几里地路，去了放好位置，然后趁着还没上人③轮流照看菜摊去吃点饭。"（访谈对象 DYY，女，原木村村民，64 岁，目前为社区环卫工人）

"那时候俺家种的也有蘑菇，冬天里蘑菇配着青菜一起卖。我基本上都是去了卖给菜贩子，回家还要收拾家务、做饭、接送小孩上学。有时候菜没卖完就放一个庄的她们那儿帮忙卖，回来了她们就将卖的钱给我。"（访谈对象 WY，女，原木村村民，40 岁，目前为自由职业者）

---

① "害红眼病"是河南方言的一种，指嫉妒别人的好，并因此而仇视对方。在菜市场是指嫉妒其他村民的蔬菜卖得价格高、卖得快，并因此仇视、讨厌对方。

② 当时菜市场比较小，而且村民没有多余的资金购买靠前的固定摊位，因此主要摆在其他摊位的旁边。但由于卖菜者多，可供摆放空间不足，因而村民掀起了一场"抢位置热"。

③ "还没上人"指由于当时卖菜去得早，来买菜的顾客不多。

村改居之后，木村的青年人大多在城市工作，中老年人则在闲暇之余将蔬菜带到商业街边摆卖。由于这种非正式的商业街边"菜市场"受到当地城市管理部门的管制，村民和其他商品贩卖者只能在下午5点钟之后纷纷前往摆摊，100多米长的商业街两边摆满了大车小车、大筐小筐，俨然一幅乡村集市的真实场景。对于木村村民来说，虽是在卖菜，却是一种"馈赠"式的售卖：一方面，由于入住三里社区之后菜园子的面积大幅减小，村民菜篮子的菜品有限，为了赢得顾客，村民几家放在一起售卖以满足顾客的多种需求，顺带也赠送一些零散的蔬菜以获得日后的回头客；另一方面，他们也会把蔬菜馈赠给从城市下班回来的本村人。卖完菜之后，村民会一路聊着家长里短返回社区。

"我种的菜不多，主要都是平时自己家吃，有时候种得多了就弄到街上卖。之前我跟小冯、老吴他们凑一起卖菜，像我光弄点这香菜没法卖，配着他们的青菜跟葱好卖些，有时候碰到买青菜多就送一些香菜或者葱，这样以后人家还买你家的菜。"（访谈对象WLY，女，原木村村民，68岁，目前为无业农民）

"我现在在美容院上班，每天下午6点左右下班，回去路过社区的商业街想着买点菜，碰到他们（卖菜的村民）在卖，还剩点菜就让我拿回去炒着吃。我说俺菜园子种的也有（青菜），他们就说那你不还得去菜园子（拔菜），这整好的菜直接拿回去吃，不用费那工夫。后来有时候菜长得快，吃不完我也没时间整，就让他们拔了搭配着去卖，也不值几个钱。"（访谈对象LQ，女，原木村村民，33岁，目前在县城一家美容院上班）

在商业街这一非正式的菜市场，通过"合作式"和"馈赠式"的售卖实践，三里社区的回迁村民重构出以"菜市场合作"为交往方式的"外塑型"空间。在这个空间，卖菜已经不仅仅是这一行为本身，也不是为了补贴家用，而是一种建立在共同的情感与群体记忆基础上的自发行动；借助卖菜这一行为，他们找回一种关于卖菜的群体记忆，这种集体的记忆表现为特定范围内的群体成员对往事共享的过程。通过能唤起村民群体记忆的公共空间的再造，村民紧密地结合在一起。①

四、结论与讨论

在村改居过程中，传统农村社区的公共空间走向衰败，新的公共空间因功能异化、公共性流失、过度市场化等而未能有效或难以发挥作用，使得社区整合难以实现。在三里社区，回迁村民基于村落的传统集体重构出"菜园子"与"菜市场"这些物质性空间，并通过"菜园子文化""种子交情"等内生动力与"合作式""馈赠式"的售卖实践等外塑动力，将这些物质空间上升到一种公共性的交往与互动，推进了社区的整合（如图1所示）。

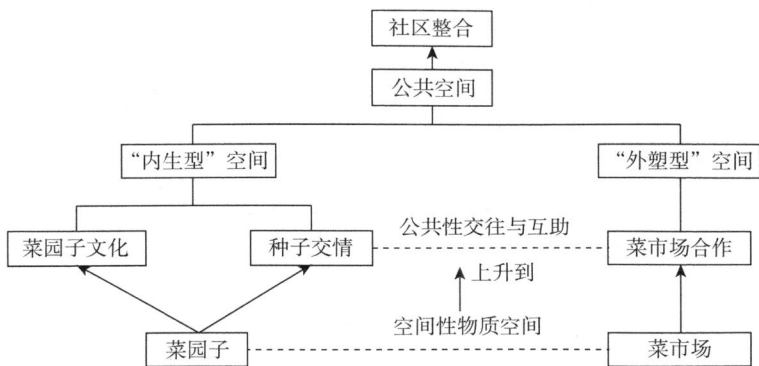

图1 村改居社区公共空间重构机制图

（一）内生动力形塑下的公共性交往

城市化进程中征地拆迁与"撤村建居"带来的农民上楼、人口流动等带给农村社区前所未有的冲击。回迁村民的生活环境和身份会变，但他们会在其栖居的新社区中延续传统。对于木村村民来说，土地以及在

---

① 庞娟.城镇化进程中乡土记忆与村落公共空间建构——以广西壮族村落为例［J］.贵州民族研究，2016（7）.

土地之上开展的各种活动是一种传统，凝聚着村民的集体记忆与情感，"除了种菜他们真的找不到利用这片土地的方法"。① 因而在三里社区，回迁上楼的木村村民又回到田字格状的菜园子里种起了菜。

对于他们来说，种菜是一种生产活动，更是一种情感与文化的表征，是回迁村民在新社区形成的"新传统"。为了不忘记这种传统，只能不断诉说它的经历与记忆，在这样的过程中，"菜园子文化"和"种子交情"也就于无形中形塑着村民的生活实践。这种以群体的情感和关系为联结纽带的交往方式通过一种内生的动力使村民能够在同一时间和空间上共同在场，并通过一种公共性的交往与互动推进了社区的整合。

（二）外部动力形塑下的公共性合作

空间，尤其是外部动力形塑下的公共空间，使不同主体间的相互作用成为可能，并使特定的空间性实践与交往变成有意义的价值存在。② 乡村集市作为一个充斥着不同利益群体的开放性综合公共空间，在链接已有的资源与关系方面发挥着重要作用。尤其在外来力量的介入、影响下，不同利益群体的竞争状态将"我群体"与"他群体"明确区分开来，并借助群体内部的力量有机团结在一起，以维护所属群体共同的利益与情感。

从菜园子到菜市场这一物质空间的转换，也必然伴随着空间形塑下的实践活动及其联结方式的转换。对于木村村民来说，这种空间的转换不会带来空间适应层面的滞后，反而基于"菜园子文化"和"种子交情"的群体情感，使村民凝聚成一个整体，并通过在菜市场的实践形成以"菜市场合作"为联系纽带的交往方式，进而通过群体的团结推进社区的整合。

村改居过程中，传统农村社区的公共空间消逝，新社区虽然也配建有社区花园、健身房、阅读室等公共设施与空间，但很难在短时间内获

① 费孝通. 乡土中国 ［M］. 北京：人民出版社，2008.
② 齐美尔. 社会是如何可能的 ［M］. 林荣远，编译. 桂林：广西师范大学出版社，2002.

得回迁农民的认同，也未能成为链接关系与情感的意义实体。只有那些承载着群体的集体记忆与情感的社区公共空间才能在新社区延续下来，并通过公共性的交往与互动推进社区的整合。因此，村改居社区的整合路径不能简单、片面地停留在城市化发展中，而要综合考虑其根源、性质与特征，遵循其由农村社区到城市社区的自然过渡逻辑，适当地从其初始形态中找寻整合动力。

社区参与式互助体系社会资本建构研究[①]

——以济南市舜义社区为例

一、问题提出

随着我国社会工业化和住房商品化的发展，社区居民之间从面对面的情感性频繁互动逐渐变为非面对面陌生的缺少互动的状态。现代城市社区中人际关系淡漠，社会网络疏离，互助网络匮乏，信任和守望相助规范缺失的状况已不少见。随着户籍制、单位制等社会政策的转变，城市社区的人口容量和人口性质也随即发生改变。同一个社区内的居民在经济水平、社会生活水平、社会支持等方面都存在较大差异。如何使社区资源在社区内得到有效配置与传递，如何重构具有社会资本和凝聚力的社区，如何实现社区参与，形成良性互助，已成为当前城市社区发展所面临的重要问题。

要使社区困难家庭得到社区关怀，仅仅依靠政府的单向救助并不能够形成持续的群体改变动力，社区的良性运转也需要各个相关利益群体的互动和参与。基于此，当前城市社区的发展需要建立和提升社区居民间的信任、社区网络和合理的社区规范等社会资本。社区居民参与和居民之间频繁、密切的沟通和互动能够提升居民间的信任，形成社区守望相助的规范；居民间信任的建立，社区规范的形成也依赖于居民的参与和社区居民之间频繁、密切的沟通和互动。

---

① 本文与欧阳祯共同完成，原载《社会工作与管理》2018 年第 2 期，有删改。

本研究的实施地济南市舜义社区，居民人口结构多元，贫富差距明显，老龄化现象严重，流动人口比例高。社区内存在人际关系冷漠、互助网络匮乏、社区内组织分散、社区老人和贫困家庭生活状况堪忧、社区居民缺乏参与平台等问题。这些问题的存在使社区良性运转、社会资本的建构与发展面临阻碍。对此，本研究以济南市舜义社区的社区实践为例，具体描述该区"舜义集""舜义仓"的发展状况，探讨参与式互助体系如何在社区社会资本的建构中发挥其作用。

二、研究方法

本论文采用社会工作研究中比较常用的"行动研究"方法。美国著名社会心理学家 Lewin 是行动研究的最早倡导者之一。行动研究是指研究内容来自实际工作者的需要，研究在实际工作中进行，由实际工作者和研究者共同参与完成。[①] 行动研究的目的在于切实解决实际问题，在实践行动中探索解决问题的有效途径。[②] 行动研究的研究过程主要包括诊断、计划、行动、观察和反思几个组成部分，是一个螺旋式前进的循环往复过程。此行动研究的理念和方法更符合笔者对本文研究案例的了解和认识。

本文研究结构如下。第一，分析济南市舜义社区的社区内存在人际关系冷漠、互助网络匮乏、社区内组织分散、社区老人和贫困家庭生活状况堪忧、社区居民缺乏参与平台等问题；第二，探索该社区当前问题解决的有效途径，结合社会工作的介入，引入适合该社区的以"舜义集""舜义仓"为载体的社区参与式互助体系；第三，开始行动过程，对社区参与式互助体系的实施进行分析，同时探索该体系的运行如何促进了社区社会资本的建构；第四，对当前参与式互助体系的实施过程和社区社

---

① 张剑. 社会工作介入农村留守儿童问题的行动研究 [J]. 社会工作，2011（9）.
② 黄晓燕. 城市新移民社会融入的行动研究——以天津市华章里社区为例 [J]. 社会调查研究，2011（1）.

会资本的建构情况进行反思，提出有效建议，以推动后期社区本土化发展的进一步实践。

三、文献综述

（一）社会资本

帕特南认为，社会资本是一种"公共物品"，如信任、规范和网络，能够通过推动协调和合作行动来提高社会效率。[①] 按照他的观点，社会资本是内生在人们的关系结构中的，一个人想要拥有社会资本，就必须与他人建立联系，正是在发生联系的过程中产生了社会网络、社会关系、规范和信任等，从而形成了社会资本。[②] 林南探讨的社会资本是由"社会网络—民间参与—普遍信任"范式形成的。他认为社会资本是以社会网络为基础的，分析社会资本时应该从人际关系入手。民间参与和普遍信任是从社会网络中产生的。林南关于社会网络中社会资本的假设，强调了通过"互动"获取资源的重要性。[③] 福山将社会资本看作是社会或者社会的一部分普遍信任所产生的一种力量。他认为，社会资本是一种有助于两个或者更多的个体之间相互合作、可用事例说明的非正式规范，信任是社会资本的基石。[④]

边燕杰通过对城市居民进行社会资本的实证研究，指出"社会资本的存在形式是社会行动者之间的关系网络"。[⑤] 桂勇和黄荣贵对上海市的社区作了实证调查，认为社会资本指标包括社区网络、社区归属感、社

① 罗伯特·帕特南. 使民主运作起来 [M]. 王列，赖海榕，译. 南昌：江西人民出版社，2001：201.
② 陈雷. 论社会资本——社会资本视角下的社区主导型发展研究 [M]. 北京：中国社会出版社，2011：13.
③ 方然. "社会资本"的中国本土化定量测量研究 [M]. 北京：社会科学文献出版社，2014：6-9.
④ 曹荣湘. 走出囚徒困境：社会资本与制度分析 [M]. 北京：三联书店，2003：71.
⑤ 边燕杰. 城市居民社会资本的来源及作用：网络观点与调查发现 [J]. 中国社会科学，2004（3）.

区凝聚力、社区互动、互惠与一般信任、社区信任等。①

综上所述，对于社会资本的界定与分析，国内外学者们有不同的角度。虽然分析角度不同，但可以看到，社区组织、社区参与、互动都被认为有利于社区社会资本的形成与提升。

（二）社区参与和"参与式互助"

社区参与是提升社区社会资本的一种有效方式。社区参与是指社区居民共同期望社区进步与发展，愿意投入思想、行为，投入个人有形或无形的资源，包括时间、金钱、劳力等，通过这种个人参与社区活动的过程，增强个人对社区的认同，而这种认同又能够转化为个人对社区环境的情感认知，继而形成社区的归属感。② 社区参与的理念强调社区发展的行动主体应从政府转移到民众，通过社区居民"自下而上"有组织地参与解决与他们共同利益相关的问题，来提高居民的生活质量、凝聚社区意识。③ 推动居民之间的社会互动和互助、满足社区居民的多元化需求，④ 是社会工作者倡导和组织居民参与的重要方面。

"参与式互助"是在社区中运用参与式方法，开展居民之间的互助活动。与传统的邻里互助不同，参与式互助的基础是"社区公共利益"。公共利益尊重居民的权利和意见；主张任何共识都应来自"利益相关方的共同参与"过程中。参与式互助过程中，通过社区居民自我管理，参与者在协商、互助、合作等方面的能力有所提升。参与式互助的特点是"平等互利、助人自助"。参与活动的主体都是利益相关方，各方都是平等的主体；各方在"参与"的过程中都应该有所贡献、有所获得，各尽其能、各得其所。⑤

---

① 桂勇，黄荣贵．社区社会资本测量：一项基于经验数据的研究［J］．社会学研究，2008（3）．

② 徐永祥．社区工作［M］．北京：高等教育出版社，2005：77.

③ 同①.

④ 同①.

⑤ 见 2015 年义仓学习手册中郭虹所写文章《社会参与式互助体系与社区治理》。

本文的研究涉及社区参与、参与式互助等关键概念的社区参与式互助体系，探求如何建构社区社会资本。

四、社区社会资本建构的方式：构建两位一体的社区参与式互助体系

（一）社区参与式互助体系实施背景及简介

社区参与式互助体系实施地——济南市舜义街道（以下简称舜区）面积 3.5 平方千米，内设七个居委会和两个村改居社区，玉区和园区是国家级精品社区，张区和八区属于两个村改居社区，据最新统计，人口 8.9 万，总计 25514 户，常住人口 5.4 万。其中，60 岁以上老人 7883 人，占常住人口的 14.5%；70 岁以上老人 3862 人，占常住人口的 7.2%；独居老人 1816 人，占常住人口的 3.4%。[①]

该区社会工作者通过实际走访社区居委会、社区服务机构、社区贫困家庭和高危老人等，发现该片区居民人口结构多元，贫富差距明显，老龄化现象严重，既有省委党校、省财政厅、省科技报社等省属机关单位职工和家属，也有经济条件偏低的回迁户、企业下岗职工等。同时，由于该社区为老旧型社区，社区基础设施陈旧，社区内单元户型不合理，又紧靠济南大学、山东财经大学等高校及其他学校，社区房屋外租现象明显，流动人口比例高。社区内存在人际关系冷漠、互助网络匮乏、社区组织分散、社区困难家庭生活状况堪忧、社区居民缺乏参与平台等问题。

结合舜区呈现的问题和社区需求，同时借鉴成都爱有戏社区文化中心等全国义仓经验，该区确立"舜义集""舜义仓"为"社区互助"服务项目，于 2015 年 7 月开始在舜区定期开展服务。

1. 舜义集

"舜义集"是立足社区，用定期集市的方式，为社区居民搭建的以互

---

① 走进市中：市中概况 ［EB/OL］．［2015-12-05］．http：//syl．shizhong．gov．cn．

助和公益为主题的互动交易和参与社区公共事务的平台（见图1）。它相当于一个公益集市，居民可以在"义集"上免费申请公益摊位，将闲置物品卖出，所得收益由捐赠人自主购买生活物资捐赠给"义仓"以帮助困难群体。义集还设有义诊、义演、社会服务展示等区域。每期义集，都会有不同的公益主题，增设不同的公益板块、与更多的爱心人士共同推动公众对公益的参与。"舜义集"作为社区参与式互助体系的一环，倡导透明真诚、力所能及、人人参与的新慈善观和良善相伴、文化传承、绿色环保的可持续的新生活方式。

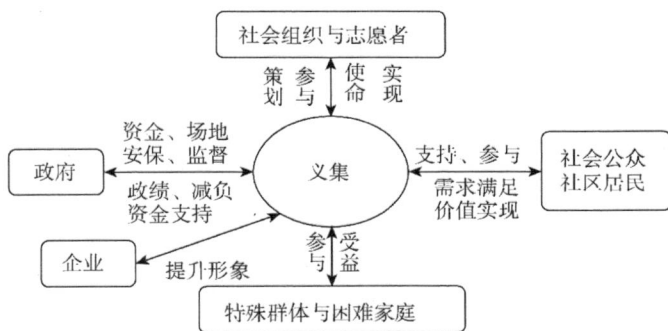

图 1 义集运作示意图

2. 舜义仓

"舜义仓"是一个社区参与式流动平台（见图2），如同爱心仓库，倡导社区居民的不定期、非现金小额互助，包括 A 类（旧物资）、B 类（食品）、C 类（洗化品）、D 类（时间），用于帮助项目辖区内低收入、负担重的困难家庭，尤其是孤寡老人、残疾人家庭等。每件义仓物资都有捐赠收据及唯一编号，社区居民可参与物资的派发，每件物资去向透明公开。

"义仓""义集"的最终目标是通过社区居民的参与和自治管理，从而真正构建起社区的参与式互助体系，促进社区融合发展。

（二）参与式互助体系运行的路径

结合舜区当前呈现的问题和社区需求，为了使社区困难群体得到及

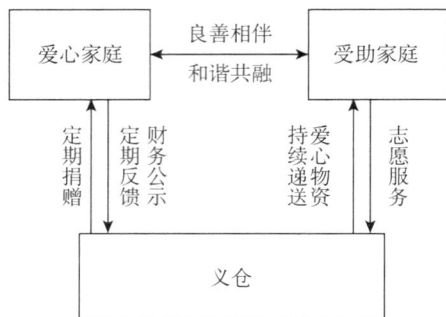

图2　义仓运作示意图

时救助，让社区人际关系逐渐"回暖"，使社区居民的社区参与程度得以
提升，① 同时借鉴成都爱有戏社区文化中心等全国义仓经验，舜区逐步建
立了以"舜义集""舜义仓"为载体的两位一体参与式互助体系，并于
2015 年 7 月开始在舜义社区定期开展。

1. 社区网络：社区各相关利益方的参与及互动

以"舜义集""舜义仓"为载体的社区参与式互助体系涉及了社区
各相关利益方的参与及互动。不同的参与群体通过义集、义仓实现资源
互通，在满足相关群体需求的同时，将资源以合理的方式链接给社区内
其他有需要的居民，这也是社区网络资本的建构过程。

"舜义集""舜义仓"的参与方主要包括 5 个部分：社区居民、社区
困难家庭、社区组织、社会组织和社区企业，分别对应义集的不同功能
分区（见图3）。

社区居民（义卖区）：社区居民可以在义集上申请公益摊位，将自
己的二手物资卖出，所得的收益由捐赠人自主地按照不低于一定比例或
者全部捐给义仓以帮助困难群体。社区居民也可以选择捐赠生活物资到
义仓。

① 赵小平，毛佩瑾. 公益领域中的"市场运作"：社会组织建构社区社会资本的机制创新
[J]. 中国行政管理，2015（11）.

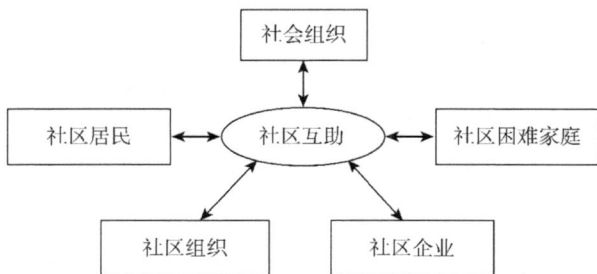

图3　义集相关参与方示意图

社区困难家庭（爱心帮扶区）：社区困难家庭可以在义集上申请摊位出售自己不需要的"被捐赠"物品（比如来自政府的慰问品），或者出售自己的手工制品等。

社区组织（义演区）：社区组织泛指社区内的各类活动团体，在本社区内以老年团体为主，包括康娱兴趣类、学习类、养生类、发展类等。这类群体一方面可以以组织的形式在义集上申请展位，出售本组织的活动成品（如编织小组、书画院等）；另一方面结合各类社区组织的具体特点，回应其"老有所学、老有所为、老有所乐"的实际需求，在义集上提供社区组织活动展示和对社区困难家庭进行文化、文艺慰问的机会和平台。除老年群体外，社会工作者还广泛邀请对义集活动感兴趣的其他社区组织（如儿童艺术团、儿童兴趣小组等）进行文艺慰问及展演。

社会组织（公益组织交流展示区）：社会组织指社区内各类社会专业服务组织和社区公益组织。社会组织可在义集上申请公益展位，进行本组织的宣传，提供社区居民咨询、了解、交流、预订专业、公益服务等服务内容。

社区企业（义卖区、现场服务区）：社区企业泛指社区周边各类企业及商户，其可在义集上申请义卖展位，将本企业的销售品进行销售，所得收益按照一定比例或全部捐赠义仓以帮助社区困难居民。一方面，社会工作者邀请企业代表参与义仓物资配送环节，可根据社区与企业的双向需求和意向，建立社区困难居民与企业帮扶结对子网络，由企业根据自身和社区需求定期帮助特定社区困难居民，这是建立社区企业声誉，提升社区企业影响力的过程；另一方面，社会工作者邀请社区企业带本企业公益服务参加义集，在义集现场为社区居民提供企业公益服务（如剪发、义诊等），这也是社区企业与社区居民增强互动，进行企业宣传的过程。

通过五类相关参与方的参与互动，社区网络得以链接，通过义仓的持续开展和义集的定期开展，社区居民、社区困难家庭、社区组织、社会组织和社区企业间能够在自身参与的基础上同其他参与群体产生良性互动关系。人际网络、社区网络、社团网络都是重要的社会资本，以"义仓""义集"为载体的社区参与式互助体系对社区网络资本的建构有较强的促进作用。在这里，居民与居民、居民与团体、团体与组织、组织与企业等之间发生着频繁的互动交流和联系，就像博特在对社会资本的定义中提到的那样，"社会资本指的是朋友、同事和更普遍的联系，通过他们，你得到了使用（其他形式）资本的机会"。① 义集搭建了一个活动的社区公共空间，通过义集，居民的关系网络得以扩展，社区网络资本有了更有效的提升。

第三届舜义集活动中，一位社区居民在看过义仓义集的宣传单页后，特意走到总服务台对社工说："你们这个活动很有意义，谁家里都有闲置的物品，捐出来就很好，这是个很好的平台，这种公益活动应该经常搞……"第一次带孩子参加这样活动的一位妈妈说："孩子看了《大头儿子小头爸爸》的动画片之后，就一直想有机会能够把他自己的东西拿出来义卖，参加这种义卖，对孩子的公益意识是一种很好的培养，我跟孩子也打算将其全部收入捐入义仓，用来帮助需要帮助的人。"

舜义集活动的日期是每个月第三周的星期天，最初的舜义集参与人数仅仅有几十人，现在每次义集都有 300~500 人参加。义集活动的改变，

---

① 王文彬. 社会变迁中的社会资本与人力资本研究——基于东北老工业基地的社会调查 [M]. 北京：中国社会科学出版社，2013：69.

离不开社区社会工作者在社区动员方面的努力。从宣传到集市，公开透明，社区居民广泛参与，口口相传，再加上媒体报道等，使得整个社区的力量都被动员起来，参与义集。从开始的 10 个义集认领摊位，到现在的 50 个义集认领摊位，舜义集的规模不断扩大，没有居民的广泛参与，是不可能达到的。

2. 社区规范：体系标准及规范的制定

帕克认为，"一个社区不仅仅是人的汇集，也是组织制度的汇集"。[①] 规范是重要的社会资本，也是社区发展的元素之一。在以"舜义集""舜义仓"为载体的社区参与式互助体系运作过程中，一方面通过居民公开参与制定体系标准规范，不断形成着被社区居民集体认同的规范和互惠互利的行为准则；另一方面出于对良善相助的美好意图，社区居民自发表现出利他主义、志愿意识和志愿行为。[②] 这也是社区规范资本的建构过程。

"义集""义仓"中帮扶家庭判定标准规范的确定是结合当地经济发展、社区生活水平等，由社区居民代表公开参与，共同讨论制定的。舜区制定义集、义仓帮扶家庭判定标准规范的过程以"社区居民议事会"的形式开展，通过邀请相关参与方参会；公开参与制定标准规范内容；居民代表推荐、筛选、公布帮扶家庭名单；分析制定《帮扶家庭判定标准》，确定派送事宜等三次居民议事会内容，最终各方达成一致。在义集、义仓为载体的社区参与式互助体系中，有关帮扶家庭的标准规范制定是整个资源互助过程中重要的一环。不同群体居民代表共同参与制定标准规范，其规范是被集体成员认同的规范，也是集体成员履行的共同行为准则。这种规范更容易成为普遍接受的规范，能够较稳定地发挥成

① 林南. 社会资本：关于社会结构与行动的理论［M］. 张磊，译. 北京：世纪出版集团，2005：184.
② 罗伯特·帕特南. 独自打保龄球——美国社区的衰落与复兴［M］. 刘波，祝乃娟，张孜异，等译. 北京：北京大学出版社，2011：148.

员的自我约束作用，也有助于其他社区规范的产生和形成。①

"互惠是规范中最为重要的一种。"② 以"义集""义仓"为载体的社区参与式互助体系运作过程也是一种"互惠"的过程。义集搭建了一个活动的社区公共空间，所有参与者的身份都是平等的，每个居民群体的需求都得到考虑。"义仓"中，无论贫富，每个居民都可以捐赠自己的爱心，捐赠物品的价值在于捐赠人的爱心和能否满足受助者的需求，而不在于物品价位的高低。爱心家庭和帮扶家庭也是完全平等的参与方，没有地位和权威的差别。参与式互助的特点是"平等参与、助人自助"，在这个过程中，居民的利他主义、志愿意识、志愿行为也得以提升。实践证明，以"义集""义仓"为载体的社区参与式互助体系有助于社区规范资本的形成与发展。

满奶奶是舜义社区的一名普通退休工人。退休前，满奶奶一直在国棉一厂工作，年轻时就是个热心肠，厂里大事小事都愿意跑在前面。退休后，她喜欢打打太极拳，虽然身板不如以前硬朗，但热情丝毫没有减退。社工在舜义社区开展社区工作以来，她便时常关注，慢慢接触下来，成了义仓、义集项目的志愿者。了解满奶奶的人都知道，她爱好太极拳并对社区工作满怀热情，所以在成为志愿者以后，若每次有为社区困难家庭派送爱心物资，或是组织社区文艺表演，都可以看到她穿梭的身影。凡是社区公益活动、志愿者服务，她总是走在最前面的那一个。

前段时间，社区社工进行入户探访，和她交谈中提及舜义集工作时，满奶奶转身走进自己的卧室，拿出一个文件夹。文件夹是满满一本资料，全是她手写的，有舜义集活动的简报，有义仓受助家庭调研的资料，甚至于义仓派送了哪些物资、何时派送、派发时发生了哪些趣事，都十分详细地记录于此，一笔一笔，全都落在纸上。六十多岁的满奶奶，看书

① 方然. "社会资本"的中国本土化定量测量研究 [M]. 北京：社会科学文献出版社，2014：90.

② 罗伯特·帕特南. 使民主运作起来 [M]. 王列，赖海榕，译. 南昌：江西人民出版社，2001：201.

看报都要戴着老花镜，要记这一本资料，是花费了许多工夫，用了许多时间的。这是一本写照，记录的是一个社区义仓义集志愿者的真挚与热诚。正是这样少之又少的社区印记，印下了一个社区缓慢发展与前行的进程。

3. 社区信任：信息流通、体系的规范化

信任关系是社会资本的一项重要内容，帕特南认为，信任的形成与社会资本的其他方面息息相关。[①] 根据他的观点，社会信任能够从两个相互联系的方面产生，公众参与网络和互惠规范。前面已经以"义集""义仓"为载体的社区参与式互助体系为例，对它对社区网络资本、社区规范资本的形成和推动作用作了分析。这两类社会资本的形成与提升对社区信任资本的建构具有较大的促进作用。

一方面，社区参与式互助体系通过"义集""义仓"的设计促进了社区居民和其他各参与方之间的交往，促进了社区居民之间的了解和信息的流通。"参与的各方之间的交往越多，他们之间的互信就越大，合作就更容易。"[②] 生活节奏的加快，社区居民之间的关系越来越疏远，彼此同住一个社区多年，邻居间的熟悉程度很低，交流沟通也存在限制。义集活动为社区居民提供了一个有效的沟通交流平台，邻里之间通过"赶集"既做了公益，又认识了彼此。而义集也是各个相关参与方共同参与、平等合作的过程，个体之间的合作也进一步促进了社区信任资本的形成和提高。

另一方面，"义集""义仓"作为以社区内资源的对接与流通，促进居民参与为主体的服务运作方式，涉及"捐赠""资源配发"等重要环节；而在当前社区存在普遍信任缺失的情况下，缺乏明确、统一管理的服务运作不能够持久生存，更难以得到社区居民的支持。[③] 社区参与式互

---

① 胡荣.社会资本与地方治理［M］.北京：社会科学文献出版社，2009.

② 同①253.

③ 黎熙元，陈福平，童晓频.社区的转型与重构——中国城市基层社会的再整合［M］.北京：商务印书馆，2011：151.

助体系是通过"义集规范化管理""义仓公示"等环节来增强社区居民对义集、义仓的信心的。

义仓的整个操作流程十分严谨，从招募起就建立完整的服务档案，填写记录表格。每一个环节都有详细的工作说明、方法和操作要求，可以对物资传递中的任何一个操作环节进行信息查阅（可详细查询物资流向、捐赠人、受助人、经手人、审核人、负责社工等，类似物流信息查询）。每次义集，每月义仓捐赠，社工都会对物资情况进行公示，包括募集物资数量、帮扶家庭数量等。所有捐赠明细都会在舜区服务中心、《今日舜区》社区报、"掌上舜区"社区微信平台、下一届"舜义集"活动上进行公示。

社区参与式互助体系的"义仓规范化管理""义仓公示"等环节建立、强化了居民对义集义仓的信任，以"义集""义仓"为中介，社区中的居民和各类团体、组织等建立起相互信任关系。无疑，以"义集""义仓"为载体的社区参与式互助体系促进了社区信任资本的建构。

李大爷是一位63岁的老人，耳聋，身体残疾，与65岁的精神残疾并患有慢性疾病的妻子相依为命，每月靠政府救济金生活，还要承担高额医药费，家庭非常困难。2015年7月，当义集、义仓项目的社会工作者第一次去看望他们并送去爱心物资时，李大爷认为是政府作秀，尤其是对拍照（目的是为互助资源的流动留下证据）环节甚为反感。第二次依然如此。但义仓、义集社会工作者坚持每月都前去探望他们，并且帮助解决诸如维修下水管道、陪伴就医等实际问题，李大爷深受感动。虽然爱心物资是在义仓平台组织下发放，但是来自社区中不同的爱心家庭。随着义仓、义集的持续开展，像李大爷这样的受益者感受到的不仅仅是生活物资的援助，更是来自社区街坊邻居们的热情关照和互助情谊。为了对社区邻里表示感谢和敬意，李大爷也力所能及地开始了捐赠：第一次，他将自己珍藏多年的一副象棋送到了义仓；第二次，他又将残联慰问的一床棉被捐了过来，他说道："这床棉被是残联送来的，我们家现在不缺棉被，捐出来送给更需要的居民。"①

舜区的参与式互助体系主要由"舜义集""舜义仓"两部分组成，它们之间是互为协同、相互促进的关系。相比传统的社区救助和社区资源流通模式而言，参与式互助体系是一个有机的整体，能够更加有力地传递社区居民间的信任，一些正式和非正式的社区网络和合理的社区规范等社会资本也得到逐步建构和提升。②

五、结论与反思

通过上文对以"舜义集""舜义仓"为载体的社区参与式互助体系的个案分析和研究可以看出，参与式互助体系的建构有效促进了社区的发展。

（一）社区社会资本的建构和提升

在"义集""义仓"活动中，不同参与方的参与互动，使社区网络得以链接，通过义仓的持续开展和义集的定期开展，社区居民、社区困难居民、社区团体、社区社会组织和社区企业间能够在自身参与的基础上与其他群体产生良性互动关系。以"义集""义仓"为载体的参与式互助体系运作过程能够进一步增进社区居民的互惠行为，义仓中社区居民集体认同规范的形成可以看作是一种集体规范的形成。社区参与式互助体系的"义仓规范化管理""义仓公示"等环节建立和强化了居民对"义集""义仓"的信任，以"义集""义仓"为中介，社区中的居民和社区内的各类团体、组织等建立起相互信任关系。以"义集""义仓"为载体的社区参与式互助体系能够有效地促进社区网络资本、社区规范资本和社区信任资本的建构。同时，社区参与式互助体系也是将居民组织起来，组织居民互助提供服务，用他们自身的力量解决他们自身面临

① 赵小平. 重构城市社区的社会资本——"三位一体"的参与式互助体系 [M]. 北京：社会科学文献出版社，2013：210-231.
② 赵小平，毛佩瑾. 公益领域中的"市场运作"：社会组织建构社区社会资本的机制创新 [J]. 中国行政管理，2015（11）.

的困境①的有效途径。

(二) 社区氛围的转变

社区氛围的转变主要是指社区居民从对社区活动、社区服务不感兴趣，到愿意参与，再到主动参与的状态。一个幸福感强的社区是注重社区居民参与的社区，以"舜义集""舜义仓"为载体的社区参与式互助体系的发展，使许多社区居民尤其是社区老年群体愿意参与社区发展，开始尝试提出一些自己对于未来社区发展的建议。而对于社区困难家庭的帮助，仅仅依靠政府的单向救助是不够的，更应协助其形成持续的群体改变动力。虽然目前该体系的实施时间还较短，但在这些方面已经具备了一定的发展基础。

(三) 社区自治能力的提升

国家治理体系分为政治治理、市场治理和社会治理三个主要部分，社区治理是社会治理的一个重要实践领域。② 社区社会工作旨在通过提供多元化的服务，提高社区居民的社会意识，协助社区居民运用社区资源，解决社区问题，最终实现社区自治。以"舜义集""舜义仓"为载体的社区参与式互助体系的建构，在一定程度上提升了社区居民的自治能力。社区居民通过参与化的形式，行使了自己对于社区公共事务的参与权、表达权和知情权。在这个过程中，政府部门将权力还于社区，社会组织还权于社区居民，社区居民通过社区参与，将视线聚焦于自己生活的社区公共空间内，认知思维、行为技巧、情感价值观等方面都有所提升，逐渐增强了个体参与社区治理的能力。

因为该体系不涉及社区重大利益的调整与分配，操作的难度相对较

---

① 卢伟伟. 社会支持网络视角下的社区参与式互助体系建设［M］. 济南：山东财经大学出版社，2016.

② 金碧华，麟飞，龚逾慈. 社会治理视野下社区志愿服务的实践与创新——对"下城模式"的重新解读［J］. 社会工作与管理，2014（2）.

小，具有较大的推广潜力。① 在社区互助网络匮乏、社区人际关系冷漠的现状下，参考以"义集""义仓"为载体的社区参与式互助体系，有利于建构社区社会资本，推动社区良性发展。

然而，该体系目前的实施时间还比较短，以成都爱有戏社区文化中心等全国义仓经验为来源，在代表性和典型性上还存在局限，也存在引入社区的本土化问题。如义集中购买力和参与人群的同质性问题；义仓捐赠合法化问题；义仓捐赠物资的入口和出口匹配问题；义集、义仓投入产出对比失衡问题等。这些都需要社会工作者在更大范围对体系的运作过程进行研究和考量。

针对当前参与式互助体系存在的部分问题，可进行以下尝试：如进行多力联动，集合政府、高校、社区、社区居民、社会组织的力量；更好地运用基于平等的社会工作专业方法；推动社区志愿者队伍的建设；有效利用社区社会工作服务的本土化经验等，以推动本土化的社区建设，注重社区参与式互助的可持续发展。

---

① 金碧华，麟飞，龚逾慈. 社会治理视野下社区志愿服务的实践与创新——对"下城模式"的重新解读 [J] . 社会工作与管理，2014（2）.

中共中央 国务院关于加强基层治理体系和治理能力现代化建设的意见

（2021 年 4 月 28 日）

基层治理是国家治理的基石，统筹推进乡镇（街道）和城乡社区治理，是实现国家治理体系和治理能力现代化的基础工程。为深入贯彻党的十九大和十九届二中、三中、四中、五中全会精神，夯实国家治理根基，现就加强基层治理体系和治理能力现代化建设提出如下意见。

一、总体要求

（一）指导思想

以习近平新时代中国特色社会主义思想为指导，坚持和加强党的全面领导，坚持以人民为中心，以增进人民福祉为出发点和落脚点，以加强基层党组织建设、增强基层党组织政治功能和组织力为关键，以加强基层政权建设和健全基层群众自治制度为重点，以改革创新和制度建设、能力建设为抓手，建立健全基层治理体制机制，推动政府治理同社会调节、居民自治良性互动，提高基层治理社会化、法治化、智能化、专业化水平。

（二）工作原则

坚持党对基层治理的全面领导，把党的领导贯穿基层治理全过程、各方面。坚持全周期管理理念，强化系统治理、依法治理、综合治理、源头治理。坚持因地制宜，分类指导、分层推进、分步实施，向基层放权赋能，减轻基层负担。坚持共建共治共享，建设人人有责、人人尽责、人人享有的基层治理共同体。

（三）主要目标

力争用 5 年左右时间，建立起党组织统一领导、政府依法履责、各类组织积极协同、群众广泛参与，自治、法治、德治相结合的基层治理体系，健全常态化管理和应急管理动态衔接的基层治理机制，构建网格化管理、精细化服务、信息化支撑、开放共享的基层管理服务平台；党建引领基层治理机制全面完善，基层政权坚强有力，基层群众自治充满活力，基层公共服务精准高效，党的执政基础更加坚实，基层治理体系和治理能力现代化水平明显提高。在此基础上力争再用 10 年时间，基本实现基层治理体系和治理能力现代化，中国特色基层治理制度优势充分展现。

二、完善党全面领导基层治理制度

（一）加强党的基层组织建设，健全基层治理党的领导体制

把抓基层、打基础作为长远之计和固本之举，把基层党组织建设成为领导基层治理的坚强战斗堡垒，使党建引领基层治理的作用得到强化和巩固。加强乡镇（街道）、村（社区）党组织对基层各类组织和各项工作的统一领导，以提升组织力为重点，健全在基层治理中坚持和加强党的领导的有关制度，涉及基层治理重要事项、重大问题都要由党组织研究讨论后按程序决定。积极推行村（社区）党组织书记通过法定程序担任村（居）民委员会主任、村（社区）"两委"班子成员交叉任职。注重把党组织推荐的优秀人选通过一定程序明确为各类组织负责人，确保依法把党的领导和党的建设有关要求写入各类组织章程。创新党组织设置和活动方式，不断扩大党的组织覆盖和工作覆盖，持续整顿软弱涣散基层党组织。推动全面从严治党向基层延伸，加强日常监督，持续整治群众身边的不正之风和腐败问题。

（二）构建党委领导、党政统筹、简约高效的乡镇（街道）管理体制

深化基层机构改革，统筹党政机构设置、职能配置和编制资源，设

置综合性内设机构。除党中央明确要求实行派驻体制的机构外，县直部门设在乡镇（街道）的机构原则上实行属地管理。继续实行派驻体制的，要纳入乡镇（街道）统一指挥协调。

（三）完善党建引领的社会参与制度

坚持党建带群建，更好履行组织、宣传、凝聚、服务群众职责。统筹基层党组织和群团组织资源配置，支持群团组织承担公共服务职能。培育扶持基层公益性、服务性、互助性社会组织。支持党组织健全、管理规范的社会组织优先承接政府转移职能和服务项目。搭建区域化党建平台，推行机关企事业单位与乡镇（街道）、村（社区）党组织联建共建，组织党员、干部下沉参与基层治理、有效服务群众。

三、加强基层政权治理能力建设

（一）增强乡镇（街道）行政执行能力

加强乡镇（街道）党（工）委对基层政权建设的领导。依法赋予乡镇（街道）综合管理权、统筹协调权和应急处置权，强化其对涉及本区域重大决策、重大规划、重大项目的参与权和建议权。根据本地实际情况，依法赋予乡镇（街道）行政执法权，整合现有执法力量和资源。推行乡镇（街道）行政执法公示制度，实行"双随机、一公开"监管模式。优化乡镇（街道）行政区划设置，确保管理服务有效覆盖常住人口。

（二）增强乡镇（街道）为民服务能力

市、县级政府要规范乡镇（街道）政务服务、公共服务、公共安全等事项，将直接面向群众、乡镇（街道）能够承接的服务事项依法下放。乡镇要围绕全面推进乡村振兴、巩固拓展脱贫攻坚成果等任务，做好农业产业发展、人居环境建设及留守儿童、留守妇女、留守老人关爱服务等工作。街道要做好市政市容管理、物业管理、流动人口服务管理、社会组织培育引导等工作。加强基层医疗卫生机构和乡村卫生健康人才队伍建设。优化乡镇（街道）政务服务流程，全面推进一窗式受理、一站式办理，加快推行市域通办，逐步推行跨区域办理。

（三）增强乡镇（街道）议事协商能力

完善基层民主协商制度，县级党委和政府围绕涉及群众切身利益的事项确定乡镇（街道）协商重点，由乡镇（街道）党（工）委主导开展议事协商，完善座谈会、听证会等协商方式，注重发挥人大代表、政协委员作用。探索建立社会公众列席乡镇（街道）有关会议制度。

（四）增强乡镇（街道）应急管理能力

强化乡镇（街道）属地责任和相应职权，构建多方参与的社会动员响应体系。健全基层应急管理组织体系，细化乡镇（街道）应急预案，做好风险研判、预警、应对等工作。建立统一指挥的应急管理队伍，加强应急物资储备保障。每年组织开展综合应急演练。市、县级政府要指导乡镇（街道）做好应急准备工作，强化应急状态下对乡镇（街道）人、财、物支持。

（五）增强乡镇（街道）平安建设能力

坚持和发展新时代"枫桥经验"，加强乡镇（街道）综治中心规范化建设，发挥其整合社会治理资源、创新社会治理方式的平台作用。完善基层社会治安防控体系，健全防范涉黑涉恶长效机制。健全乡镇（街道）矛盾纠纷一站式、多元化解决机制和心理疏导服务机制。

四、健全基层群众自治制度

（一）加强村（居）民委员会规范化建设

坚持党组织领导基层群众性自治组织的制度，建立基层群众性自治组织法人备案制度，加强集体资产管理。规范撤销村民委员会改设社区居民委员会的条件和程序，合理确定村（社区）规模，不盲目求大。发挥村（居）民委员会下设的人民调解、治安保卫、公共卫生等委员会作用，村民委员会应设妇女和儿童工作等委员会，社区居民委员会可增设环境和物业管理等委员会，并做好相关工作。完善村（居）民委员会成员履职承诺和述职制度。

（二）健全村（居）民自治机制

强化党组织领导把关作用，规范村（居）民委员会换届选举，全面落实村（社区）"两委"班子成员资格联审机制，坚决防止政治上的两面人，受过刑事处罚、存在"村霸"和涉黑涉恶及涉及宗族恶势力等问题人员，非法宗教与邪教的组织者、实施者、参与者等进入村（社区）"两委"班子。在基层公共事务和公益事业中广泛实行群众自我管理、自我服务、自我教育、自我监督，拓宽群众反映意见和建议的渠道。聚焦群众关心的民生实事和重要事项，定期开展民主协商。完善党务、村（居）务、财务公开制度，及时公开权力事项，接受群众监督。强化基层纪检监察组织与村（居）务监督委员会的沟通协作、有效衔接，形成监督合力。

（三）增强村（社区）组织动员能力

健全村（社区）"两委"班子成员联系群众机制，经常性开展入户走访。加强群防群治、联防联治机制建设，完善应急预案。在应急状态下，由村（社区）"两委"统筹调配本区域各类资源和力量，组织开展应急工作。改进网格化管理服务，依托村（社区）统一划分综合网格，明确网格管理服务事项。

（四）优化村（社区）服务格局

市、县级政府要规范村（社区）公共服务和代办政务服务事项，由基层党组织主导整合资源为群众提供服务。推进城乡社区综合服务设施建设，依托其开展就业、养老、医疗、托幼等服务，加强对困难群体和特殊人群关爱照护，做好传染病、慢性病防控等工作。加强综合服务、兜底服务能力建设。完善支持社区服务业发展政策，采取项目示范等方式，实施政府购买社区服务，鼓励社区服务机构与市场主体、社会力量合作。开展"新时代新社区新生活"服务质量提升活动，推进社区服务标准化。

五、推进基层法治和德治建设

(一) 推进基层治理法治建设

提升基层党员、干部法治素养，引导群众积极参与、依法支持和配合基层治理。完善基层公共法律服务体系，加强和规范村（居）法律顾问工作。乡镇（街道）指导村（社区）依法制定村规民约、居民公约，健全备案和履行机制，确保符合法律法规和公序良俗。

(二) 加强思想道德建设

培育践行社会主义核心价值观，推动习近平新时代中国特色社会主义思想进社区、进农村、进家庭。健全村（社区）道德评议机制，开展道德模范评选表彰活动，注重发挥家庭家教家风在基层治理中的重要作用。组织开展科学常识、卫生防疫知识、应急知识普及和诚信宣传教育，深入开展爱国卫生运动，遏制各类陈规陋习，抵制封建迷信活动。

(三) 发展公益慈善事业

完善社会力量参与基层治理激励政策，创新社区与社会组织、社会工作者、社区志愿者、社会慈善资源的联动机制，支持建立乡镇（街道）购买社会工作服务机制和设立社区基金会等协作载体，吸纳社会力量参加基层应急救援。完善基层志愿服务制度，大力开展邻里互助服务和互动交流活动，更好满足群众需求。

六、加强基层智慧治理能力建设

(一) 做好规划建设

市、县级政府要将乡镇（街道）、村（社区）纳入信息化建设规划，统筹推进智慧城市、智慧社区基础设施、系统平台和应用终端建设，强化系统集成、数据融合和网络安全保障。健全基层智慧治理标准体系，推广智能感知等技术。

（二）整合数据资源

实施"互联网+基层治理"行动，完善乡镇（街道）、村（社区）地理信息等基础数据，共建全国基层治理数据库，推动基层治理数据资源共享，根据需要向基层开放使用。完善乡镇（街道）与部门政务信息系统数据资源共享交换机制。推进村（社区）数据资源建设，实行村（社区）数据综合采集，实现一次采集、多方利用。

（三）拓展应用场景

加快全国一体化政务服务平台建设，推动各地政务服务平台向乡镇（街道）延伸，建设开发智慧社区信息系统和简便应用软件，提高基层治理数字化智能化水平，提升政策宣传、民情沟通、便民服务效能，让数据多跑路、群众少跑腿。充分考虑老年人习惯，推行适老化和无障碍信息服务，保留必要的线下办事服务渠道。

七、加强组织保障

（一）压实各级党委和政府责任

各级党委和政府要加强对基层治理的组织领导，完善议事协调机制，强化统筹协调，定期研究基层治理工作，整体谋划城乡社区建设、治理和服务，及时帮助基层解决困难和问题。加强对基层治理工作成效的评估，评估结果作为市、县级党政领导班子和领导干部考核，以及党委书记抓基层党建述职评议考核的重要内容。市、县级党委和政府要发挥一线指挥部作用，乡镇（街道）要提高抓落实能力。组织、政法、民政等部门要及时向党委和政府提出政策建议。

（二）改进基层考核评价

市、县级党委和政府要规范乡镇（街道）、村（社区）权责事项，并为权责事项以外委托工作提供相应支持。未经党委和政府统一部署，各职能部门不得将自身权责事项派交乡镇（街道）、村（社区）承担。完善考核评价体系和激励办法，加强对乡镇（街道）、村（社区）的综合考核，严格控制考核总量和频次。统筹规范面向基层的督查检查，清理规范工作台账、报表以及"一票否决"、签订责任状、出具证明事项、创建示范等项目，切实减轻基层负担。做好容错纠错工作，保护基层干部干事创业的积极性。

（三）保障基层治理投入

完善乡镇（街道）经费保障机制，进一步深化乡镇（街道）国库集中支付制度改革。编制城乡社区服务体系建设规划，将综合服务设施建设纳入国土空间规划，优化以党群服务中心为基本阵地的城乡社区综合服务设施布局。各省（自治区、直辖市）要明确乡镇（街道）、村（社区）的办公、服务、活动、应急等功能面积标准，按照有关规定采取盘活现有资源或新建等方式，支持建设完善基层阵地。

（四）加强基层治理队伍建设

充实基层治理骨干力量，加强基层党务工作者队伍建设。各级党委要专门制定培养规划，探索建立基层干部分级培训制度，建好用好城乡基层干部培训基地和在线培训平台，加强对基层治理人才的培养使用。推进编制资源向乡镇（街道）倾斜，鼓励从上往下跨层级调剂使用行政和事业编制。严格执行乡镇（街道）干部任期调整、最低服务年限等规定，落实乡镇机关事业单位工作人员乡镇工作补贴政策。建立健全村（社区）党组织书记后备人才库，实行村（社区）党组织书记县级党委组织部门备案管理。研究制定加强城乡社区工作者队伍建设政策措施，市、县级政府要综合考虑服务居民数量等因素制定社区工作者配备标准；健全社区工作者职业体系，建立岗位薪酬制度并完善动态调整机制，落实社会保险待遇，探索将专职网格员纳入社区工作者管理。加强城乡社区服务人才队伍建设，引导高校毕业生等从事社区工作。

（五）推进基层治理创新

加快基层治理研究基地和智库建设，加强中国特色社会主义基层治理理论研究。以市（地、州、盟）为单位开展基层治理示范工作，加强基层治理平台建设，鼓励基层治理改革创新。认真总结新冠肺炎疫情防控经验，补齐补足社区防控短板，切实巩固社区防控阵地。完善基层治理法律法规，适时修订《中华人民共和国城市居民委员会组织法》《中华人民共和国村民委员会组织法》，研究制定社区服务条例。

（六）营造基层治理良好氛围

选树表彰基层治理先进典型，推动创建全国和谐社区。做好基层治理调查统计工作，建立基层治理群众满意度调查制度。组织开展基层治理专题宣传。

国务院办公厅关于印发"十四五"城乡
社区服务体系建设规划的通知

国办发〔2021〕56 号

各省、自治区、直辖市人民政府，国务院各部委、各直属机构：

《"十四五"城乡社区服务体系建设规划》已经国务院同意，现印发给你们，请认真贯彻执行。

国务院办公厅

2021 年 12 月 27 日

（此件公开发布）

"十四五"城乡社区服务体系建设规划

社区服务关系民生、连着民心，不断强化社区为民、便民、安民功能，是落实以人民为中心发展思想、践行党的群众路线、推进基层治理现代化建设的必然要求。为贯彻落实党中央、国务院决策部署，夯实基层基础，让人民生活更加美好，依据《中华人民共和国国民经济和社会发展第十四个五年规划和 2035 年远景目标纲要》，编制本规划。

一、谱写城乡社区服务体系建设新篇章

城乡社区服务体系，是指党委统一领导、政府依法履责、社会多方参与，以村（社区）为基本单元，以村（社区）居民、驻区单位为对象，以各类社区服务设施为依托，以满足村（社区）居民生活需求、提

高生活品质为目标，以公共服务、便民利民服务、志愿服务为主要内容的服务网络和运行机制。

（一）发展环境

"十三五"时期是全面建成小康社会决胜阶段。以习近平同志为核心的党中央坚持以人民为中心，着力加强基层基础工作，推动社会治理重心向基层下移，城乡社区服务体系建设取得积极进展。党领导社区服务能力不断加强，村（社区）党组织书记和主任"一肩挑"比例逐步提高，党建引领社区服务体系建设的体制机制逐步完善。服务设施不断完善，以党群服务中心为基本阵地的城乡社区综合服务设施建设加快推进，城市社区综合服务设施实现全覆盖，农村社区综合服务设施覆盖率达到65.7%。服务供给不断扩大，城乡社区普遍能够提供基本公共服务办理、代办等服务，便民利民服务办理更加便捷，志愿服务蓬勃发展。服务人才队伍不断壮大，截至2020年底，全国社区工作者433.8万人，村（居）民委员会班子成员277.6万人，社会工作专业人才157.3万人。服务信息化建设不断加强，"互联网+社区政务服务""互联网+社区商业服务"加速推进，全国50.9万个村民委员会、11.3万个居民委员会初步实现信息集中汇聚、统一管理、动态更新。这些成就，标志着我国城乡社区服务体系建设向新发展阶段迈进，服务品质不断提高，人民群众获得感、幸福感、安全感不断增强，为"十四五"城乡社区服务体系建设高质量发展奠定了坚实基础。

"十四五"时期是我国全面建成小康社会、实现第一个百年奋斗目标之后，乘势而上开启全面建设社会主义现代化国家新征程、向第二个百年奋斗目标进军的第一个五年。我国已转向高质量发展阶段，经济社会发展持续向好，科技支撑更加有力，城乡融合更加深入，社区服务业发展前景广阔，城乡社区服务体系建设高质量发展具有许多优势和条件。同时，面对"十四五"时期经济社会发展新形势、人民群众新期待、基层治理新任务，我国城乡社区服务发展不平衡不充分问题仍然突出，党建引领社区服务体系建设还不健全，政府、市场、社会多方参与格局还不完善，信息化基础设施和技术应用还比较薄弱，社区工作者就业吸引力、岗位认同感、队伍稳定性有待提升。必须牢牢把握我国发展重要战略机遇期，以更高的站位、更大的决心、更实的举措，奋力谱写城乡社区服务体系建设新篇章。

（二）战略导向

加强城乡社区服务体系建设，是立足新发展阶段，不断夯实国家治理体系和治理能力基础的重大举措，是贯彻新发展理念，不断满足人民群众对更高生活品质新期待的重要途径，是进一步扩大内需、促进就业、拉动消费，不断推动构建新发展格局的重要抓手。必须围绕中心、服务大局，优先发展社区就业、养老、托育服务，大力发展社区服务业。必须走共同富裕道路，保障特殊困难群体平等享受有关基本公共服务，彰显公平正义。必须强化问题导向，补齐社区应急管理、风险防控、医疗卫生、社会心理服务等方面短板弱项。必须深化改革创新，充分运用数字技术为社区赋能减负，提升服务品质和效能。

（三）指导思想

以习近平新时代中国特色社会主义思想为指导，全面贯彻党的十九大和十九届历次全会精神，坚持和加强党的全面领导，坚持以人民为中心，以增进人民福祉为出发点和落脚点，以强化为民、便民、安民功能为重点，以不断满足人民高品质生活需求为目标，加快完善党建引领社区服务体系建设，增加服务供给，补齐服务短板，创新服务机制，为推进基层治理体系和治理能力现代化建设奠定坚实基础，让人民生活更加美好，让基层更加和谐稳定，让党的执政基础更加稳固。

（四）基本原则

一是坚持党的全面领导。坚持将党的领导贯穿于城乡社区服务体系建设的全过程各方面，促进提升基层党组织组织力，发挥党员服务群众带头示范作用，厚植党的执政基础。

二是坚持以人民为中心。坚持人民主体地位，回应群众新期待新需求，推动创造就业岗位，带动投资，不断改善人民生活品质，努力做到群众有需求、社区有服务。

三是坚持共建共治共享。充分调动社会组织、社会工作者、志愿者和慈善资源等社会力量，引导市场力量，更好发挥政府作用，构建多方参与格局，让全体人民共享发展成果。

四是坚持城乡统筹。科学把握城乡发展差异，尽力而为、量力而行，推进社区服务制度城乡衔接、要素共享、互通互融，推动社区服务机制城乡联动、基础设施城乡衔接、基本公共服务城乡统筹。

五是坚持分类指导。坚持因地制宜，突出问题导向，把握政府、市场、社会不同定位，区分不同地区、不同类型社区特点，重点突破、分层推进、分类实施，全方位提升社区服务水平。

（五）主要目标

到 2025 年末，党建引领社区服务体系建设更加完善，服务主体和服务业态更加丰富，线上线下服务机制更加融合，精准化、精细化、智能化水平持续提升，社区吸纳就业能力不断增强，基本公共服务均等化水平明显提升，人民群众操心事、烦心事、揪心事更好解决，获得感、幸福感、安全感不断增强。

专栏1 "十四五"城乡社区服务体系建设主要指标				
序号	指　标	2020 年基期值	2025 年目标值	指标属性
1	农村社区综合服务设施覆盖率	65.7%	80%	预期性
2	城市社区综合服务设施覆盖率	100%	100%	预期性
3	社区商业和综合服务设施面积占社区总建筑面积的比例	—	≥10%	预期性
4	每百户居民拥有社区综合服务设施面积	29.8 平方米	≥30 平方米	预期性
5	居民活动区域面积占社区综合服务设施总建筑面积比例	—	≥60%	预期性
6	城市社区政务通用自助服务覆盖率	—	100%	预期性
7	每万城镇常住人口拥有社区工作者	15 人	18 人	预期性

二、完善城乡社区服务格局

（六）健全党建引领机制

压实乡镇（街道）党（工）委责任，建立健全街道党工委牵头、驻区单位党组织负责人参加的社区党建工作联席会议制度，加强党对城乡社区服务体系建设的全面领导。全面健全村（社区）党组织引领，基层群众性自治组织主导，村（社区）居民为主体，群团组织、社区社会组织、社会工作者和驻区单位共同参与、协同推行社区服务的体制机制。全面落实党领导下的城乡社区协商制度，围绕群众关心的服务事项广泛开展议事协商。全面加强党建引领社区服务体系建设，扎实做好服务群众、教育群众、凝聚人心工作，组织引领群众听党话、跟党走。全面落实在职党员到社区报到为群众服务制度机制，推动党政机关、企事业单位到村（社区）开展服务。推动有物业服务的社区建立健全党建引领下的社区居民委员会、业主委员会、物业服务企业协调运行机制，强化社区党组织领导能力、居民委员会指导能力、物业服务企业服务能力。健全党建引领社区社会组织工作机制，乡镇（街道）党（工）委和村（社区）党组织加强对社区社会组织参与社区服务的领导。

（七）完善多方参与格局

强化政府在基本公共服务供给保障中的主体地位，优化村（社区）服务功能布局，促进服务资源高效配置和有效辐射。发挥村（社区）党组织、基层群众性自治组织作用，支持群团组织积极参与社区服务。健全社会力量参与社区服务激励政策，组织实施社会力量参与社区服务行动，推动社区与社会组织、社会工作者、社区志愿者、社区公益慈善资源联动开展服务。支持引导驻区单位向社区居民开放停车场地、文化体育设施、会议活动场地等资源。支持社区服务企业发展，积极引导市场主体进入社区服务领域，鼓励开展连锁经营。

专栏2　社会力量参与社区服务行动

1. 培育发展社区社会组织专项行动。实施一批项目计划，开展系列主题活动，培育一批品牌社区社会组织和品牌活动项目，引导服务性、公益性、互助性社区社会组织广泛参与社区服务。

2. 社区志愿服务行动。依托社区综合服务设施建立志愿服务站点，搭建志愿服务组织（者）、服务对象和服务项目对接平台，以困难群体和特殊人群为重点广泛开展志愿服务，大力开展邻里互助服务和互动交流活动。

3. 社区社会工作服务行动。在乡镇（街道）设置面向村（社区）服务的社会工作站，依托社区综合服务设施建立社会工作室，开展社会工作专业服务。

三、增加城乡社区服务供给

（八）强化为民服务功能

聚焦幼有所育、学有所教、病有所医、老有所养、弱有所扶和文体服务有保障，推动基本公共服务资源向村（社区）下沉。重点强化社区养老、托育、助残服务供给，做好对困难群体和特殊人群关爱照护，推动社区与居家养老服务协同发展。着力提升基层卫生、医疗保障服务能力，做好传染病、慢性病防控和儿童保健等工作，推进健康社区和村（居）民委员会下属公共卫生委员会建设。加强基层公共就业服务，在有条件的村（社区）设立就业创业空间，重点为村（社区）居民中的失业人员、就业困难人员、高校毕业生、退役军人、农村转移劳动力、残疾人等群体提供服务。大力发展社区教育，助力构建终身学习体系。扩大文化、体育、科普等公共服务供给。加强婚姻家庭文化服务。适应农村经济社会发展，增加行政村和较大自然村基本公共服务供给，提升邮政、金融、电信、供销、广播电视等公共事业服务水平。重点加强脱贫村和易地扶贫搬迁集中安置社区的教育、卫生、就业、社保、养老、社会救助、未成年人保护、环境保护等公共服务资源配置。

（九）强化便民服务功能

全面推进城市一刻钟便民生活圈建设，加快推进农村生活服务便利化。引导市场、社会力量发展社区托育、养老等服务业态。推动物流配送、快递、再生资源回收网点设施辐射符合条件的村（社区），鼓励发展社区物业、维修、家政、餐饮、零售、美容美发等生活性服务业，支持相关企业在村（社区）设置服务网点，满足居民多样化需求。鼓励有条件的地方引进专业化物业服务，建立健全业主和物业服务企业双向选择机制。完善城市居民委员会组织体系，指导和监督业主委员会、物业服务企业依法履行职责。依托村级综合服务设施、供销合作社等强化农村地区农产品收购、农资供应等服务供给。

（十）强化安民服务功能

深化城乡社区警务战略，加强村（居）民委员会下属治安保卫委员会建设，健全完善群防群治、联防联治机制，提升村（社区）平安建设能力水平。加强村（社区）人员密集场所安全管理，开展安全教育培训和交通安全宣传劝导，做好用气、用电、用火以及地震、洪灾等防灾监测、预警发布和应急避险安全防护工作，对噪声扰民行为及时劝阻、调解。完善村（社区）应急组织体系和工作预案，强化应急和风险防范物资储备保障，健全应急广播体系，拓展突发事件预警信息发布渠道。加强村（社区）应急避难场所建设，健全完善微型消防站（点），引导社会应急力量有序参与应急处置。巩固充实村（居）民委员会下属人民调解委员会，完善矛盾纠纷多元化解机制，推动村（社区）普法宣传、人民调解、法律援助、公证等法律服务全覆盖。加强村（社区）反邪教工作能力建设。强化社区矫正、社区戒毒社区康复、刑满释放人员帮扶和精神障碍社区康复服务，为遭受家庭暴力的居民提供应急庇护救助服务。建立健全发现报告和家庭监护监督制度，加强村（社区）未成年人保护工作。支持各类专业组织、机构在村（社区）开展社会心理服务，完善疏导机制，强化精神慰藉、心理疏导、关系调适、社会融入等服务。推进建设各民族相互嵌入式的社会结构和社区环境，铸牢中华民族共同体意识。

专栏3　新时代新社区新生活服务质量提升行动

1. 社区固本强基行动。健全党组织领导、基层群众性自治组织为基础的村（社区）组织体系，推动机关和企事业单位党组织、在职党员到社区报到全覆盖，组织党员参加以服务群众为主要内容的"设岗定责"活动。

2. 社区养老服务行动。支持一批县（市、区、旗）建设连锁化运营、标准化管理的示范性社区居家养老服务网络，提供失能护理、日间照料以及助餐助浴助洁助医助行等服务。特殊困难老年人月探访率达到100%。建成一批示范性城乡老年友好型社区，更好地满足老年人多方面的需要。

3. 社区未成年人关爱行动。推进乡镇（街道）未成年人保护工作站、儿童友好社区建设，依托社区综合服务设施拓展社区托育服务功能。推动在社区普遍建立青年之家和校外实践教育场所，开展学龄儿童课后托管和寒暑假集中看护服务，在村（社区）推广建立家长学校或家庭教育服务站点。

4. 社区助残服务行动。开展社区残疾人康复，做好家庭医生签约、康复训练、辅助器具适配、支持性服务等。为重度残疾人提供日间照料、居家服务等多种形式的托养和照护服务。结合智慧城市、乡村建设行动等，同步推进社区无障碍环境建设和改造。实现村（社区）残疾人协会全覆盖。

5. 社区就业服务行动。依托社区综合服务设施，加强基层公共就业服务，重点为村（社区）居民中的失业人员、就业困难人员、高校毕业生、退役军人、农村转移劳动力、残疾人等群体提供服务。

6. 社区卫生服务行动。深化推进"优质服务基层行"，持续提升基层医疗卫生机构服务能力，拓展医养结合服务。推进社区医院建设工作，科学规划布局，结合群众需求，突出服务特色。

7. 社区教育行动。创新发展社区教育，推动开展学习型社区、学习型家庭等各类学习型组织创建活动，统筹村（社区）教育协调发展，优先扩大老年教育资源供给。

8. 社区文化服务行动。引导各类文化资源向城乡基层倾斜，村（社区）普遍建立综合性文化服务中心。

9. 社区体育服务行动。整合社区体育服务资源，统筹建设全民健身场地设施，推动学校体育设施向社区居民开放，实现社区15分钟健身圈全覆盖。

10. 社区科普服务行动。依托社区综合服务设施、社区图书馆等拓展科普服务功能、开展科普活动，支持社区科普设施流动巡回服务，加大流动科技馆、科普大篷车进村（社区）服务力度。

11. 平安社区建设行动。加强社区警务工作保障，推进警务室与村（社区）"两委"同址办公，配齐必要装备设施，开展平安社区（村）建设活动。

12. 法律服务社区行动。推进村（社区）法律顾问工作全面升级，引导社会力量参与公共法律服务，发展壮大法律服务志愿者队伍，加强村（社区）人民调解员队伍建设，进一步深化普法宣传教育、法律援助和人民调解工作。

13. 社区应急服务行动。整合社区公园、广场等场馆服务资源，改造或完善社区应急避难场所。推进应急信息化建设，完善应急广播体系，定期开展应急避险知识宣传和应急避难演练活动。全国所有村（社区）均设置1名灾害信息员。

14. 社区共建共治共享行动。全面落实村（社区）协商制度，建立居民需求、服务资源、民生项目"三项清单"工作制度，实现资源与需求有效对接、治理成果共享。

四、提升城乡社区服务效能

（十一）优化服务设施布局

将综合服务设施建设纳入国土空间规划，推进新建社区综合服务设施标准化规范化建设，确保新建社区商业和综合服务设施面积达标。实施城乡社区综合服务设施补短板工程，鼓励通过换购、划拨、租借等方式，统筹利用社区各类存量房屋资源增设服务设施。有条件的地方可通过租赁住宅楼底层商业用房等其他符合条件的房屋开展社区服务。鼓励有条件的地方开展城市社区综合服务体建设，促进便民利民服务集聚集群发展、项目化系统化供给。建设智能快件箱（信包箱）和邮政快递末端综合服务站等配套设施。实施村级综合服务设施提升工程，完善村级综合服务设施网络，推进标准化建设。统筹利用益农信息社等村级服务站点，增强村级综合服务功能。加快建设易地扶贫搬迁集中安置社区综合服务设施，确保 2025 年实现综合服务设施全覆盖。按照老年人、未成年人、残疾人优先的原则，优化社区综合服务设施空间布局，促进各类服务设施功能差异互补、内容衔接配套。推动社区卫生服务中心与社区养老服务机构毗邻建设，推进社区设施适老化、适儿化改造和无障碍建设。精简整合办公空间推行开放式办公，增加居民活动区域面积。农村要合理规划群众举办红白喜事等活动的公共场所，统筹考虑布局公益性安葬服务设施。

专栏 4　城乡社区综合服务设施补短板工程

1. 村级综合服务设施提升工程。坚持农业农村优先发展，结合实施乡村建设行动，统筹利用现有资金渠道，整合利用村级组织活动场所等现有设施和场地，加快补齐农村社区综合服务设施短板，提升农村基础设施和公共服务水平。

2. 易地扶贫搬迁集中安置社区综合服务设施补短板工程。巩固拓展脱贫攻坚成果，统筹用好现有资金渠道，支持易地扶贫搬迁集中安置社区扩建、新建综合服务设施，基本满足服务群众需要。

3. 完善城镇老旧小区社区服务设施。完善城市宜居宜业功能，因地制宜补齐城镇老旧小区社区服务设施短板，提升设施综合利用和社区服务水平。

（十二）创新服务机制

完善服务统筹机制，以县（市、区、旗）为单位统筹用好各项支持社区的政策，以及面向社区的服务资金、资源、项目等，以村（社区）党组织为主渠道落实。发挥基层群众性自治组织作用，增强综合服务能力。全面推行"一窗"受理和"一站"办理，实现政务代办服务村（社区）全覆盖。完善即时响应机制，推广接诉即办等基层经验，社区服务设施开放和服务时间一般不少于每天 8 小时，群众关切项目应开展 24 小时线上服务，保留必要线下办事服务渠道，及时响应居民需求。完善政府购买服务机制，明确购买服务项目立项、经费预算、信息发布、项目管理、绩效评估等长效配套措施，鼓励基层群众性自治组织、社会组织承接政府购买服务事项，广泛参与社区服务。完善服务评价机制，健全群众满意度调查评估制度，实现组织开展社区服务群众满意度调查覆盖所有村（社区）。推广社区服务"好差评"评价激励制度，普遍建立精准匹配村（社区）居民需求的评价机制。完善村（居）民自我服务机制，加强基层群众性自治组织规范化建设，引导村（居）民广泛参与社区服务，增强自治能力，提高自我服务水平。

五、加快社区服务数字化建设

（十三）提高数字化政务服务效能

充分发挥全国一体化政务服务平台作用，推动"互联网+政务服务"向乡镇（街道）、村（社区）延伸覆盖。加快部署政务通用自助服务一体机，完善村（社区）政务自助便民服务网络布局。实施"互联网+基层治理"行动，完善乡镇（街道）、村（社区）地理信息等基础数据，根据服务群众需要，依法依规向村（社区）开放数据资源，发挥村（社区）信息为民服务实效。充分依托已有设施，鼓励多方参与建设开发智慧社区信息系统和简便应用软件，增加政务服务事项网上受理、办理数量和种类。充分考虑老年人、残疾人习惯和特点，推动互联网应用适老化及无障碍改造。推动政务服务平台、社区感知设施、家庭终端和城乡安全风险监测预警系统建设及互联互通，发展实时监测、智能预警、应急救援救护和智慧养老等社区惠民服务应用。深化全国基层政权建设和社区治理信息系统、中国智慧社区服务网推广应用，拓展社区服务功能，组织开展在线服务评价工作。

（十四）构筑美好数字服务新场景

开发社区协商议事、政务服务办理、养老、家政、卫生、托育等网上服务项目应用，推动社区物业设备设施、安防等智能化改造升级。集约建设智慧社区信息系统，开发智慧社区移动应用服务，加速线上线下融合。推进数字社区服务圈、智慧家庭建设，促进社区家庭联动智慧服务生活圈发展。大力发展社区电子商务，探索推动无人物流配送进社区。推动"互联网+"与社区服务的深度融合，逐步构建服务便捷、管理精细、设施智能、环境宜居、私密安全的智慧社区。以县（市、区、旗）为单位，支持利用互联网、物联网、区块链等现代信息技术，深入组织开展智慧社区、现代社区服务体系试点建设，高效匹配社区全生活链供需，扩大多层次便利化社会服务供给。鼓励社会资本投资建设智慧社区，运用第五代移动通信（5G）、物联网等现代信息技术推进智慧社区信息基础设施建设。

专栏5　社区服务数字化建设试点行动

1. "互联网+基层治理"行动。把握数字化新机遇，综合利用乡镇（街道）、村（社区）地理信息、人口、资源环境、社会经济、民生保障等数据资源，集约建设开发智慧社区信息系统和简便应用软件，推动基层治理数据资源共享，全面提升社区治理服务智能化水平。全国未通宽带行政村动态清零，实现全国80%行政村通5G网络。

2. 智慧社区试点建设。推进社区服务数字化应用场景建设，确定一批智慧社区建设试点单位，推动政务服务平台、社区感知设施和家庭终端联通、发展智能预警、应急救援救护和智慧养老等社区惠民服务，建立无人物流配送系统。

3. 现代社区服务体系试点建设。丰富数字生活体验，确定一批现代社区服务体系建设试点单位，运用现代信息技术改造社区设施、环境和文化，推动购物消费、居家生活、旅游休闲、交通出行等各类场景数字化，构建融空间、情感、价值于一体的现代社区服务形态。

六、加强城乡社区服务人才队伍建设

（十五）选优配强社区工作者队伍

组织实施社区人才队伍建设行动。规范村（居）民委员会换届选举，全面落实村（社区）"两委"班子成员资格联审机制。建立健全村（社区）党组织书记后备人才库，依法选优配强村（社区）"两委"班子成员。综合考虑服务居民数量等因素，合理确定社区工作者配备标准。通过选派、聘用、招考等方式，选拔优秀人才充实社区工作者队伍。健全社区工作者职业体系，建立岗位薪酬制度并完善动态调整和职业成长机制，按规定参加社会保险并享受相应待遇。鼓励高校毕业生、退役军人到村（社区）就业创业。

（十六）加强社区服务教育培训

加强社区服务人才培训管理，建立健全社区工作者能力指标体系，健全完善分级培训制度，用好现有培训基地和在线培训平台。依托各级各类干部网络培训平台开放共享社区服务精品课程，推动优质网络培训资源直达村（社区）。鼓励有条件的院校开展社区服务相关人才培养和社区工作者能力提升培训，强化社区服务人才供给。加强对社区工作者的民族、宗教政策法规培训，不断促进民族团结，铸牢中华民族共同体意识。加快培育发展社区社会工作专业人才、社区志愿者，加强社会组织人才建设。结合农民工自身特点开展职业技能培训，引导农民工从事社区服务业。

专栏6　社区人才队伍建设行动

　　1. 新时代社区工作者主题培训行动。灵活采取多种形式，综合运用各种方式方法，将城乡社区工作者轮训一遍，并推进实施后续培训，依托全国基层政权建设和社区治理信息系统建立健全社区工作者培训监测机制。

　　2. 社区志愿者队伍建设行动。依托全国志愿服务信息系统，为有意愿、能胜任志愿服务的社区居民进行登记注册，鼓励社区建立各类志愿服务队伍。

　　3. 社会工作专业人才队伍建设行动。全面推动乡镇（街道）社会工作站建设，引进、培育社会工作专业人才，将社会工作理论与方法纳入城乡社区工作培训应知应会内容，鼓励城乡社区工作者学习掌握社会工作专业技能，参加全国社会工作者职业资格评价。

七、组织保障

（十七）组织领导

　　地方各级人民政府要强化主体责任，将本规划主要任务指标作为民生项目，列入议事日程，定期研究、谋划和推动。省级人民政府要健全规划实施机制，市、县级人民政府要做好资金统筹、推进实施等工作，乡镇（街道）要做好具体落实工作。建立健全民政、发展改革部门牵头的规划实施推进机制，制订规划实施年度任务清单和工作台账，跟踪和督促各项任务落实。各地区要依照本规划，结合当地实际研究制定本地区"十四五"城乡社区服务体系建设规划或方案，明确目标任务，细化政策措施，推进规划落实。

（十八）政策保障

　　按规定落实经费保障，确保村（社区）组织有钱为民办事，确保管理服务有效覆盖常住人口。统筹利用现有资金渠道，支持社区服务项目和设施建设。鼓励通过慈善捐赠等方式，引导社会资金投向城乡社区治理领域。切实保障社区综合服务设施建设用地，优先用于社区养老、托育、助残、未成年人保护等服务。落实城乡社区服务税收、公用事业收费、用工保险和社会组织登记等优惠政策。社区服务网点的水、电、气、热执行居民生活类价格。

（十九）法治支撑

推动修订并贯彻实施《中华人民共和国村民委员会组织法》《中华人民共和国城市居民委员会组织法》等法律法规。制定实施农村社区服务站建设标准，强化村级综合服务功能。完善社区公共服务目录及准入制度，全面规范、清理村（居）民委员会出具证明事项，推动为村（社区）减负增效，让社区工作者有更多时间服务群众。研究制定社区服务法规政策、社区服务质量综合评价体系及认证办法，完善村（社区）志愿服务、社会工作专业服务制度。探索建立养老、托育、家政、物业等领域社区服务信用管理体系。推进社区服务标准化建设，鼓励制定社区服务标准，研究制定智慧社区建设标准，加强数据安全管理和居民隐私保护。加强村（社区）服务档案建设，提高档案管理信息化水平。

（二十）考核评估

本规划实施情况纳入地方各级人民政府目标责任考核内容，作为改进政府工作的重要依据。发挥城乡社区治理议事协调机构（机制）作用，强化部门统筹协调。各级民政部门要定期组织开展评估，做好跟踪指导和分析研判等工作，及时向本级政府报告情况。坚持试点引路、以点带面、有序推进，总结推广各地规划实施好经验好做法。民政部、国家发展改革委牵头，会同有关部门建立健全规划实施监测机制，定期组织开展综合评估和专项评估，重大事项及时向国务院报告。

中共北京市委 北京市人民政府
关于加强基层治理体系和治理能力
现代化建设的实施意见

（2022 年 5 月 21 日）

为深入贯彻落实《中共中央、国务院关于加强基层治理体系和治理能力现代化建设的意见》精神，加快推进本市基层治理体系和治理能力现代化建设，结合实际，提出如下实施意见。

一、总体要求

（一）指导思想

以习近平新时代中国特色社会主义思想为指导，深入贯彻习近平总书记对北京一系列重要讲话精神，紧紧围绕首都城市战略定位，以加强党对基层治理的全面领导为统领，以加强基层政权建设和健全基层群众自治制度为重点，以深化吹哨报到和接诉即办改革为牵引，以赋权增能、减负增效和体制机制创新为抓手，全面推进街道（乡镇）和城乡社区治理，推动党建引领、政府治理同社会调节、居民自治良性互动，提高基层治理社会化、法治化、智能化、专业化水平，为加强"四个中心"功能建设、提高"四个服务"水平，建设国际一流的和谐宜居之都奠定坚实基础。

（二）工作原则

坚持党建引领，把党的领导贯穿基层治理的全过程、各方面。坚持以人民为中心，聚焦"七有"要求和"五性"需求，不断增进人民福祉。坚持全周期管理理念，强化系统治理、依法治理、综合治理、源头治理。坚持因地制宜，分类指导、分层推进、分步实施，向基层放权赋能，减轻基层负担。坚持共建共治共享，建设人人有责、人人尽责、人人享有的基层治理共同体。

（三）主要目标

到 2025 年，率先形成党组织统一领导、政府依法履责、各类组织积极协同、群众广泛参与，自治、法治、德治相结合的基层治理体系，基本建立权责明晰、协同有序、简约高效、常态化管理与应急管理动态衔接的基层治理体制机制。党建引领基层治理机制更加完善、基层政权更加坚强有力、基层群众自治更加充满活力、基层公共服务更加精准高效、党的执政基础更加坚实，基层治理体系和治理能力现代化水平明显提高，群众获得感、幸福感、安全感显著增强。在此基础上再用 10 年时间，率先实现基层治理体系和治理能力现代化，具有首都特色的基层治理制度更加成熟定型、优势充分展现。

二、完善党全面领导基层治理制度

（一）突出政治引领，全面提升基层党组织的领导力

把基层党组织建设成为领导基层治理的坚强战斗堡垒，强化对基层各类组织和各项工作的统一领导，健全对地区治理重点工作的领导体制机制，严格落实基层党建工作责任制，提升抓党建、抓治理、抓服务的能力。推动全面从严治党向基层延伸，持续整顿软弱涣散基层党组织。加大基层巡察力度，完善民生领域损害群众利益问题治理机制，持续整治群众身边的不正之风和腐败问题。

（二）突出组织引领，全面提升基层党组织的组织力

完善党组织统一领导的基层治理组织架构，推动党的组织和工作向小区、楼门、院落、管理网格等治理单元延伸，向业主委员会（物业管理委员会）、物业服务企业、社区社会组织等治理主体覆盖，把新就业群

体纳入基层治理体系。积极推行社区（村）党组织书记通过法定程序担任居（村）民委员会主任、社区（村）"两委"班子成员交叉任职。注重把党组织推荐的优秀人选通过一定程序明确为各类组织负责人，确保依法把党的领导和党的建设有关要求写入各类组织章程。

（三）突出能力引领，全面提升基层党组织的号召力

实施新时代基层干部主题培训计划，提升基层干部开展基层治理和群众工作的本领。推进社区书记工作室规范化建设，实施村书记"头雁工程"，培养一批专业化基层治理人才。充分发挥基层党组织做好群众工作、化解各类矛盾、加强社会治理、促进和谐稳定的能力优势，引领基层各类组织在协调各方利益关系中掌握协商方法、提高协商能力。

（四）突出机制引领，全面提升基层党组织的凝聚力

健全党建引领的社会参与机制，深化党建带群建工作，完善群团组织参与基层治理的方式和路径，更好履行组织、宣传、凝聚、服务群众职责。加强基层党群服务中心建设，夯实基层党建和基层治理实体支撑。统筹基层党组织和群团组织资源配置，支持群团组织承担公共服务职能。深化区域化党建工作，充分发挥基层党建工作协调委员会在统筹协调、整合资源等方面的作用。完善"双报到"和干部下沉常态化机制，加强督导考核。健全区域内各类单位常态化沟通协商机制，推动在京中央单位、科研院所、各类企业和驻京部队等参与辖区治理。

三、深化吹哨报到和接诉即办改革

（一）以赋能增效为重点巩固吹哨报到工作机制

全面落实《北京市街道办事处条例》，持续优化工作机制、职能配置和编制资源，健全党委领导、党政统筹、简约高效的街道（乡镇）管理体制，完善吹哨报到运行流程和考核评价机制，厘清权责边界，提高"吹哨"精准度，增强"报到"实效性。落实街道（乡镇）对继续实行派驻体制机构的工作考核以及对派驻机构主要负责同志的任免建议权，

强化街道（乡镇）属地统筹协调、指挥调度能力。坚持大抓基层、到一线解决问题导向，持续向街道（乡镇）赋能，统筹整合各类城市管理力量在街道（乡镇）汇聚下沉，形成解决基层治理难题的工作合力。

（二）以群众满意为目标完善接诉即办工作机制

深入实施《北京市接诉即办工作条例》，强化各级党委对接诉即办工作的组织领导，完善接诉即办各项工作制度、流程和规范，依法保障诉求人权利，及时回应群众关切，为公众参与基层治理、公共政策制定等提供信息和有效途径。健全诉求办理工作机制和接诉即办考评机制，加强考评结果综合运用，加大专项监督力度，形成有效解决群众诉求热点、治理难点的自动响应机制，解决好群众的急难愁盼问题。

（三）以源头治理为导向健全主动治理工作机制

坚持新时代群众路线，充分发挥接诉即办主抓手作用，用好民生大数据，推动"七有""五性"监测评价向街道（乡镇）延伸。完善"每月一题"机制，聚焦群众诉求集中的高频、共性问题，加强季节性等问题的分析预判，推动多方联动解决跨部门、跨区域问题。开展治理类街道（乡镇）整治提升，在政策、项目和资源等方面给予支持。总结固化主动治理实践经验，实现接诉即办与主动治理有机衔接并向未诉先办深化。

四、加强基层政权治理能力建设

（一）增强街道（乡镇）行政执行能力

依法保障街道（乡镇）行使综合管理、统筹协调、应急处置等职权，强化其对涉及本区域重大决策、重大规划、重大项目的参与权和建议权。科学合理划分条块事权、理顺职责关系，完善街道（乡镇）职责清单，推进依法依规履职，精准匹配人、财、物等资源，加强街道（乡镇）综合执法队伍建设。深化城市协管员队伍管理体制机制改革，完善市级统筹、区级管理、街乡使用、部门指导的管理机制，提升规范化管理水平。

落实街道办事处设立标准，推动城市化成熟地区的乡镇向街道转制，推进街道（乡镇）规模优化调整，形成规模适度、管理科学、服务高效的基层行政区划格局。

（二）增强街道（乡镇）为民服务能力

规范街道（乡镇）政务服务、公共服务、公共安全等事项，将直接面向群众、街道（乡镇）能够承接的服务事项依法下放。增强党群服务中心为民服务功能，完善基层政务服务体系建设，实施服务事项标准化、清单式管理。加强智慧政务服务平台建设，实现政务服务事项"全程网办""全城通办"。街道要做好市政市容管理、物业管理、生活垃圾分类管理、背街小巷环境整治提升、流动人口服务管理、社会组织培育引导等工作。乡镇要围绕全面推进乡村振兴战略各项任务，做好农业产业发展、人居环境建设及留守儿童、留守妇女、留守老人关爱服务等工作。完善基层医疗卫生机构建设标准，多渠道加强乡村医疗卫生队伍建设。

（三）增强街道（乡镇）议事协商能力

完善基层民主协商制度，各区党委和政府要围绕涉及群众切身利益的事项确定街道（乡镇）协商重点，由街道党工委、乡镇党委主导开展议事协商。创新议事协商方式方法，注重发挥辖区人大代表、政协委员在基层民主协商中的作用。探索建立社会公众列席街道（乡镇）有关会议制度。开展街道（乡镇）协商试点建设，完善街道（乡镇）与社区（村）协商联动机制，强化协商成果落实和反馈评价，增强基层协商实效。

（四）增强街道（乡镇）应急管理能力

强化街道（乡镇）属地责任和相应职权，完善多方参与的社会动员响应体系，建立统一指挥的基层应急管理队伍。健全基层应急管理组织体系，细化街道（乡镇）应急预案，做好风险研判、预警、应对等工作。每年组织开展综合应急演练。建立街道（乡镇）应急物资储备制度。强化应急状态下对街道（乡镇）人、财、物的支持。

（五）增强街道（乡镇）平安建设能力

加强街道（乡镇）综治中心实战化平台建设，推进与吹哨报到、接诉即办和网格化服务管理体系有机衔接。完善基层社会治安防控体系，健全防范涉黑涉恶长效机制，加强技防立体化、信息化、智能化应用。坚持和发展新时代"枫桥经验"，健全街道（乡镇）矛盾纠纷一站式、多元化解决机制，充分发挥街道（乡镇）司法所和人民调解委员会作用，着力将矛盾纠纷化解在基层。健全基层社会心理服务体系，完善心理疏导服务机制，建立社会心态监测机制，培育自尊自信、理性平和、积极向上的社会心态。

五、健全基层群众自治制度

（一）加强居（村）民委员会规范化建设

坚持党组织领导基层群众性自治组织的制度，落实居（村）民委员会特别法人制度，全面推行基层群众性自治组织法人备案制度，加强集体资产管理。稳妥推进条件成熟的村民委员会改设居民委员会工作，优化调整社区规模。推动居（村）民委员会组织体系建设。对于需要由社区（村）协助政府办理的事项，注重发挥居（村）民委员会下设的委员会作用，相关部门做好政策、资金、技术等保障工作。实施居（村）民委员会成员履职承诺和述职制度。

（二）健全居（村）民自治机制

规范居（村）民委员会换届选举，提高居民委员会直接选举或户代表选举方式的比例，坚持"五好、十不能"资格条件标准，全面落实社区（村）"两委"班子成员资格联审机制，坚决防止政治上的两面人，受过刑事处罚和存在"村霸"、涉黑涉恶及涉及宗族恶势力等问题人员，非法宗教与邪教的组织者、实施者、参与者等进入社区（村）"两委"班子。聚焦群众关心的民生实事和重要事项，定期开展民主协商。健全常态化城乡社区议事协商机制，推动议事协商向小区、楼门、院落等延伸覆盖。健全党建引领下的物业管理协商共治机制，引导业主委员会规范运作，有效发挥业主委员会（物业管理委员会）作用。完善党务、居（村）务、财务公开制度，明确公开事项清单。制定实施村级"小微"权力清单，规范各类村级事务权力。加强居（村）务监督委员会建设，强化与基层纪检监察组织的沟通协作、有效衔接，形成监督合力。

（三）增强社区（村）组织动员能力

健全社区（村）"两委"班子成员联系群众机制，全面推行"全岗通"、首问负责、常态化走访等制度，及时响应服务居（村）民。加强群防群治、联防联治机制建设，建立健全风险隐患和重大突发事件排查、发现、报告制度。健全社区（村）应急动员机制，加强应急志愿者队伍建设，开展经常性的应急志愿服务活动。在应急状态下，由社区（村）"两委"统筹调配本区域各类资源和力量，组织开展应急工作。

（四）优化社区（村）服务格局

推动社区服务站改革，规范社区（村）公共服务和代办政务服务事项，由基层党组织主导整合资源为群众提供服务。加强综合服务、兜底服务能力建设。增强居（村）民自我服务功能，优化互助服务机制。建设高质量的城乡社区综合服务设施，依托其开展就业、养老、医疗、托育等服务，加强对困难群体和特殊人群的关爱照护，做好传染病、慢性病防控等工作。完善支持社区服务业发展政策，采取项目示范等方式，实施政府购买社区服务，鼓励社区服务机构与市场主体、社会力量合作，推动建设一站式社区商业便民服务综合体。推进社区管理和服务标准化，开展"新时代新社区新生活"服务质量大提升活动。

六、推进基层法治和德治建设

（一）推进基层治理法治建设

大力宣传普及基层治理相关政策法规，经常性开展基层党员、干部法治教育培训，提升法治素养和依法履职能力。深入推进民主法治示范社区（村）创建活动，引导群众积极参与、依法支持和配合基层治理。完善基层公共法律服务体系，深化社区（村）法律顾问工作机制，促进法律服务资源向农村地区延伸覆盖，增强基层法律服务实效。按照法定程序推进涉居（村）民委员会相关法规文件修订工作。充分发挥居民公约、村规民约在基层治理中的作用，健全备案和履行机制，确保符合法律法规和公序良俗。

（二）加强思想道德和精神文明建设

培育和践行社会主义核心价值观，推动习近平新时代中国特色社会主义思想进社区、进农村、进家庭。加强新时代公民道德建设，将家庭家教家风建设纳入首都精神文明建设总体布局，健全社区（村）道德评议机制，开展道德模范选树表彰活动，发挥"北京榜样"示范引领作用。落实《北京市文明行为促进条例》，加大表彰奖励和联合惩戒力度。组织开展科学常识、卫生防疫知识、应急知识普及和诚信宣传教育，深入开展爱国卫生运动，遏制各类陈规陋习，抵制封建迷信活动。弘扬中华民族优秀传统文化，用好北京冬奥文化遗产，大力营造新时代首都精神文明新风尚。

（三）筑牢基层思想文化阵地

加强新时代文明实践中心、所、站建设，更好发挥思想引导、道德教化、文明洗礼、文化熏陶等作用。加强基层综合文化设施建设，完善居住区公共文化设施配套指标实施机制。探索在街区更新、城乡社区精神文明建设中引入创意元素、文化力量，打造多样化基层公共文化空间，培育形成历史与现代交融、区域特色彰显、富有生机活力的城市街区文化。

七、提升基层治理精细化、智慧化水平

（一）完善网格化工作体系

加强网格化服务管理平台建设，健全问题发现、研判预警、指挥调

度、督办处置、考核评价等功能，发挥网格化在基层治理中的基础性作用。推动制定单元网格划分地方标准，依托社区（村）划分治理网格，加快基层治理多网融合发展。优化网格化运行机制，统筹网格内各类管理和服务事项，完善单元网格基础功能，推进 12345 市民服务热线和网格管理联动贯通，构建以诉求解决、主动服务和群防群治为重点的综合化网格工作模式。加强网格员队伍建设，将街巷长、城市协管员、小巷管家等作为专职网格员纳入网格化服务管理平台，建立健全专兼职相结合的网格员队伍体系。

（二）推进基层治理智慧化

统筹推进智慧城市、智慧社区基础设施、系统平台和应用终端建设。推广智能感知等技术应用。实施"互联网+基层治理"行动，整合部署在社区（村）的信息系统，加快推进"一库、两平台"建设，实现数据赋能基层治理。依托市级大数据资源平台，规范基层信息数据采集和核查，构建以人、地、事、物、组织为主要内容的城乡社区基础信息库。开发拓展基层智慧化应用场景，搭建共建共享的区域化党建、社区（村）服务管理平台和互动交流平台。探索建立实有人口居住地登记管理制度。加强基础数据共享，建立健全向社区（村）推送数据机制。推行适老化和无障碍信息服务，开展科技惠老活动，帮助老年人融入数字社会，保留必要的线下办事服务渠道。

（三）提升基础设施智能化水平

推动大数据、区块链、人工智能等现代科技与基层治理深度融合，合理规划布设社区（村）智慧零售终端、智能快件箱等智能末端配送设施。鼓励和引导各类市场主体参与社区（村）信息基础设施建设，加快实现 5G 网络、千兆光网、新型城域物联专网等在社区（村）的深度覆盖。推进社区（村）市政基础设施智能化改造和安防、消防系统智能化建设，推动门禁管理、停车管理、高空抛物监测等设施智能化升级。

八、支持引导社会力量参与基层治理

（一）健全"五社联动"机制

完善社会力量参与基层治理激励政策，建立社区与社会组织、社会工作者、社区志愿者、社会慈善资源的联动机制。加强基层社会工作服务体系和能力建设，推进街道（乡镇）社会工作服务平台全覆盖，完善街道（乡镇）购买社会工作服务机制，设立社会工作相关基金支持基层治理。完善社会工作专业人才职业水平评价体系，发展社区（村）社会工作人才队伍，增强社会工作的发展活力。

（二）推动社会组织协同治理

落实政府向社会组织购买服务相关政策，引导和激励社会组织参与基层治理，支持党组织健全、管理规范的社会组织优先承接政府转移职能和服务项目。加快培育发展公益性、服务型、互助性社会组织，推进社会组织更好参与基层治理，引导其就地开展服务。发挥社会组织服务孵化中心（基地）的平台支撑作用，加强相关政策、项目和资金的支持保障。依托社区社会组织联合会，畅通社区社会组织参与基层治理渠道，提升其服务承接能力和专业化水平，培育社区社会组织品牌。

（三）发展社区志愿服务

落实《北京市志愿服务促进条例》，完善志愿者星级评定、信用激励等配套政策措施。大力培育发展城乡社区志愿服务组织，发挥志愿服务工作站作用，健全志愿服务供需对接、组织和保障等机制，构建参与广泛、形式多样、成效明显的常态化志愿服务体系。加强城乡社区志愿服务人才队伍建设，强化志愿服务品牌建设，动员志愿者积极参与社区治理、便民服务、养老助残、扶危济困、平安建设、矛盾调解、环境卫生整治、疫情防控、垃圾分类、消防宣传等志愿服务活动。

（四）鼓励引导社会资本参与

充分发挥政府统筹引导作用，拓宽社会资本参与渠道，完善支持政策，创新激励机制，激发社会资本参与基层治理活力，提升社会服务保障能力。街道（乡镇）可依据相关政策法规通过委托或聘用等方式引入物业服务企业做好兜底性物业服务工作。完善共建共享激励机制，持续推动党建引领辖区单位内部服务设施资源有序向居民开放。支持街道（乡镇）通过设立社区基金会（基金）、接受慈善捐赠等方式，引导社会资源支持城乡社区治理。

（五）激发居民群众参与热情

开展具有本地特色的楼门文化建设，通过协商自治、邻里互助、环境美化、公益慈善等活动，培育社区公共精神。开展邻里互助服务和互动交流活动，举办"社区邻里节"等主题活动，办好"多彩社区行"栏目，深化"回天有我"品牌建设，增强社区家园意识，打造居民生活共同体。

九、夯实基层治理基础保障

（一）压实各级党委和政府责任

各级党委和政府要加强对基层治理的组织领导，强化市、区两级社会建设工作领导小组统筹协调作用，定期研究基层治理工作，整体谋划城乡社区建设、治理和服务，及时帮助基层解决困难和问题。加强对基层治理工作成效的评估，评估结果作为区、街道（乡镇）党政领导班子和领导干部考核评价，全面从严治党（党建）工作考核以及各级党（工）委书记抓基层党建述职评议考核的重要内容。

（二）改进基层考核评价

全面落实街道（乡镇）职责规定和社区职责清单，明确村级组织工作职责，严格实施工作准入制度。未经党委和政府统一部署，各职能部门不得将自身权责事项派交街道（乡镇）和社区（村）承担。统筹规范面向基层的督查检查考核，实施计划清单管理，严格履行报审程序，控制总量和频次，切实减轻基层负担。实施以群众满意度为主要衡量标准的社区工作评价机制。做好容错纠错工作，保护基层干部干事创业的积极性。

（三）加大基层治理投入

完善街道（乡镇）经费保障机制，加强街道（乡镇）国库集中支付管理。加大市、区两级财政对社区（村）经费的支持保障力度。编制城乡社区服务体系建设规划，将综合服务设施建设纳入国土空间规划，优化以党群服务中心为基本阵地的城乡社区综合服务设施布局。明确街道（乡镇）和社区（村）办公、服务、活动、应急等功能面积标准，推动城市疏解腾退空间优先用于补充公共服务设施、改善居民生活条件等；对于条件允许的新建小区逐步按最小规模 500 平方米配置社区办公服务用房，夯实基层服务管理阵地。

（四）加强基层治理队伍建设

充实基层治理骨干力量，加强基层党务工作者队伍建设。健全基层干部分级培训制度，加强对基层治理人才的培养使用。强化编制资源统筹，鼓励从上往下跨层级调剂使用行政和事业编制，推进编制资源向街道（乡镇）倾斜。严格执行街道（乡镇）党政领导班子成员任期调整、最低服务年限等规定，保持街道（乡镇）党政正职任期内相对稳定，落实乡镇工作补贴政策，完善村干部待遇保障机制。加强社区工作者职业体系建设，加大教育培训力度，完善薪酬待遇调整机制，推动从优秀城乡社区党组织书记和优秀城乡社区工作者中定向招录公务员和招聘事业编制人员。加强城乡社区服务人才队伍建设，引导高校毕业生、退役军人到城乡社区就业创业，增强社区工作者队伍的活力。

（五）推进基层治理创新

充分发挥首都高端智库优势，建立基层治理研究基地，以区为单位开展基层治理示范工作，实施基层治理"领航计划"，探索建立社区治理责任规划师制度。推行基层治理共驻共建协议书、共治资源清单、治理需求清单、服务项目清单的"一书三单"机制。总结推广"回天地区"

基层治理经验做法，打造党建引领多方参与、居民共治的大型社区治理典范。围绕国际交往中心建设，推动国际化社区体系化、标准化建设。总结固化社区新冠肺炎疫情防控经验做法，加快补齐基层治理短板，切实巩固社区防控阵地，不断提升超大城市疫情防控等应急状态下的社区治理水平。

（六）营造基层治理良好氛围

选树表彰基层治理先进典型，持续开展全国和谐社区创建和优秀城乡社区党组织、优秀城乡社区工作者表彰奖励活动，总结推广基层治理先进经验，形成一批在全国有影响力的基层治理品牌。组织开展基层治理专题宣传，充分发挥市属媒体和各区融媒体中心作用，营造全社会关心、支持和参与基层治理的良好社会氛围。

北京市人民政府办公厅关于
印发《北京市"十四五"城乡
社区服务体系建设规划》的通知

京政办发〔2022〕25 号

各区人民政府，市政府各委、办、局，各市属机构：

经市政府同意，现将《北京市"十四五"城乡社区服务体系建设规划》印发给你们，请结合实际认真贯彻执行。

北京市人民政府办公厅

2022 年 9 月 13 日

（此件公开发布）

北京市"十四五"城乡社区服务体系建设规划

城乡社区服务体系是指党委统一领导、政府依法履责、社会多方参与，以社区（村）为基本单元，以社区（村）居民、驻区单位为对象，以各类社区服务设施为依托，以满足社区（村）居民生活需求、提高生活品质为目标，以公共服务、便民利民服务、志愿服务为主要内容的服务网络和运行机制。为进一步加强本市城乡社区服务体系建设，夯实基层基础，让人民群众生活更加美好，依据《国务院办公厅关于印发"十四五"城乡社区服务体系建设规划的通知》（国办发〔2021〕56 号）和《北京市国民经济和社会发展第十四个五年规划和二〇三五年远景目标纲要》，结合实际，编制本规划。

一、谱写城乡社区服务体系建设新篇章

（一）规划背景

"十三五"时期是全面建成小康社会决胜阶段。本市坚持以人民为中心，着力加强基层基础工作，城乡社区服务体系建设取得显著成效。一是党领导社区服务能力不断增强。健全街道（乡镇）、社区（村）党组织统筹推行社区服务机制，推动政策、资源、力量向城乡社区下沉。强化城乡社区服务型党组织建设，搭建党建工作协调委员会平台，共建共治共享的格局初步形成。二是社区服务设施不断完善。统筹各类资源，整合各方力量，推进社区综合服务设施建设，基本形成以区社区服务中心、街道（乡镇）市民活动中心（党群服务中心）、社区服务站为支撑，其他社区服务机构和设施为补充的城乡社区服务设施格局。三是服务供给不断扩大。截至 2020 年底，全市累计建成"一刻钟社区服务圈" 1772 个，城市社区覆盖率达到 98% 以上；创建 608 个"社区之家"，弥补了社区停车、就餐、健身等服务短板；实现政务服务向 7168 个城乡社区延伸，让居民享受到家门口的便利服务。四是社区服务人才队伍不断壮大。截至 2020 年底，全市社区（村）"两委"成员和社区服务站专职工作者 6.14 万人，社会工作专业人才 3.63 万人，社区注册志愿者 192.01 万人。五是服务信息化建设不断加强。"互联网+基层社会治理"得到普遍应用；城乡社区微信公众号、楼门院微信群基本实现全覆盖，全响应服务群众能力不断增强。六是城乡社区疫情防控能力不断提升。全市城乡社区坚决贯彻落实党中央、国务院决策部署和市委、市政府工作要求，健全组织动员体系，提升疫情防控能力，严格落实各项疫情防控措施，全力保障封（管）控区居民生活，为疫情防控作出了重要贡献。

"十四五"时期是我国全面建成小康社会、实现第一个百年奋斗目标之后，乘势而上开启全面建设社会主义现代化国家新征程、向第二个百

年奋斗目标进军的第一个五年，也是北京落实首都城市战略定位、建设国际一流的和谐宜居之都的关键时期。城乡社区服务体系建设面临新的机遇和挑战。本市经济社会发展持续向好，科技支撑更加有力，城乡融合更加深入，社区服务发展前景广阔，城乡社区服务体系高质量发展具有许多优势和条件。同时，面对"十四五"时期首都经济社会发展新形势、区域协同新要求、人民群众新期待、基层治理新任务，本市城乡社区服务发展不平衡不充分问题仍然存在，党建引领社区服务体系建设还不够完善，市场、社会等资源作用发挥还不够充分，社区工作者队伍建设需要进一步加强，社区服务数字化水平还不够高，城乡社区服务协同发展还有较大提升空间。

（二）指导思想

以习近平新时代中国特色社会主义思想为指导，全面贯彻党的十九大和十九届历次全会精神，深入贯彻习近平总书记对北京一系列重要讲话精神，坚持和加强党的全面领导，坚持以人民为中心，以增进人民福祉为出发点和落脚点，以强化为民、便民、安民功能为重点，以不断满足人民高品质生活需求为目标，加快完善党建引领社区服务体系建设，增加服务供给，补齐服务短板，创新服务机制，为推进基层治理体系和治理能力现代化建设奠定坚实基础，让人民生活更加美好，让基层更加和谐稳定，让党的执政基础更加稳固。

（三）基本原则

1. 坚持党的全面领导。坚持把党的领导贯穿于城乡社区服务体系建设的全过程各方面，促进提升基层党组织组织力，发挥党员服务群众带头示范作用，厚植党的执政基础。

2. 坚持以人民为中心。坚持人民主体地位，回应群众新期待、新需求，推动创造就业岗位，不断改善人民生活品质，努力做到群众有需求、社区有服务。

3. 坚持首善标准。认真贯彻习近平总书记关于"北京民政要在全国干得最好"的重要指示精神，聚焦加强"四个中心"功能建设和提高"四个服务"水平，推动社区服务高标准、高质量、高效能发展，全面提升社区服务品质。

4. 坚持共建共治共享。充分调动社会组织、社会工作者、志愿者和慈善资源等社会力量，引导市场力量，更好发挥政府作用，构建多方参与格局，让全体人民共享发展成果。

5. 坚持城乡统筹。统筹把握城乡发展差异，推进社区服务制度城乡衔接、要素共享、互通互融，推动社区服务机制城乡联动、基础设施城乡配套、基本公共服务城乡全覆盖。

6. 坚持分类指导。坚持因地制宜，突出问题导向，把握政府、市场、社会不同定位，区分不同区域功能、不同社区需求，重点突破、分层推进、分类实施，全方位提升城乡社区服务水平。

（四）主要目标

到 2025 年底，党建引领、多元协同、适应时代要求、紧贴基层需求的社区服务格局基本形成，覆盖城乡的基本公共服务、便民利民服务、志愿服务有效衔接，社区服务基础设施为主体、为民便民服务设施为配套、服务网点为补充的城乡社区服务设施布局更加完善、功能更加优化，以社区工作者为骨干、社会工作者和其他社区专职人员为支撑、志愿者为补充的城乡社区服务人才队伍更加壮大，网络联通、数据共享、响应迅速的城乡社区服务智慧网络基本建成，城乡社区服务发展不平衡不充分问题得到有效缓解、区域差距明显缩小。

专栏 1 "十四五"城乡社区服务体系建设主要发展指标				
序号	指 标	2020 年基期值	2025 年目标值	指标属性
1	社区党建工作协调委员会建立比例（%）	100	100	预期性
2	农村社区综合服务设施覆盖率（%）	100	100	预期性

续表

序号	指　标	2020 年基期值	2025 年目标值	指标属性
3	城市社区综合服务设施覆盖率（%）	100	100	预期性
4	社区商业和综合服务设施面积占社区总建筑面积的比例（%）	—	≥10	预期性
5	每百户居民拥有社区综合服务设施面积（平方米）	32.9	>33	预期性
6	居民活动区域面积占社区综合服务设施总建筑面积比例（%）	—	≥60	预期性
7	街道（乡镇）社会工作服务站覆盖率（%）	—	100	预期性
8	城市社区政务通用自助服务覆盖率（%）	—	100	预期性
9	每万城镇常住人口拥有社区工作者（人）	21	26	预期性

二、完善城乡社区服务新格局

（五）完善党建引领机制

压实街道（乡镇）工（党）委责任，进一步完善社区（村）党建工作协调委员会工作机制，强化党对社区服务体系建设的全面领导。健全城乡社区党组织引领，基层群众性自治组织主导，社区（村）居民为主体，群团组织、社区社会组织、社会工作者和驻区单位共同参与、协同推行社区服务的体制机制。全面落实党领导下、居（村）民委员会主导的城乡社区协商制度，围绕群众关心的事项广泛开展议事协商。全面加强党建引领社区服务体系建设，扎实做好服务群众、教育群众、凝聚人心工作。全面落实在职党员到社区报到为群众服务制度机制，推动党政机关、企事业单位到城乡社区开展服务。鼓励党员在社区发起成立社区社会组织，带领居民群众开展自助、互助和公益服务。推动建立健全党建引领下的居（村）民委员会、业主委员会（物业管理委员会）、物业服务人员协调运行机制，强化社区党组织领导能力、居（村）民委员会指导能力、物业服务人履约能力。健全党建引领社区社会组织工作机制，街道（乡镇）工（党）委和社区（村）党组织加强对社区社会组织参与社区服务的领导。

专栏2　实施党建引领社区服务能力提升工程

实施社区党建品牌建设和能力提升行动计划，加强社区党组织负责人教育培训，优化党建工作指导员、联络员队伍，加强先进典型培育和宣传，不断提升社区党组织的号召力、影响力和组织力。持续打造社区"领头雁"工程，市、区、街道（乡镇）分级开展社区党组织人员培训，实现社区党组织工作人员培训全覆盖；培育树立200个先进社区党组织、200名优秀社区书记先进典型，建设200个社区书记工作室示范点，推出一批有较大影响力的社区党建品牌，实现党建强、服务好的目标。

（六）健全社区服务组织体系完善市—区—街道（乡镇）—社区（村）四级社区服务组织架构，形成全市上下贯通的社区服务组织体系

优化市—区—街道（乡镇）三级社区服务组织机构职能，以街道（乡镇）市民活动中心（党群服务中心）为基本阵地，拓展优化社区服务站、小区服务点服务功能，推动市、区、街道（乡镇）、社区（村）、小区的社区服务职能上下对接、功能互补、覆盖广泛、方便可及。明确各级社区服务组织机构的职能定位和管理运行规范，加大对人、财、物、场地等方面的保障力度。

专栏 3　社区服务组织机构功能布局

　　1. 市社区服务中心。落实社区服务政策及规划，发展社区服务事业，提高居民生活品质。协助政府做好社区服务的体系化、规范化建设，组织开展试点性、示范性社区服务项目。依法对社区服务业及设施开展统计调查分析。负责社区信息平台建设管理和运行维护。组织开展社区服务有关信息咨询、业务培训、资源对接服务等。指导各区依托社区服务场地设施培育发展社区社会组织。

　　2. 区社区服务中心。落实社区服务有关法规、政策、规划、标准；指导街道（乡镇）市民活动中心（党群服务中心）开展社区服务活动；孵化社区社会组织，开展试点性、示范性社区服务项目，开展技能培训；引导社会资源有序进入城乡社区，提供社区服务。

　　3. 街道（乡镇）市民活动中心（党群服务中心）。落实社区服务有关法规、政策、规划、标准；开展社区服务项目，服务全龄人口；管理社区服务场地设施，培育发展社区社会组织，开展社区服务资源供需对接，引进托育、为老、助残等项目；统筹心理、社会工作、医疗保健等专业性服务组织，定期组织开展专业性服务活动。

　　4. 社区服务站。做好公共服务和政务服务事项；引导市场主体、社会组织、志愿服务团体、慈善机构等多元服务主体开展社区便利、公益服务；组织居民开展邻里互助和志愿服务；做好社区服务信息化工作。

　　5. 小区服务点。根据居民需求，重点开展商品递送、家庭保洁、老年配餐等便民服务；组织居民开展自助、互助和志愿服务活动。

（七）完善多方参与格局

　　强化政府在基本公共服务供给保障中的主体地位，优化社区（村）服务功能布局。培育和发展多元主体，鼓励和支持成立社区基金会（公益基金），拓宽社区服务资源渠道，提高社区服务社会化、市场化、专业化水平。发挥社区自治组织力量，创新运行方式，充分调动居民群众自我服务的积极性。培育扶持企业、社会组织，鼓励其开展连锁化、品牌化经营，发挥社区服务品牌示范带动效应，营造企业、社会组织积极发挥作用的社会氛围。鼓励驻区企事业单位、个人兴办社区服务事业产业。

专栏4　实施社会力量参与社区服务行动计划

1. 培育发展社区社会组织专项行动。在城市社区，大力培育发展服务性、公益性、互助性社区社会组织，发挥其在社区治安巡逻、精神文明建设、协商、志愿服务、物业管理和流动人口服务等方面的积极作用。在农村社区，大力发展养老、助残、济困等为特殊群体服务的社区社会组织和乡贤理事会、红白理事会、生产合作社等农村自我服务类社区社会组织，助力乡村振兴。

2. 社区志愿服务行动计划。依托社区综合服务设施建立志愿服务站点，搭建社区志愿服务组织（者）、服务对象和服务项目对接平台，以空巢老人、留守儿童和困境儿童、残疾人、困难退役军人为重点广泛开展志愿服务，大力开展邻里互助服务和互动交流活动。

3. 社区社会工作服务行动计划。在乡镇（街道）设置社会工作服务站，依托社区综合服务设施设置社会工作服务点，开展社会工作专业服务。

4. 驻区企事业单位共建行动计划。鼓励引导驻区企事业单位向社区居民开放停车位、文化体育设施、会议场地等资源，利用闲置资源支持社区社会组织发展。

三、扩大城乡社区服务有效供给

（八）强化社区为民服务供给

开展新时代新社区新生活服务质量提升行动，提升服务供给水平，增强城乡社区协助开展基本公共服务的能力，让城乡居民能够就近就便办理、享受基本公共服务。聚焦幼有所育、学有所教、病有所医、老有所养、弱有所扶，加强拥军优属、文化体育、应急安全等服务保障，推动各类资源向社区（村）下沉。着力加强兜底服务能力建设，重点强化社区养老、托育、助残、心理等服务供给，做好对困难群体和特殊人群的关爱照护。推动社区服务与居家养老协同发展。提升卫生、医疗保障服务能力，做好传染病、慢性病防控和儿童保健等工作，推进健康社区和居（村）民委员会下属公共卫生委员会建设。加强劳动就业服务能力建设，提升就业服务专员工作效能，在有条件的城乡社区设立就业创业空间，重点为社区（村）居民中的失业人员、就业困难人员、高校毕业生、退役军人、农村转移劳动力、残疾人等群体提供服务。配齐社会化管理服务专员，加强基层专业队伍建设，提高退休人员社会化管理服务水平。扩大城乡社区教育、文化、体育、科普等公共服务供给，围绕卫生健康、节水、科普、生活垃圾分类等开展社区大课堂，助力构建终身学习体系。加强婚姻家庭文化服务。适应农村经济发展，增加行政村和较大自然村基本公共服务供给，提升邮政、金融、电信、供销、广播电视与网络视听等公共事业服务水平。

（九）扩大社区便民服务供给

巩固提升"一刻钟社区服务圈"建设成果，丰富城市社区服务内容，拓展农村地区覆盖率。引导市场、社会力量发展城乡社区托育、养老等服务业态。推动物流配送、快递、再生资源回收网点辐射符合条件的社区（村）。完善城乡社区生活垃圾分类设施。增加城乡社区停车位，加装充电桩，实施错峰停车措施，提升停车位使用效率。居（村）民委员会引导业主（物业使用人）和物业服务人协商物业事项，指导、监督业主委员会（物业管理委员会）和物业服务人员依法履责；组织业主配合开展老旧小区改造提升活动。按需规划建设基本便民商业网点，巩固城市社区蔬菜零售、便利店（社区超市）、早餐、美容美发、便民维修、家政等基本便民商业网点全覆盖成果，统筹城乡基本便民商业网点建设，力争实现城乡社区全覆盖。支持社区服务业发展，引导市场主体开发保洁、绿化、公共设施维护、养老托育助残、快递收发等便民服务类岗位，扩大社区就业；鼓励市场主体和社会组织参与社区生活服务，为其连锁化、品牌化运营提供支持。充分发挥合作社、供销社和新型农业生产、服务组织的作用，满足农资供应、农产品收购、农民生活消费、城市居民文化和旅游消费等需求。

（十）强化社区安民服务供给

深化城乡社区警务战略，推进党员社区民警兼任社区党组织副书记，加强居（村）民委员会下属治安保卫委员会建设，健全完善群防群治、联防联治机制，提升社区（村）平安建设能力水平。加强社区（村）人员密集场所安全管理，开展安全教育培训和交通安全宣传劝导，做好用气、用电、用火以及地震、洪灾等防灾监测、预警发布和应急避险安全防护工作，对噪声扰民行为及时劝阻、调解。完善社区（村）应急组织体系和工作预案，强化应急和风险防范物资储备保障，健全应急广播体系，拓展突发事件预警信息发布渠道。加强社区（村）应急避难场所建设，健全完善微型消防站（点），引导社会应急力量有序参与应急处置。巩固充实居（村）民委员会下属人民调解委员会，完善矛盾纠纷多元化解机制，推动社区（村）普法宣传、人民调解、法律援助、公证等法律服务全覆盖。加强社区（村）反邪教工作能力建设。强化社区矫正、社区戒毒社区康复、刑满释放人员帮扶和精神障碍社区康复服务，为遭受家庭暴力群体提供应急庇护救助服务。建立健全发现报告和家庭监护监督制度，加强社区（村）未成年人保护工作。支持各类专业组织、机构在社区（村）开展精神慰藉、心理疏导、关系调适、社会融入等社会心理服务。推进建设各民族相互嵌入式的社会结构和社区环境，铸牢中华民族共同体意识。

四、提升城乡社区服务效能

（十一）加强社区服务设施建设

将社区综合服务设施建设纳入国土空间规划，推进新建社区综合服务设施标准化规范化建设，确保新建社区商业和综合服务设施面积达标。条件允许的新建小区的社区服务管理用房面积一般不少于 500 平方米，有条件的社区可将服务设施向小区延伸。精简整合办公空间，推行开放式办公，增加居民活动区域面积。鼓励通过多种方式，统筹利用社区各类存量房屋资源建设社区综合服务体，用于养老托育、社会心理、邻里互助、阅读空间、创业就业等服务。探索建立温馨家园、社区卫生服务机构、社会心理服务站、社区服务站、老年中心（驿站）、儿童之家、社区文化室、社区图书馆（室）、退役军人服务站的空间共享机制，采用一室多用、预约排班等方式，提升社区空间服务能力。加强社区无障碍环境建设，为残疾人、老年人等群体参与社会生活提供便利。加大共建共享力度，充分利用机关大院、科研院所设施多、服务好的优势，加大"社区之家"创建力度，推动更多驻区单位将食堂、文化体育设施、多功能厅、停车场等内部资源向居民开放使用。改造村民委员会用房，提升供销社、合作社满足农业农村生产生活生态需求的能力。农村要合理规划群众举办红白喜事等活动的公共场所，统筹考虑布局公益性安葬服务设施。打破社区地域界限，坚持空间资源共享，引导有条件的社区向周边社区居民有序开放活动场所；鼓励市场主体、社会组织采取项目制形式有序进入乡村开展田园观光、农耕体验、耕读教育、森林康养等服务。落实全国基层社会治理统计调查制度，完善城乡社区综合服务设施统计指标体系。

专栏5　持续推进社区综合服务体建设

社区综合服务体由基层政府规划设置，培育引导市场主体、社会组织等服务力量发展运营，针对居民需求，统筹提供托育、养老、卫生、社会心理、体育健身、家政、维修、购物、就餐、公共阅读等服务。

（十二）丰富社区服务供给模式

根据社区人口结构特征和服务需求，遵循老年人、未成年人、残疾人等群体优先的原则，加快社区服务场所、公共空间无障碍建设，提供全龄友好服务。聚焦乡村振兴，完善乡镇市民活动中心（党群服务中心）和村级综合服务站基础设施建设，提升综合服务能力，打造兜底服务的主阵地，提供农村基层公共卫生服务、邻里互助养老服务；打造城乡资源融合的桥头堡，促进城乡人力、资本、智力、生态等要素有序流通，推动城乡协同发展、共同富裕。支持有条件的农村社区，充分利用本地特色资源，开发民俗文化、生态种养、休闲康养等服务项目，吸纳社区就业，增加村民收入，改善人居环境，打造首都市民休憩度假的打卡地、乡愁体验的新空间。

（十三）完善社区服务机制

完善服务统筹机制，以区为单位统筹用好各项支持社区的政策，以及面向社区的服务资金、资源、项目等，以社区（村）党组织为主渠道落实。发挥基层群众性自治组织作用，增强综合服务能力。全面推行"一窗"受理和"一站"办理，提高城乡社区政务服务规范化水平。完善即时响应机制，社区服务设施开放和服务时间一般不少于每天 8 小时，群众关切项目应开展 24 小时线上服务，及时响应居民需求。完善政府购买社区服务机制，明确购买服务项目立项、经费预算、信息发布、项目管理、绩效评估等配套措施，鼓励基层群众性自治组织、社会组织承接政府购买服务事项，广泛参与社区服务。完善多方联动社区服务机制，推动社区（村）与社会组织、社会工作者、社区志愿者、社区慈善资源联动开展服务。完善服务评价机制，健全群众满意度调查评估制度，实现社区服务群众满意度调查社区（村）全覆盖。推广社区服务"好差评"评价激励制度，普遍建立精准匹配社区（村）居民需求的评价机制。完善居民自我服务机制，加强基层群众性自治组织规范化建设，引导居民群众广泛参与社区服务，增强自治能力，提高自我服务水平。

（十四）加强社区服务品牌建设

坚持首善标准，打造首都新时代社区服务新高地。拓展"一刻钟社区服务圈"内涵，规范政务服务，丰富便民利民服务，扩大志愿互助服务，提升居民幸福指数。深化"社区之家"创建活动，发挥首都资源优势，形成社会资源与社区服务的融合互补。常态化开展"社区邻里节"，动员更多居民参与，增强居民对社区的归属感和认同感。打造"回天有我"社会实践创新品牌，探索形成党建引领、居民共治、多方参与的大型社区治理路径。健全"社区大课堂"体系，引进各类社会资源，满足居民多样化服务需求。

五、加快社区服务数字化建设

（十五）加快推进智慧社区建设

利用互联网、物联网、区块链、大数据、云计算、人工智能等现代信息技术，推动"互联网+政务服务"向街道（乡镇）、城乡社区延伸，完善社区（村）政务自助便民服务网络布局。完善街道（乡镇）、城乡社区地理信息、人口信息、房屋信息等基础数据，根据服务群众需要，依法依规向城乡社区推送数据资源，实行城乡社区数据综合采集，实现一次采集、多方利用。建立全市统一的社区治理"一库两平台"（城乡社区智慧化大数据库和城乡社区服务管理平台、城乡社区互动交流平台），推广社区网络群组建设，创新大数据支持下的"掌上社区"服务管理模式，提升社区工作效能。拓展社区服务功能，组织开展在线服务评价工作。

（十六）构筑数字化社区服务场景

依托智慧社区建设，围绕社区服务需求，推进服务设施、服务商、项目数字化，推动社区服务数据资源共享。推行适老化和无障碍信息服务，保留必要的线下办事服务渠道，实现政务服务社区（村）全覆盖。实现水、电、气、热收费能够在移动终端缴纳。推动智慧社区平台与家庭智能终端互联互通，加快应急、养老、托育、社保、卫生、心理、体育、文化、教育等社区惠民服务的应用。开发社区协商议事、政务服务办理、养老、家政、医疗、社会心理等网上社区服务场景，推动社区设施设备智能化改造升级。

六、加强城乡社区服务人才队伍建设

（十七）选优配强社区工作者队伍

组织实施社区人才队伍建设行动计划，规范居（村）民委员会换届选举，全面落实社区（村）"两委"班子成员资格联审机制。建立健全社区（村）党组织书记后备人才库，依法选优配强社区"两委"班子成员。通过选派、聘用、招考等方式，选拔优秀人才充实到社区工作者队伍。依托区和街道（乡镇）各类孵化器、社区服务站，鼓励引导高校毕业生、退役军人、就业困难人员到社区（村）就业创业。推进社区工作者在居住社区工作任职。

（十八）完善社区工作者职业发展体系

健全社区工作者职业体系，建立岗位薪酬制度，完善工资动态调整机制，落实社会保险待遇。健全完善社区工作者培训制度，建好用好培训基地和培训平台，提高专业化服务能力。鼓励社区工作者参加社会工作职业水平资格考试，接受社会工作专业能力培训。坚持社区（村）社会工作服务站点建设和社区服务站改革相结合，逐步形成社会工作者、社区工作者为主体的城乡社区社会工作人才队伍体系。

（十九）提升社区服务人才队伍专业化水平

加大职能部门对居（村）民委员会下属的委员会业务指导力度，提升自治服务的专业化水平。加大对社区卫生服务机构、社会心理服务站、社会工作服务站和退役军人服务站等专业机构的项目资助力度。加大社区社会工作者、群众消防员、群众调解员、居民骨干等相关人员培训力度。组织加强本社区（村）社会工作人才队伍培养，实施社区社会工作"优才计划"和农村社会工作"乡工计划"。鼓励在校学生和党政机关、人民团体、企事业单位退休人员积极参加本社区实践活动，提升社区志愿服务、自助服务和互助服务的专业化水平。

七、强化组织保障

（二十）加强组织领导

各区政府要强化主体责任，将本规划主要任务指标作为民生项目，列入重要议事日程，定期研究、谋划和推动；要做好资金统筹、推动实施等工作；要制订规划实施年度任务清单和工作台账，跟踪和督促各项任务落实。各街道（乡镇）要发挥属地管理责任，统筹做好具体落实工作。

（二十一）强化政策保障

统筹现有资金渠道，支持社区服务项目和设施建设。加大彩票公益金对社区服务项目和社区体育设施建设的投入力度。鼓励通过慈善捐赠等方式，引导社会资金投向城乡社区服务领域。切实保障社区综合服务设施建设用地，优先用于社区养老、托育、助残、未成年人保护等服务。落实城乡社区服务税收、公用事业收费、用工保险和社区社会组织登记等优惠政策。社区服务网点的水、电、气、热执行居民生活类价格。

（二十二）加强宣传激励

充分发挥报纸、杂志、电视、广播等传统媒体和微信、微博、直播平台等网络新媒体作用，加大优秀基层干部、社区工作者、行业标兵、优秀法人等先进典型宣传力度。继续办好"多彩社区行"节目，持续宣传报道社区服务中的典型经验做法，发挥示范带动效应，营造全社会关心、支持、参与社区服务体系建设的良好氛围。

（二十三）开展考核评估

本规划实施情况纳入各区政府目标责任考核内容，作为改进政府工作的重要依据。要发挥各级社会建设工作领导小组作用，强化部门统筹协调。各区委社会工委区民政局要定期组织开展评估，做好跟踪指导和分析研判等工作，及时向区政府报告情况。市委社会工委市民政局要会同有关部门定期组织开展综合评估和专项评估。

后　记

作为一名社会工作专业的教师，我的科研、教学以及人才培养的关键词是"社会工作""社会治理""社会服务"。我关注到，近些年北京市大力提升基层社会治理能力，完善治理体系，社会工作与社区、社会组织、志愿者、社区慈善公益等多元主体互动联动，积极回应社区居民需求，专业影响力越来越大。我带着研究生们在不同类型的社区开展调研，访问各个社会工作服务机构，与社区工作者和社会工作者深入交流，讨论社区治理过程中的难点问题，探讨社会工作机构在基层治理体系中的角色和功能。同时，我也接触到近年来社会工作参与社区治理的许多优秀案例，案例所呈现出来的社会工作专业化、职业化、本土化的新路径和新思路给我很大的启发。

"北京市服务型社会治理模式研究"是一个阶段性的研究成果。在研究过程中，课题组的老师和学生非常投入，我们深入充满生机的城乡社区，分发调查问卷，整理访谈资料，分析统计数据。从中感受蓬勃发展的社会组织的力量，反思社会工作参与社会治理遇到的挑战，为课题研究贡献了聪明才智。

我要感谢接受访谈的各街道、社区、社工机构的诸位同人的无私分享。感谢课题组陈锋教授、李升教授的热情奉献！感谢李扬、李琪、赵佩、欧阳祯、吴玲、晁静、安然、宋宇宁、丁洋等同学的细致工作。正是因为大家的勤奋热忱和群策群力，本书才得以顺利出版面世。

杨荣

2023 年 10 月